贵州省高等学校教学改革重点项目：适应民族地区地方高师实际的普通话教学改革研究（成果）

普通话实用训练教程

PUTONGHUA SHIYONG XUNLIAN JIAOCHENG

——理论篇

（第二版）

文 静 李 筠 刘婷婷◎编著

西南交通大学出版社
·成 都·

图书在版编目（CIP）数据

普通话实用训练教程：理论篇 / 文静，李筠，刘婷婷编著. —2 版. —成都：西南交通大学出版社，2022.1

ISBN 978-7-5643-8535-4

Ⅰ. ①普… Ⅱ. ①文… ②李… ③刘… Ⅲ. ①普通话－高等师范院校－教材 Ⅳ. ①H102

中国版本图书馆 CIP 数据核字（2021）第 279267 号

Putonghua Shiyong Xunlian Jiaocheng—Lilun Pian

普通话实用训练教程——理论篇

（第二版）

文 静　李 筠　刘婷婷　编著

责任编辑	黄淑文
封面设计	墨创文化
出版发行	西南交通大学出版社 （四川省成都市金牛区二环路北一段 111 号 西南交通大学创新大厦 21 楼）
发行部电话	028-87600564　87600533
邮政编码	610031
网　　址	http: //www.xnjdcbs.com
印　　刷	成都中永印务有限责任公司
成品尺寸	185 mm × 260 mm
印　　张	11.25
字　　数	253 千字
版　　次	2017 年 3 月第 1 版 2022 年 1 月第 2 版
印　　次	2022 年 1 月第 6 次
书　　号	ISBN 978-7-5643-8535-4
定　　价	35.00 元

再版前言

普通话是师范专业的公共基础课。国家明确规定，普通话是教师的职业语言，文科教师普通话水平必须达到二级甲等以上，理科教师普通话水平必须达到二级乙等以上，申报教师资格证普通话水平必须达到二级乙等以上。普通话达到国家规定的等级要求是师范专业学生的基本培养目标。另一方面，随着全国高校毕业生就业形势的变化，有相当比例的非师范专业学生也选择参加普通话水平测试，选择申报教师资格证。由此，高等院校的普通话教学就面临着更为现实、更为多样的培养要求，尤其是在西部少数民族地区的高等师范院校。民族地区高师院校的学生主体来自边远乡镇，部分来自发达地区和省市地区。一般来自北方地区或省市中心地区的学生普通话水平明显高于边远少数民族乡镇地区的学生水平，整体上学生的普通话水平差异较大。因此，民族地区高师院校的普通话教学必须打破传统单一层次的教学模式，转变为兼顾生源实际和学生发展需求的分层教学模式。

本套教材包括《普通话实用训练教程——理论篇》(以下简称《理论篇》)和《普通话实用训练教程——测试篇》(以下简称《测试篇》)两个分册，是为民族地区高等师范学院普通话训练课程编写的教材，符合普通话分层教学模式需求。其中，《理论篇》主要论述普通话语音基础知识、普通话声母、韵母、声调及音变的基本发音方法和难点要点，普通话与汉语方言的辨正，从理论上对普通话的音韵系统进行系统梳理，并兼顾各方言区及民族语言的发音辨正规律;《测试篇》主要从普通话发音训练和普通话测试指导出发，分层次设计普通话声母、韵母、声调及音变的基础训练和提高训练，有针对性地提出普通话单音节、多音节、朗读及说话测试部分的要点和测试技巧，对贵州省普通话测试篇目进行训练指导,是一本具有很强理论性及实操性的实用性教材。

本套教材的一大特点是适应民族地区高师院校学生生源基础和学习需求，坚持以人为本、全面培养的教育理念，在编写内容和体例上突显分层教学的特点。全书内容涵盖普通话语音基础知识介绍，普通话声韵调发音及训练，普通话单音节词语、多音节词语、朗读和说话测试指导及训练，普通话口语运用及训练，汉语方言语音偏误及正音、少数民族语言语音偏误及正音等方面内容，力求综合提高学习者的普通话语音能力、普通话测试技能和普通话口语运用能力。并针对不同层次的学习者分层次设计教学和训练内容，在普通话声韵调发音及训练、音变发音及训练、汉语方言和少数民族语言的辨正、综合语音训练部分都进行了分层设计，既注重加强语音基础较差学生的普通话基本知识和基本技能的培养，又兼顾语音基础较好学生的提高学习和训练需求。教材较合理地处理了普通话语音教学与普通话测试指导、理论讲解与训练指导、低层次学习和高层次学习的关系，能较好地体现因材施教、学练结合的教学思想。教材理论分析全面透彻，训练指导详细明确，训练材料充实丰富，对教师教学和学生自学都可以起到较好的指导作用。

本套教材的另一个特点是立足民族地区高师院校普通话教学实际。教材内容充分体现多民族聚居区普通话教学特点和规律，结合民族地区普通话、汉语方言和少数民族语言等多语言交融发展实际，在普通话难点音分析训练、汉语方言和少数民族语言语音辨正及训练方面有所侧重，分层分类解决民族地区学生学习普通话存在的实际问题和语言障碍，便于不同方言、不同层次学习者进行有针对性的学习和训练。教材结合民族地区学生在学习普通话时常见的困难和障碍，在普通话发音方法和要领、方音辨正、普通话测试应试指导方面都做了详细深入的分析指导。相信这是一本具有很强的实用性和可操作性的好教材。

本套教材的编者都是长期担任高校“现代汉语”“普通话”课程教学，长期承担黔南地区普通话水平测试工作的高校在职教师，具有丰富的普通话教学经验和普通话水平测试经验。教材融汇了各位教师多年的教学心得和教学精髓，吸收了黔南民族师范学院2009年来推行的普通话教学改革研究成果，借鉴了普通话和现代汉语研究的前沿信息，从而形成鲜明的编写特色和厚实的学术基础。参加教材编写的共有10名教师，文静负责理论篇统稿，刘婷婷负责测试篇统稿。《理论篇》编写人员分工如下：第一章由文静执笔；第二章由郑江义、文静执笔，第三章由李筠执笔，第四章由文静执笔，第五章由文静执笔（其中第三节的“布依语辨正部分”由周艳执笔），第六章由文静、刘婷婷执笔。黔南民族师范学院教师卢玉为教材绘制发音示意图。《测试篇》编写人员分工如下：第一章第一节由刘婷婷、黎妮执笔，第二节由刘婷婷、文静执笔，第三节由刘婷婷、罗树琳执笔，第四节由刘婷婷、余林、罗树琳执笔；第二章第一节由刘婷婷、黎妮执笔，第二节由刘婷婷、文静执笔，第三节由刘婷婷、罗树琳执笔，第四节由刘婷婷、余林、罗树琳执笔；第三章第一节由刘婷婷、黄乾玉执笔，第二节由刘婷婷执笔，第三节由李筠、刘婷婷执笔，第四节由刘婷婷、郑江义执笔；第四章由黄乾玉、刘婷婷执笔。“普通话水平测试朗读作品分析”部分由李筠、吴迪执笔。黔南民族师范学院研究生处辅导员韦林希、外语学院2013级本科生邹波参与教材的录入工作。教材编写还得到了黔南民族师范学院院长石云辉教授，分管教学副院长李泽平教授和教务处处长陈均教授的热情关心和大力支持，西南交通大学出版社黄淑文老师为教材出版付出了辛勤的劳动。在此，向鼓励和帮助教材编写、出版的学院领导和出版社的同志们表示衷心的感谢，向为本教材编写付出心血的各位同仁表示诚挚的敬意！

本套教材既是普通话教学改革的成果，也是推进普通话教学改革深入发展、进一步提高民族地区高等院校普通话教学质量水平的根本保证，自2017年出版以来，在黔南民族师范学院及全国部分高校广泛应用。

应出版社要求，现进行第二版修订出版，不断丰富和完善，我们诚恳地期望使用本教材的专家学者批评指正。

教材朗读作品部分节选了45篇文章供测试训练用，由于各种原因，未能联系到全部作者。如需查询有关稿酬及其他未明事宜的，请通过出版社联系我们。

编　者

2021年11月于都匀

前　言

普通话是师范专业的公共基础课。国家明确规定，普通话是教师的职业语言，文科教师普通话水平必须达到二级甲等以上，理科教师普通话水平必须达到二级乙等以上，申报教师资格证者普通话水平必须达到二级乙等以上。普通话达到国家规定的等级要求是师范专业学生的基本培养目标。同时，随着全国高校毕业生就业形势的变化，有相当比例的非师范专业学生也选择参加普通话水平测试，进而申报教师资格证书。由此，高等院校的普通话教学就面临着更为现实、更为多样的培养要求。西部少数民族地区的高等师范院校尤其如此。民族地区高师院校的学生主体来自边远乡镇，部分来自省市和发达地区。一般来自北方地区或省市中心地区学生的普通话水平高于边远少数民族乡镇地区的学生水平，整体上学生的普通话水平差异较大。因此，民族地区高师院校的普通话教学必须打破单一层次的教学模式，转变为兼顾生源实际和学生发展需求的分层教学模式。

本书是为民族地区高等师范院校普通话训练课程编写的教材，符合普通话分层教学模式需求。教材的一大特点是适应民族地区高师院校学生生源基础和学习需求，坚持以人为本、全面培养的教育理念，在编写内容和体例上突显分层教学的特点。全书内容涵盖普通话语音基础知识介绍，普通话声韵调发音及训练，普通话单音节词语、多音节词语、朗读和说话测试指导及训练，普通话口语运用及训练，汉语方言语音偏误及正音、少数民族语言语音偏误及正音等方面内容，力求综合提高学习者的普通话语音能力、普通话测试技能和普通话口语运用能力。并针对不同层次的学习者分层次设计教学和训练内容，在普通话声韵调发音及训练、音变发音及训练、汉语方言和少数民族语言的辨正、综合语音训练部分都进行了分层设计，既注重加强语音基础较差学生的普通话基本知识和基本技能的培养，又兼顾语音基础较好学生的提高学习和训练需求。教材较合理地处理普通话语音教学与普通话测试指导、理论讲解与训练指导、低层次学习和高层次学习的关系，能较好地体现因材施教、学练结合的教学思想。教材理论分析全面透彻，训练指导详细明确，训练材料充实丰富，对教师教学和学生自学都可以起到较好的指导作用。

本书的另一个特点是立足民族地区高师院校普通话教学实际。教材内容充分体现多民族聚居区普通话教学特点和规律，结合民族地区普通话、汉语方言和少数民族语言等多语言交融发展实际，在普通话难点音分析训练、汉语方言和少数民族语言语音辨正及训练方面有所侧重，分层分类解决民族地区学生学习普通话存在的实际问题和语言障碍，便于不同方言、不同层次学习者进行有针对性的学习和训练。教材结合民族地区学生在学习普通话时常见的困难和障碍，在普通话发音方法和要领、方音辨正、普通话测试应试指导方面都做了详细深入的分析指导。相信这是一本具有很强的实用性和可操作性的好教材。

本书的编者都是长期担任高校“现代汉语”或“普通话”课程教学，长期承担黔南地区普通话水平测试工作的在职教师，具有丰富的普通话教学经验和普通话水平测试经验。教材融汇了各位教师多年的教学心得和教学精髓，吸收了黔南民族师范学院2009年来推行的普通话教学改革研究成果，借鉴了普通话和现代汉语研究的前沿信息，具备了自身的编写特色和一定的学术基础。参加教材编写的共有10名教师，文静负责全书统稿，各部分编写人员的分工如下：第一章由文静执笔；第二章由郑江义、文静执笔；第三章由李�执笔；第四章由文静执笔；第五章由文静执笔（其中第三节的“布依语辨正”部分由周艳执笔）；第六章由文静、刘婷婷执笔。教材编写还得到了黔南民族师范学院校长石云辉教授、分管教学副校长黄胜教授和教务处处长陈世军教授的热情关心和大力支持，西南交通大学出版社黄淑文老师为教材出版付出了辛勤的劳动。在此，向鼓励和帮助教材编写、出版的学院领导和出版社的同志们表示衷心的感谢，向为本教材编写付出心血的各位同仁表示诚挚的敬意！

本书既是普通话教学改革的成果，也是推进普通话教学改革深入发展，进一步提高民族地区高等院校普通话教学质量水平的重要保证。我们还会在今后的教学实践中不断地去丰富它、完善它，我们诚恳地期望使用本教材的专家学者批评指正。

由于教材首次使用，难免出现错漏偏误之处，我们热切盼望读者提出批评和建议。读者来函请寄贵州省黔南民族师范学院中文系文静老师（邮编558000）。

文　静

2017年1月于都匀

教材使用说明

《普通话实用训练教程》是以贵州民族地区高等师范院校学生为主要对象，旨在提高师范专业学生的普通话运用能力和普通话水平测试过级率的适用性工具书。本书也可作为社会各行各业人员自学普通话的资料和普通话培训的教材。教材在编写体例和内容上进行了分层教学设计，在使用教材时，应注意根据学生的学习基础和学习需求有所侧重、有所取舍。

一、教学对象的分层设计

本书分层教学设计基本采用贵州省黔南民族师范学院普通话教学改革模式。根据学生的生源地和普通话语音基础，分为两个层次进行教学：第一层次是甲班，由主讲教师对学生进行分班前语音听测，普通话语音基础较好的学生编入甲班，按照较高的培养目标（一般达到二级甲等及以上水平）进行教学；第二层次是乙班，普通话语音基础一般或较差的学生根据其所属方言片区相对集中地编入不同方言区班。乙班按照基本的培养目标（一般达到二级乙等及以上水平）进行针对性的教学。

二、教材内容的分层设计

本书普通话声韵调发音部分分为基础发音和难点音发音两个层次，音变部分分为基础发音和常见问题解析两个层次，语音辨正部分分为北方方言区、南部汉语方言区、贵州汉语方言区、少数民族语言等四个层面。

三、教材使用方法

在使用本套教材时，甲班学生可适当减少基础发音部分的学习时间，着重加强测试指导部分、语音综合训练的提高训练和综合训练部分的学习；乙班学生可以加强难点音发音和常见问题解析等部分内容的学习和训练，可根据学生母语所属方言片区或民族语言，选择语音辨正章节四个层面中相对应的部分进行针对性的学习和训练，在语音训练部分适宜按照基础训练、提高训练、综合训练三个层级进行循序渐进地学习，最后完成测试指导训练，这样容易取得较好的学习效果。

四、附录使用方法

（1）“国际音标表”和“汉语拼音和国际音标对照表”。为了方便非汉语言文学专业学生学习，本书一般采用《汉语拼音方案》标注语音。普通话、汉语方言和少数民族语言一致的语音统一采用《汉语拼音方案》进行注音，对于普通话中没有的汉语方言和少数民族语言语音，统一采用国际音标进行注音，并用“[ ]”标示；声调采用“调类点角法”进行标示，如普通话“猪”zhū，武汉话“猪”[꜀tɕy]。使用教材时，可根据“国际音标表”和“汉语拼音和国际音标对照表”进行对照，“调类点角法”见教材第四章。

（2）“普通话水平测试朗读作品分析”。教材对贵州省普通话水平测试朗读部分的45篇作品都进行了详细地分析，不论哪一个层次的学生都应该认真完成全部内容的学习。在教学时，甲班在继续加强语音标准度训练的基础上，可侧重加强朗读技能的培训；乙班应把重点放在易错词语、难点音、难点句的训练上，先进行分解练习，再进行组合练习，以训练语音标准度为主要学习目标。

作　者

国际音标简表

表 1　国际音标简表（辅音）

发音方法＼发音部位			双唇	唇齿	齿间	舌尖前	舌尖中	舌尖后	舌叶	舌面前	舌面中	舌面后	小舌	喉壁	喉
塞音	清	不送气	p				t	ʈ		ȶ	c	k	q		ʔ
		送气	pʻ				tʻ	ʈʻ		ȶʻ	cʻ	kʻ	qʻ		ʔʻ
	浊		b				d	ɖ		ȡ	ɟ	g	ɢ		
塞擦音	清	不送气		pf	tθ	ts		tʂ	tʃ	tɕ					
		送气		pfʻ	tθʻ	tsʻ		tʂʻ	tʃʻ	tɕʻ					
	浊			bv	dð	dz		dʐ	dʒ	dʑ					
鼻音		浊	m	ɱ			n	ɳ		ȵ	ɲ	ŋ	ɴ		
闪音		浊					ɾ	ɽ					ʀ		
边音		浊					l	ɭ			ʎ				
擦音		清	ɸ	f	θ	s	ɬ	ʂ	ʃ	ɕ	ç	x	χ	ħ	h
		浊	β	v	ð	z	ɮ	ʐ	ʒ	ʑ	j	ɣ	ʁ	ʕ	ɦ
半元音		浊	w　ɥ	ʋ		ɹ		ɻ			j(ɥ)	ɥ(w)			

表 2　国际音标简表（元音）

舌位＼开口＼唇形			舌面元音							舌尖元音			
			前		央			后		前		后	
			不圆	圆	不圆	自然	圆	不圆	圆	不圆	圆	不圆	圆
高	最高	闭	i	y				ɯ	u	ɿ	ʮ	ʅ	ʯ
	次高		ɪ						ʊ				
中	高中	半闭	e	ø				ɤ	o				
	正中					ə						ɚ	
	低中	半开	ɛ	œ				ʌ	ɔ				
低	次低		æ			ɐ							
	最低	开	a		A			ɑ	ɒ				

汉语拼音与国际音标对照表

表 1　汉语拼音与国际音标对照表（声母表）

拼音字母	国际音标	拼音字母	国际音标	拼音字母	国际音标	拼音字母	国际音标
b	[p]	n	[n]	q	[tɕ']	ch	[tʂ']
p	[p']	l	[l]	x	[ɕ]	sh	[ʂ]
m	[m]	g	[k]	z	[ts]	r	[ʐ]
f	[f]	k	[k']	c	[ts']	y	[j]
d	[t]	h	[x]	s	[s]	w	[w]
t	[t']	j	[tɕ]	zh	[tʂ]		

表 2　汉语拼音与国际音标对照表（韵母表）

韵母	拼音字母	国际音标	拼音字母	国际音标	拼音字母	国际音标	拼音字母	国际音标
单元音韵母	a	[A]	i	[i]	ê	[ɛ]	er	[ɚ]
	o	[o]	u	[u]	-i	[ɿ]		
	e	[ɤ]	ü	[y]	-i	[ʅ]		
复合元音韵母	ai	[ai]	ei	[ei]	ao	[ɑu]	ou	[ou]
	iao	[iɑu]	iou	[iəu]	uai	[uai]	uei	[uei]
	ia	[iA]	ie	[iɛ]	üe	[yɛ]	ua	[uA]
	uo	[uo]						
鼻辅音尾韵母	an	[an]	uan	[uan]	en	[ən]	uen	[uən]
	ian	[iɛn]	üan	[yɛn]	in	[in]	ün	[yn]
	ang	[ɑŋ]	uang	[uɑŋ]	ing	[iŋ]	ong	[uŋ]
	iang	[iɑŋ]	eng	[əŋ]	ueng	[uəŋ]	iong	[yŋ]

目　录

第一章　绪　论

第一节　普通话概述

一、普通话的性质

普通话是以北京语音为标准音，以北方话为基础方言，以典范的现代白话文著作为语法规范的现代汉民族共同语。在 1955 年 10 月先后召开的全国文字改革会议和现代汉语规范问题学术会议上，第一次明确“普通话”的概念。1956 年国务院发布了《关于推广普通话的指示》，正式确定“普通话”的含义——“普通话”即普遍通行之话，并规定了普通话的科学含义。2001 年 1 月 1 日起正式实施的《国家通用语言文字法》，第一次以法律的形式明确了普通话作为国家通用语言的地位，明确了以普通话作为工作语言的岗位和应达到的国家规定等级标准。

“普通话”作为现代汉民族的通用语言，包含四个方面的规范标准：

第一，语音规范。

普通话以北京语音为标准音。所谓北京语音，是指北京语音的音韵系统，即北京语音中声母系统、韵母系统、声调系统和音变系统，并非北京语音的任何一个语音成分。普通话语音包含 21 个声母、39 个韵母、4 个声调及变调、轻声、儿化、“啊”变读等音变现象。北京语音中的俚语、土语成分，汉语方言语音不能进入普通话语音系统。

第二，词汇规范。

普通话以北方话为基础方言，即以北方话的词语总汇作为普通话的词汇基础。普通话词汇有三个组成部分：一是以北方话的词语总汇为主体；二是吸收汉语方言、少数民族语言和古代汉语中运用广泛的词语，如上海方言词语“货色、垃圾、面孔”，四川方言词语“搞、过硬、要得”，少数民族词语“蘑菇（蒙语）、打扮（满语）、骆驼（匈奴语）”，古代汉语词语“夫人、诞辰、巾帼”等；三是借用外来词语，如“玻璃（梵语）、菠菜（尼泊尔语）、T 恤（英语）、体操（日语）”。北方话分布范围广、历史影响大、词汇丰富、具有代表性，但普通话剔除了北方话词汇中方言色彩过于浓厚的词语。北方话中缺少共通性的方言色彩浓厚的词语、汉语方言词语不能进入普通话词汇系统。

第三，语法规范。

普通话以典范的现代白话文著作为语法规范，即从典范的现代白话文著作中提炼的语法规则作为普通话的语法规范。这里主要指五四运动后倡行的白话文优秀著作，如国家法律条文、报刊社论和现代著名作家（鲁迅、巴金、叶圣陶等）的作品中的具有广泛代表性和楷模作用的一般用例。作为普通话语法规范用例不包括那些特殊用例或不纯洁、不健康的用例。

第四，功能规范。

普通话是现代汉民族全体成员通用的语言，公民有学习和使用国家通用语言文字的权利。《国家通用语言文字法》（2001年）明确规定：除法律另有规定和工作需要之外，普通话是国家机关的公务用语，是学校、其他教育机构和对外汉语教学的教学用语，是广播电台、电影电视的播音用语，是公共服务行业的服务用语，是不同方言区以及国内不同民族之间人们的交际用语。以普通话作为工作语言的岗位应达到国家规定等级标准。

二、普通话与汉语方言

一般认为世界上有五千多种语言，其中汉语的使用人口最多，英语的使用国家和地区最广。中国现有129种语言，由汉语和各少数民族语言组成，汉语是使用人口最多、分布地区最广的语言。现代汉语包括普通话和汉语方言。现代汉民族共同语（普通话）是在北方方言基础上形成的超方言的高级语言形式，汉民族各地域方言是汉民族共同语的地域分支和变体，两者是主体语言与分支语言的关系。

汉民族共同语经历了一个不断融合和发展的历史过程：公元前3000年，生活在黄河流域的西北部黄帝族、中部姜姓炎帝族及东方的夷族经过斗争融合发展为尧、舜、禹为首的华夏族，到夏、商、周时期逐步形成较稳定的政治、经济、文化中心，并在部族之间通用一种近似秦晋方言的部落语言——华夏语；春秋时期，在黄河中游一带通行以周族所在地王畿的镐京话为主的最早书面语——雅言；秦汉时期，在黄河中下游通行以秦晋方言为主的书面语——通语；唐宋时期，通行以北方方言为基础的接近口语的书面语——白话；明清时期，通行以北京话为基础的官方语言——官话；“五四”运动以后，通行以北京语音为标准音的民族共同语——国语；中华人民共和国成立后，确立汉民族共同语为“普通话”。在民族社会不断地分化和统一过程中，随着汉民族政治、经济、文化中心由西安向北京渐次东移，汉民族共同语也经历了不断融合发展的历程。

汉语方言是通行于某一地域的语言。社会分化、移民活动、地理阻隔是形成方言的重要因素。我国方言众多，根据《中国语言地图集》（1989年）的划分，现代汉语方言可分为十大方言区，即官话方言区（北方方言区）、晋语区、吴语区、徽语区、赣语区、湘语区、闽语区、粤语区、平话语区和客家语区。汉语北方方言是古代生活在中原地区的汉族所用语言经过长期发展，并受周围少数民族语言影响的直接结果。南方的其他汉语方言则发端于历史上黄河中下游地区人民的几次南下移民活动，吴方言源头最为久远，稍晚是湘方言，其次是粤方言、闽方言、赣方言和客家方言，晋语区、徽语区和平话区出现最晚。

（一）官话方言区

以北京话为代表，是现代汉民族的基础方言，分布地域最广，使用人口约占汉族总人员的70%以上。官话方言区内分北京官话、东北官话、冀鲁官话、胶辽官话、中原官话、兰银官话、西南官话、江淮官话等八个次方言区。

1. 北京官话

北京官话内分京师片、怀承片、朝峰片、石克片。主要特点是古清音声母入声字分别归入阴平、阳平、上声和去声。

2. 东北官话

东北官话内分吉沈片、哈阜片、黑松片，主要特点是古清音声母入声字分别归入阴平、阳平、上声和去声，但派入上声的字比北京官话多。

3. 冀鲁官话

冀鲁官话内分保唐片、石济片、沧惠片，主要特点是古清音声母入声字今读阴平，或大多读阴平，次浊声母归去声，全浊声母归阳平。

4. 胶辽官话

胶辽官话内分青州片、连登片、盖桓片，主要特点是古清音声母入声字今读上声。

5. 中原官话

中原官话内分郑曹片、蔡鲁片、洛徐片、信蚌片、汾河片、关中片、秦陇片、陇中片、南疆片，主要特点是古清声母入声字今读阴平，古次浊入声字也读阴平，全浊入声字归入阳平。如“滴、福、铁、腹、鹿、木、力、密”郑州话读阴平调，“白、达”则读阳平调。

6. 兰银官话

兰银官话内分金城片、银吴片、河西片、塔密片等片区，主要特点是古清音声母入声字今读去声，如“塌、擦、杀、刷”兰州话读为去声调。

7. 西南官话

西南官话内分成渝片、滇西片、黔北片、昆贵片、灌赤片、鄂北片、武天片、岑江片、黔南片、湘南片、桂柳片、常鹤片等片区，主要特点是大多数地域不论清浊古入声字都归入阳平，如“桌、识、笔、客”成都、昆明、武汉都读成阳平调。

8. 江淮官话

江淮官话内分洪巢片、泰如片、黄孝片等片区，主要特点是古入声字仍读入声，如“接、铁、叠、灭”扬州话都读为入声。

（二）晋语方言区

晋语是指山西省及其毗连地区有入声的方言。晋语内分并州片、吕梁片、上党片、五台片、大包片、张呼片、邯新片和志延片等片区。使用人口为 4 570 万人，约占汉族总人口的 4.7%。

（三）吴语方言区

吴语方言区内分太湖片、台州片、瓯江片、婺州片、处衢片、宣州片等片区，使用人口约占汉族总人口的 8.4%。主要特点是全浊声母字今仍读浊音。

（四）徽语方言区

徽语方言区内分绩歙片、休黟片、祈德片、严州片、旌占片等片区，使用人口为 312 万人，约占汉族总人口的 0.3%。主要特点是古全浊声母字今读塞音、塞擦音时，大多读送气清音，如“步”休宁读为[p‘u]，“共”绩溪读为[k‘u]。带鼻音韵母字比较少。

（五）赣方言区

赣方言区内分昌靖片、宣浏片、吉茶片、抚广片、鹰弋片、大通片、耒资片、洞绥片、怀岳片等片区，使用人口约占汉族总人口的 2.4%。主要特点是古全浊声母字今读塞音、塞擦音时，多读为送气清音，如“坐”在南昌读为[ts‘o]。

（六）湘方言区

湘方言区内分长益片、娄邵片、吉溆片，使用人口约占汉族人口的 5%。主要特点是古全浊声母字今读塞音、塞擦音时，读为不送气清音。老湘语平声大多读浊音，仄声则读不送气清音。

（七）闽语方言区

闽语方言区内分闽南区、莆仙区、闽东区、闽北区、闽中区、琼文区、雷州区、邵将区等片区，使用人口约占汉族总人口的 4.2%。主要特点是古全浊声母字读塞音、塞擦音时，今多读不送气清音，少读送气清音，如“猪”厦门读为[tu]，福州读为[ty]。

（八）粤方言区

粤方言区内分广府片、浔片、高阳片、四邑片、勾漏片、吴化片、钦廉片等片区，使用人口约占汉族总人口的5%。主要的特点是古全浊声母今读塞音、塞擦音时，大多今逢阳平、阳上读送气音，逢阳去、阳入读不送气清音。塞擦音声母一般只有[tʂ]、[tʂ‘]、[t]。

普通话与各汉语方言关系具有主干语言和分支语言的关系。普通话作为汉民族共同语，具有主体性、规范性和通用性特点，是我国的主体语言、官方语言、代表语言。外交活动和对外汉语教学要使用普通话。汉语方言是汉民族语言的地域分支，具有地域性、不规范性、分支性特点，在一定时期内，仍然有存在和发展的可能性和必要性。

普通话与各方言具有同源异流的关系。汉语言包括汉语共同语和汉语方言，它们都来自古汉语系统。由于社会统一和各地区经济、政治、文化交流需要产生了共同语，但又由于一个社会内各地区的不完全分化或社会的不完全统一，形成方言。同源关系使普通话和汉语方言具有共同点，异流关系使普通话和各汉语方言、汉语方言与方言之间形成较大差异，体现在语音上的差异较大，其次是词汇和语法。

第二节 大力推广和积极普及普通话

一、国家语言文字相关法律法规

国家语言文字工作机构是国家语言文字工作委员会（简称“国家语委”)。20世纪50年代初成立中国文字改革委员会。1985年12月，更改为国家语言文字工作委员会。

国家语言文字法律法规主要是《中华人民共和国国家通用语言文字法》(2001年)、《关于推广普通话的指示》(1956年)、《关于开展普通话测试工作的决定》(1994年)、《普通话水平测试管理规定》(2003年)。

新时期语言文字工作方针和主要任务是促进语言文字规范化、标准化，使语言文字在社会主义现代化建设中更好地发挥作用。新时期推广普通话的方针是“大力推广、积极普及、逐步提高”，每年9月第3周为全国推广普通话宣传周。

贵州省语言文字法律法规是《贵州省国家通用语言文字条例》(2007年)、《贵州省普通话水平培训测试管理规定》(2008年)。

二、普通话水平测试的意义

普通话是中国国家通用语言，推广和普及普通话是国家的基本语言政策，普通话水平测试（PSC）是推广普通话的重要举措。

我国是多民族、多语言、多方言的人口大国。语言不通将会阻碍不同方言区、不同民族人们的社会交际和信息畅通，势必影响各地区经济、政治、文化等各项事业的发展，影响国民素质的文明化进程。因此，1956年国务院发布《关于推广普通话的指示》，明确“普通话”的科学含义，确定在全国范围内大力推广普通话的政策措施。1997 年召开的全国语言文字工作会议确定了新世纪我国语言文字工作的目标，要求在 2010 年以前，普通话在全国范围内初步普及，21 世纪中叶以前，普通话在全国范围内普及。在全球现代化进程中，推广普及普通话是我国经济建设与社会发展的一项基础性工程，是社会精神文明建设的重要内容。

普通话水平测试自 1994 年起开始实施。2001 年 1 月 1 日起正式实施的《国家通用语言文字法》，第一次以法律的形式明确了普通话作为国家通用语言的地位，明确了以普通话作为工作语言的岗位和应达到的国家规定等级标准。第十九条规定以普通话作为工作语言的播音员、节目主持人和影视话剧演员、教师、国家机关工作人员的普通话水平，应当分别达到国家规定的等级标准，并明确对违反该法的处理意见“本法第十九条第二款规定的人员用语违反本法第二章有关规定的，有关单位应当对直接责任人员进行批评教育；拒不改正的，由有关单位作出处理。”同时规定：“国务院语言文字工作部门颁布普通话水平测试等级标准”。2003 年，国家语言文字工作委员会修订并颁布《普通话水平测试管理规定》。普通话水平测试是国家的立法执法行为，执行全国统一的测试等级标准，是大力普及和积极推广普通话的重要举措。

掌握和使用一定水平的普通话是各行各业人员，特别是教师、播音员、节目主持人、演员、国家公务员、社会公共服务行业人员必备的职业素质。个人普通话水平等级必须通过普通话水平测试得以确认。普通话水平测试作为推广普通话的一个重要举措，随着测试工作的深入发展，在促进我国普通话的推广普及和应用水平的提高，增强国民的语言规范意识，提高国民文化素质等方面都发挥着积极重要的作用。

三、普通话水平测试等级标准

为适应新时期推广普通话的工作需要，1997 年 12 月 5 日，国家语言文字工作委员会正式颁布《普通话水平测试等级标准（试行）》，对普通话水平测试的等级标准作出明确规定。

一级

甲等　朗读和自由交谈时，语音标准，词汇、语法正确无误，语调自然，表达流畅。测试总失分率在 3%以内。

乙等　朗读和自由交谈时，语音标准，词汇、语法正确无误，语调自然，表达流畅。偶然有字音、字调失误。测试总失分率在 8%以内。

二级

甲等　朗读和自由交谈时，声韵调发音基本标准，语调自然，表达流畅。少数难点音（平翘舌音、前后鼻尾音等）有时出现失误。词汇、语法极少有误。测试总失分率在 13%以内。

乙等　朗读和自由交谈时，个别调值不准，声韵母发音有不到位现象。难点音较多（平翘舌音、前后鼻尾音、边鼻音、fu-hu、z-zh-j、送气不送气、i-ü 不分，保留浊塞音、浊塞擦音、丢介音、复韵母单音化等），失误较多。方言语调不明显。有使用方言词、方言语法的情况。测试总失分率在20%以内。

三级

甲等　朗读和自由交谈时，声韵调发音失误较多，难点音超出常见范围，声调调值多不准。方言语调较明显。词汇、语法有失误。测试者失分率在30%以内。

乙等　朗读和自由交谈时，声韵调发音失误较多，方言特征突出。方言语调明显。词汇、语法失误较多。外地人听其谈话有听不懂情况。测试总失分率在40%以内。

四、普通话等级测试规程

为贯彻落实教育部2003年5月21日颁布的《普通话水平测试管理规定》，确保测试工作在制度化、规范化、科学化的轨道上健康发展，2003年5月27日，教育部语言文字应用管理司制定下发了《普通话水平测试规程》，对普通话水平测试管理工作作出明确规定。

1. 报　名

（1）申请接受普通话水平测试（以下简称测试）的人员，持有效身份证件在指定测试机构报名（亦可由所在单位集体报名）。

（2）接受报名的测试机构负责安排测试的时间和地点。

2. 考　场

（1）测试机构负责安排考场。每个考场应有专人负责。考场应具备测试室、备测室、候测室以及必要的工作条件，整洁肃静，标志明显，在醒目处应张贴应试须知事项。

（2）每间测试室只能安排1个测试组进行测试，每个测试组配备测试员2~3人，每组日测试量以不超过30人次为宜。

3. 试　卷

（1）试卷由国家语言文字工作部门指定的测试题库提供。

（2）试卷由专人负责，各环节经手人均应签字。

（3）试卷为一次性使用，按照考场预定人数封装。严格保管多余试卷。

（4）当日测试结束后，测试员应回收和清点试卷，统一封存或销毁。

4. 测　试

（1）测试员和考场工作人员佩带印有姓名、编号和本人照片的胸卡，认真履行职责。

（2）应试人持准考证和有效身份证件按时到达指定考场，经查验无误后，按顺序抽取考题备测。应试人备测时间应不少于10分钟。

（3）执行测试时，测试室内只允许1名应试人在场。

（4）测试员对应试人身份核对无误后，引导应试人进入测试程序。

（5）测试全程录音。完整的测试录音包括：姓名、考号、单位以及全部测试内容。录音应声音清晰，音量适中，以利复查。

（6）测试录音标签应写明考场、测试组别、应试人姓名、测试日期、录音人签名等项内容；录音内容应与标签相符。

（7）测试员评分记录使用钢笔或签字笔，符号清晰、明了，填写应试人成绩及等级应准确（测试最后成绩均保留一位小数）。

（8）测试结束时，测试员应及时收回应试人使用的试卷。

（9）同组测试员对同一应试人的评定成绩出现等差时由该测试组复议，出现级差时由考场负责人主持再议。

（10）测试评分记录表和应试人成绩单均签署测试员全名和测试日期。

（11）测试结束，考场负责人填写测试情况记录。

5. 质量检查

（1）省级测试机构应对下级测试机构测试过程进行巡视。

（2）检查测试质量主要采取抽查复听测试录音的方式。抽查比例由省级测试机构确定。

（3）测试的一级甲等成绩由国家测试机构复审，一级乙等成绩由省级测试机构复审。

（4）复审应填写复审意见。复审意见应表述清楚、具体、规范，有复审者签名。

（5）复审应在收到送审材料后的 30 个工作日内完成，并将书面复审意见反馈送审机构。

（6）省级语言文字工作部门向测试成绩达到测试等级要求的应试人发放测试等级证书，加盖省级语言文字工作部门印章。

（7）经复审合格的一级甲等、一级乙等成绩应在等级证书上加盖复审机构印章。

6. 应试人档案

（1）应试人档案包括：测试申请表、试题、测试录音、测试员评分记录、复审记录、成绩单等。

（2）应试人档案保存期不少于两年。

第三节　普通话的学习方法

一、普通话学习的障碍

汉民族历史悠久，地域广阔，方言众多，方言之间语音差异较大，生活在方言区的人在学习普通话时必然会受到方言的影响和制约：一是方言语感影响普通话的感知；二是方言发音习惯制约普通话发音的养成；三是方言情结弱化普通话意识；四是方言知识干扰普通话的习得。这主要表现在：

（一）生理障碍

生理障碍指在普通话的学习过程中，受到方言发音习惯限制所产生的听说障碍。由于普通话与方言同源于古汉语，并在长期的历史演变中形成各自不同的语音体系，它们之间存在着“同中有异，异中有同”的关系。学习者受其影响会出现以下障碍：

一是发音不到位。在说普通话时往往因不熟悉新的发音部位和方法，难以找到准确的发音位置，或者将方言音和普通话音混合，发出错误音或缺陷音。旧的发音习惯定型、定位，影响新的发音习惯准确形成，说普通话时就难以消除的一些“怪腔怪调”，带上明显的方言色彩。

二是发音不稳定。有些学习者受到方言惯性和语感的影响，在语流中或快速发音时则出现标准音和错误音交替出现的现象，影响普通话的标准度。

三是感知障碍。每一种语音系统都有其独特的语音特征。生活在方言社会的人，听觉系统的神经元只对母语声音的某些特征发生反应。在语流的听辨过程中，只对方言母语的语音特征比较敏感，对普通话语音信号处于无意识状态，从而出现感知障碍。

（二）心理障碍

心理障碍指普通话学习中受方言意识、方言情感和方言态度等语言心理因素影响而产生的学习障碍。从语言结构本身而言，方言和普通话都是自足的，无高低贵贱之分，但从社会地位和交际功用来看，共同语是民族的主体语言，方言是地域性分支，并受共同语的强势影响而逐渐向共同语靠拢并最终走向规范化、标准化。再说方言的地区，方言以其便利、自足、富有亲和力等特点占据强势地位，是最具流通性的交际语言。由于对方言的过分依赖和在日常生活中的普遍认同，造成普通话得不到相应的重视和学习困难。

（三）学习障碍

语言学习可分为初期学习和后期学习。初期学习主要指母语的学习，后期学习则指外语和第二语言学习。调查显示，普通话是 70%以上中国人的第二语言。学习中常出现以下障碍：

一是学习动力障碍。在大多数方言区，普通话是作为一种学习语言存在而非日常生活所必需的生活语言，它的获得方式也主要是通过语言学习而不是自然习得。学习者大多受到国家政策法令、学习、交往、工作、求职等诸多因素的驱使，通过有目的的学习去获得语言能力，具有较强的功利性和目的性。

二是母语知识“负迁移”的障碍。母语与目标的差异所引起的干扰被称为“负迁移”。由于普通话和方言具有同源异流的关系，语音的差异性又较大，学习中的“负迁移”现象更加普遍。

三是学习年龄障碍。心理学上提出“关键期假设”，指出人的一生有一段固定的时期比其他时期都更容易习得语言，过了这段时期以后，一般很难习得完美语言。心理语言学家 Eric Heinz Lenneberg（1967）根据“侧化期”推断，关键期大约在 12～13 岁结束。就一般情况而言，普通话学习因年龄的差异会出现不平衡现象。年龄越小，越容易获得普通话能力；年龄越大，失去语言习得的“黄金时期”，学习的障碍就越大。

二、普通话学习的方法

（一）进行正确的语音练习

语音感知是语音发音的前提，只有提高对普通话语音的听辨能力，才可能养成正确的发音习惯，形成良好的普通话语感。在普通话学习中，人们往往较重视“练读”而忽略“练听”，其结果是人们对方言与普通话差异没有清晰的语音记忆，发音时无法进行自动调整，影响语音表达的流畅和标准。有效的学习方法是通过大量正确的语音材料反复刺激听觉神经系统，使学习者对普通话的语音声学特征产生辨认能力并在听觉记忆里存放这些语音信息，再进入语音记忆里进行辨认调整，形成符合普通话语音制约的感知能力。

（二）掌握正确的练习方法

练习的关键是通过听辨正确的发音，分析普通话语音的发音特点，掌握准确的发音部位再反复进行练习加以巩固，从而消除方言发音惯性的干扰而形成新的发音习惯。其过程为：方言发音习惯→听辨正确语音→模仿发音→发音练习→辨音记音→普通话发音习惯。普通话与方言语音的差异，是练习的重点和难点。练习时，应先找出两者之间的不同语音特征及其对应规律，多作辨音练习。

（三）创建良好的语言环境

营造良好的普通话学习环境，形成强烈的普通话学习归附动机，减少方言母语的负干扰，有利于培养普通话语感，消除普通话学习的障碍。充分认识学习普通话的重要意义，把普通话看作是身份和教养的标志，形成“说普通话光荣”的社会心理导向，从而创建尊重普通话，喜爱普通话，热衷普通话，维护普通话的社会语言心理环境。

（四）坚持不懈地学习

语言是一个循序渐进，持续不断的学习过程。要转变旧观念，学会自主学习，应培养良好的学习习惯，掌握科学的学习方法；要努力消除方言的干扰，坚持把普通话作为学习语言、生活语言和交际语言，积极营造良好的普通话学习环境，在学习和生活中不断巩固和提升普通话的运用能力；要消除普通话学习的功利目的，牢固树立普通话共同语意识，坚持不懈地学习和使用普通话，在实践中不断提高自身的普通话能力和修养。只有做到用心学习、反复练习、坚持使用才可能取得良好的学习效果。

第四节　普通话语音基础知识

一、语音的性质

语音是指从人的发音器官发出来的具有一定社会意义的声音。语音是语言的物质外壳，人们通过语音传递和感知语言的意义和内容。语音具有三种属性。

（一）语音的物理属性

语音是一种物理现象。声带受到气流作用后振动发声，声带的振动引起周围空气和其他媒介质的振动而产生音波，音波作用于人耳引起鼓膜振动从而使人听到声音。从物理学角度看，语音同其他声音一样，都可以从音高、音强、音长、音色四个方面进行分析。

1. 音　高

音高指声音的高低，是由发音体振动的快慢决定。音波每秒钟振动的周期次数就是音波的频率。振动次数多，频率高，声音就高；振动次数少，频率低，声音就低。人的声带振动的快慢，决定声音的高低。一般女人的声带要比男人的声带短薄一些，因而女人说话的声音会比男人说话的声音高。音高在语音中的作用表现在语调和声调上。语调又称为句调，是句子音高的变化。几乎所有的语言都有语调，可以通过语调来表达不同的感情色彩和意义内容，如“您今天有空吗？”用升调表示询问。声调又称之为字调，是音节音高的变化。在有声调的语言中，音高的作用更重要和明显，如“妈”mā、“麻”má、“马”mǎ、“骂”mà，音高不同，词义也不同。

2. 音　强

音强指声音的强弱，是由发音体的振幅大小决定。振幅大，声音就强；振幅小，声音就弱。人说话时气流的大小决定声音的强弱：气流强，对声带的作用力大，声带振动的幅度大，声音就大；气流弱，对声带的作用力就小，声带振动幅度小，声音就小。音强有决定语言意义的作用，如“烟头”yāntóu和“木头”mùtou，两者意义的差别是由“头”音节的重读和轻读不同造成的。

3. 音　长

音长指声音的长短，是由发音体振动时间的长短决定。人的声带振动时间长，音长就长；声带振动时间短，音长就短。音长也有决定语言意义的作用，如英语中“吃”eat 和“它”it 意义差别是由“i”音的长短不同造成。在汉语言中，音长没有区别意义的作用，但与表达不同的语气和情感有关。如“啊”，发音长可表示惊异、赞叹，发音短，可表示应答。

4. 音 色

音色指声音的特色，取决于音波振动的形式。造成不同音色的三个因素是发音体、发音方法、共鸣形状的不同。音色是声音的本质特征，也叫音质。钢琴发出的声音和小提琴发出的声音不同，是因为发音体不同；小提琴用琴弦拉出来的声音和用手拨动发出的声音不同，是因为发音方法不同；用琴弦在小提琴和大提琴上拉出来的声音不同，是因为小提琴和大提琴共鸣形状不同。同样，人们在发音时，b和t的音色不同，是因为发音体不同；b和p的音色不同，是因为发音方法不同；b和m的音色不同，是因为共鸣方式不同。

（二）语音的社会属性

语音是具有一定社会意义的声音。语音的社会属性是语音的本质属性，包含两个方面的含义：

一个方面是语音与自然界其他声音的根本区别在于它具有一定的社会意义。语言是人类社会最重要的交际工具。在社会交际中，语音代表了一定的意义，如在汉语“啊，多美丽的景色！”“啊，是你来了！”中，“啊”分别代表赞叹、惊讶的意义。不同社会使用的语言具有不同的语音成分。在汉语普通话中shì，sì有意义区别，但在西南官话中则没有意义区别。

另一方面是语音与语义的联系由社会约定俗成。什么样的声音代表什么样的意义，在不同的社会有不同的联系。如相同的发音［kəu］，在汉语中代表“狗”的意义，在英语代表“走”的意义。

（三）语音的生理属性

语音是人类调节呼吸器官所产生气流通过发音器官发出来的声音，是人各个发音器官共同协作的结果。根据人发音时各个器官的功能和作用，可把发音器官分为三个大的部分（见图 1.1）：

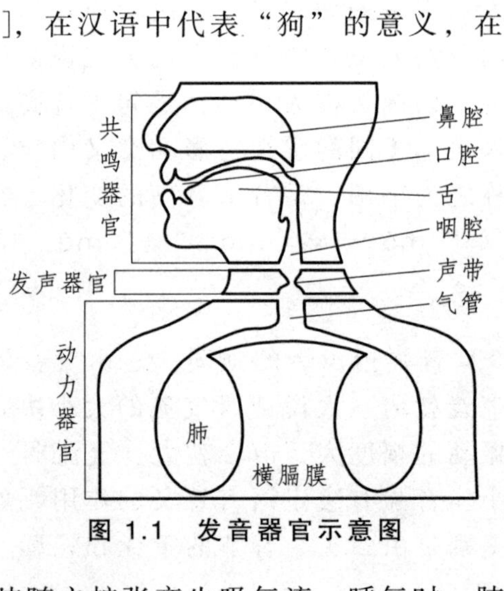

图 1.1 发音器官示意图

1. 动力器官

动力器官包括肺和气管。肺是由无数肺气泡组成的海绵体状组织，本身不能自动扩张和收缩，要依靠肋间肌、横膈膜和腹肌运动。吸气时，肺随之扩张产生吸气流；呼气时，肺随之收缩产生呼气流。呼吸时肺所产生的气流成为发音的原动力，气流越强，声音就越大，气流越小，则声音越小。气管是气流进出的通道。汉语主要靠呼气流来发音。

2. 发声器官

发声器官包括喉头和声带。喉头是由环状软骨、杓状软骨、甲状软骨以及与之相连的肌肉和韧带组成的圆筒形空腔，圆筒中部附着声带。声带是两片富有弹性的薄膜。成年男子声带约有十三四毫米长，女子声带比男子约短三分之一，小孩更短一些。声带的一端并合固定在甲状软骨上，另一端分别附着在两块杓状软骨上。两片声带中间的空隙是声门，声门是气流的通道。不发声时，杓状软骨分开，声带呈倒“v”形，声门打开，气流顺畅通过不振动声带（见图 1.2）；发声时，杓状软骨靠拢，使声带并合，声门关闭，呼出气流被阻隔，振动声带发出声音（见图 1.3）。声音的高低受到声带的长短、厚薄和松紧状态的影响。声带较长、较厚或放松时，振动的频率慢，发出的声音较低；声带较短、较薄或拉紧时，振动频率快，发出的声音较高。

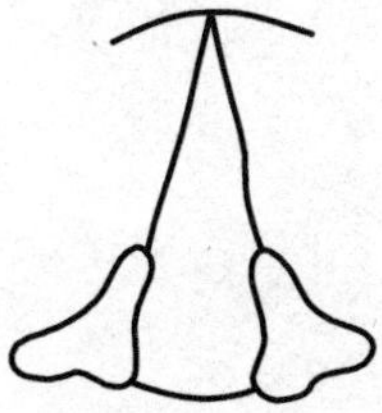

图 1.2 声带呼吸状态示意图

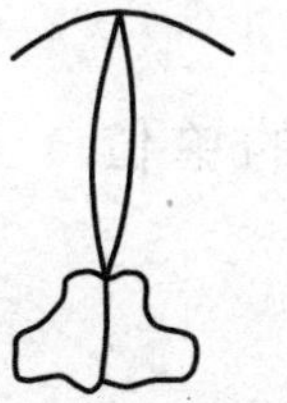

图 1.3 声带发音状态示意图

3. 共鸣器官

共鸣器官主要是指喉腔、咽腔、口腔和鼻腔。声带振动产生的声带音通过喉腔、咽腔、口腔、鼻腔等共振腔，由于共振腔形状的不同变化，产生不同的共鸣，形成种种不同的声音（见图 1.4）。

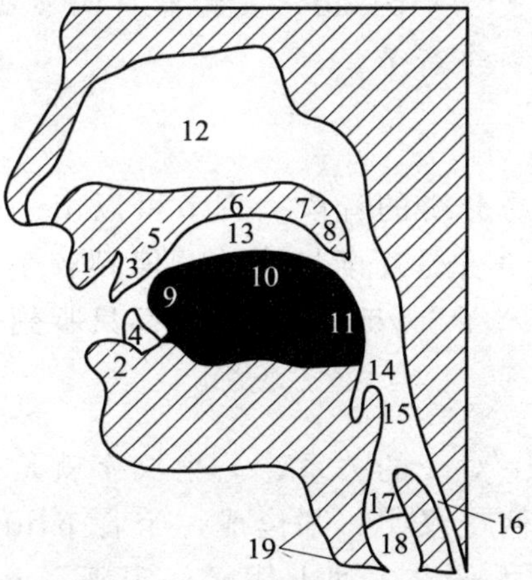

1—上唇；2—下唇；3—上齿；4—下齿；5—齿龈；6—硬腭；7—软腭；8—小舌；9—舌尖；10—舌面；11—舌根；12—鼻腔；13—口腔；14—咽头；15—会厌；16—食道；17—气管；18—声带；19—喉头。

图 1.4 发音部位示意图

喉腔和咽腔位于声带和小舌之间，声带音首先通过喉腔和咽腔进入口腔和鼻腔。

软腭和小舌是改变口腔和鼻腔气流通道的活动门。呼吸时软腭和小舌下垂，鼻腔和咽腔相通，气流顺畅从鼻腔进出，不振动发音；发音时软腭和小舌有三种活动方式：

一种是软腭和小舌向后上升，挡住鼻腔通道，咽腔和口腔相通，气流在口腔形成共振，发出口音；第二种是软腭和小舌下垂，咽腔与口腔、鼻腔的通道同时打开，这时，口腔的某一个部位闭塞堵住气流，气流返回鼻腔形成共振，发出鼻音；第三种是软腭和小舌下垂，咽腔与口腔、鼻腔的通道同时打开，气流在口腔和鼻腔同时共振，形成鼻化音。

口腔是可变共振腔，是人类最重要的发音器官。口腔上面的组织叫上腭，上腭包括上唇、上齿、上齿龈、硬腭、软腭和小舌；口腔下面的组织叫下腭，下腭包括下唇、下齿，舌头附着在下腭上。舌头是口腔中最灵活的发音器官，可分为舌尖、舌叶、舌面和舌根。口腔中可以活动的发音部位叫主动发音器官，不能活动发音部位叫被动发音器官。

鼻腔是固定共振腔，不同的鼻音是由唇和舌的调节形成。发鼻音时鼻腔是主要共振腔，口腔是辅助共振腔。发鼻化音时鼻腔和口腔所起的共振作用相同。

二、语音的单位

（一）音节

音节是语音结构的基本单位，也是听觉上最容易分辨的语音片段。汉语音节可以从三个方面去认知：

1. 发音感知

在发音中，一个音节的发音是发音器官的肌肉由紧张到松弛的变化过程，每一次变化可看作一个音节。如“皮袄”pí’ǎo，发音器官明显变化两次是两个音节，“飘”piāo，发音器官变化一次是一个音节。

2. 听觉感知

在语流中，音节是最容易分辨的音段。音节可以由一个音段组成，也可由更小的几个音段组成，但音段之间语音是逐渐过渡的，停顿较小、界限模糊，听觉上应该只听成一个声音。如“啊”ā、“丫”yā、“虾”xiā都只听到一个音节。

3. 视觉感知

汉语音节和汉字基本是一对一的关系，一个汉字就是一个音节。只有少数例外，例如“花儿、盖儿”都写成两个汉字，却读成一个音节huār，gàir。

普通话共有400多个基本音节，加上阴平、阳平、上声、去声四声调构成1 332个音节。

（二）音素

根据现代语音学理论对音节进行分析，音节是由音素构成。音素是从音色的角度划分出来的最小的语音单位。一个音节可以只有一个音素，也可以由多个音素构成。

例如“啊”ā、“姨”yí就是由一个音素构成的音节，“大”dà、“学”xué就是由多个音素构成的音节。普通话语音系统共有32个不同的音素，根据音素的发音特点和声音特征，可分为两大类：元音和辅音。元音是指气流振动声带，在口腔不受阻碍，但受到唇形圆展、口腔开合节制的音。普通话有ɑ，o，e，i，u，ü，ê，er，-i[ɿ]，-i[ʅ]等10个元音音素。辅音是指气流在口腔受到一定部位阻碍而形成的音，普通话有b，p，m，f，d，t，n，l，g，k，h，j，q，x，zh，ch，sh，r，z，c，s，ng等22个辅音音素。元音音素和辅音音素的区别主要表现在以下四个方面：

（1）元音发音时，气流在口腔不受阻碍；辅音发音时，气流通过口腔、鼻腔要受到阻碍。

（2）元音发音时，发音器官各部位保持均衡紧张状态；辅音发音时，形成阻碍的发音部位比较紧张，其他部位比较松弛。

（3）元音发音时，气流较弱；辅音发音时，气流较强。

（4）元音发音时，声带要振动，发出的声音响亮。辅音发音时，一般声带不振动，发出的声音不响亮，称之为清辅音，主要有b，p，f，d，t，g，k，h，j，q，x，zh，ch，sh，z，c，s等17个音素；有的声带振动，发出的声音响亮，称之为浊辅音，主要有m，n，l，r，ng等5个音素。

（三）声母、韵母和声调

根据我国传统音韵学理论对音节进行分析，音节是由声母、韵母和声调三个部分组成。

1. *声母*

声母是处于音节开头的辅音音素，声母只能由一个辅音音素构成。普通话共有b，p，m，f，d，t，n，l，g，k，h，j，q，x，zh，ch，sh，r，z，c，s等21个声母。如果音节不以辅音开头，声母则处于“零状态”，这种音节称为“零声母音节”，例如“昂”ánɡ、“欧”ōu。

2. *韵母*

韵母是音节中声母后面的部分，主要由元音或者元音加上辅音音素构成。普通话共有ɑ，o，e，i，u，ü，ê，er，-i[ɿ]，-i[ʅ]，ɑi，ei，ɑo，ou，iɑ，ie，üe，uo，uɑ，uei，iou，iɑo，uɑi，ɑn，en，in，ün，iɑn，uɑn，uen，üɑn，ɑnɡ，enɡ，inɡ，uɑnɡ，iɑnɡ，uenɡ，onɡ，ionɡ等39个韵母。例如“教”jiāo，音节开头的j是声母，声母后面的iɑo是韵母，韵母由i，ɑ，o三个元音音素构成。例如“江”jiānɡ，j是声母，iɑnɡ是韵母，韵母由i，ɑ两个元音音素和nɡ一个辅音音素构成。

元音、辅音和声母、韵母是两对不同性质的语音概念。元音和辅音是从构成音节的音素本身的性质角度划分出来的，适用于任何一种语言；声母和韵母是从音素在音节结构中所处的位置划分出来，只运用于与汉语有相同音节结构的语言。辅音不完全等同声母，普通话中辅音音素n，既可以作声母，又可以作韵尾，例如“难”nán。n辅音可处于音节开头和末尾位置，ng则只能作韵尾不能作声母。元音也不完全等同韵母，韵母可由元音构成，也可由元音和辅音共同构成。

3．声调

声调是附着在音节上的具有区别意义作用的音高变化。普通话有四个声调，分别是阴平[55]、阳平[35]、上声[214]、去声[51]。例如“逼”bī、“鼻”bí、“比”bǐ、“避”bì四个音节的不同意义就由声调不同加以区分。

三、普通话的记音符号

中国曾采用三类符号为给汉字记音：一是汉代开始使用的直音法，用一个同音汉字为另一个汉字记音，例如“苟（音狗）”；二是东汉后期创造的反切法，用两个汉字给另一个汉字注音，一个反切上字与被记音字的声母发音相同，一个反切下字与被记音字的韵母和声调发音相同，例如“东，德红切”；三是民国初年创制的注音符号。但这三种记音符号都没有完全摆脱汉字记音的局限，存在以认识大量汉字为基础，不能准确记录音素和不便于国际交流等问题。

《汉语拼音方案》是采用国际通用的拉丁字母给汉字标注普通话语音的一套音标，它于 1958 年 2 月 21 日由第一届全国人民代表大会第五次会议批准向全国公布推行。它是对我国三百多年来创制的各种汉语拼音方案的一个经验总结，是中国语言文字工作的一个重大成就。

（一）“汉语拼音方案”的作用

1．给汉字注音

汉字是意音文字，字形不能表音，缺乏完整的表音系统，认读很困难。汉语拼音采用少量的 26 个字母，按照音素化拼写规则给汉字注音，既简明、易学、实用，又符合国际惯例，成为人们认读、拼写普通话的最好工具。

2．推广普通话

《汉语拼音方案》根据普通话语音系统，制定切实可行的声母、韵母、声调以及普通话的拼读拼写规则，把语音符号转化为书写符号，使得学习和推广普通话更加有效。特别是方言区、少数民族地区和外国人学习普通话更加简捷易学、规范准确。

3．制定少数民族文字

我国是多民族、多语言、多文字国家，凡是没有本民族文字或原来的文字需要改革的，都采用拉丁字母作为创制新的拼音文字的字母基础。目前，按照拉丁字母创制的少数民族文字已有十多种，许多少数民族拼音文字和汉语拼音方案有极大的相似性，便于互相学习和交流。

4. 设计特殊语文

特殊语文有两种，一种是聋哑人用的手指字母，另一种是盲人用的摸读文字——盲文。这两种文字都可以在汉语拼音的基础上进行设计。我国在 1963 年和 1974 年先后公布了两套供聋哑人使用的手指字母，能把汉语音节打出来。利用汉语拼音设计盲文，容易学习、便于应用。

5. 给汉字定序和检索

汉字本身没有内在的序列，传统的定序和检索方法多为部首法、笔画法、号码法等，但受到部首、笔画的设置、归类、定名和识别等不定因素影响，规则复杂、使用不便。以汉语拼音为基础的音序法，使字典辞书、图书目录、办公文档、户籍管理、商品目录、汽车牌号等都程序化后，使教育、文化、办公自动化成为可能。

6. 制定国际化标准

1977 年，联合国地名标准化会议决定采用汉语拼音字母作为拼写中国地名的国际标准，结束了中国地名罗马字母拼写的混乱状况。同时，地名标准化也带动了人名标准化，有利于国际交流和发展。

7. 中文信息处理

中文处理的第一步是输入汉字。凭借汉语拼音方案创制的输入法，如全拼输入法、双拼输入法、智能输入法、搜狗输入法等有利于克服字形输入法的弊端，有效解决同音字问题，给计算机汉字输入打开了新局面。

（二）汉语拼音方案的内容

汉语拼音方案由五个部分构成：字母表、声母表、韵母表、声调符号、隔音符号。

1. 字母表

字母：	Aɑ	Bb	Cc	Dd	Ee	Ff	Gg
名称：	ㄚ	ㄅㄝ	ㄘㄝ	ㄉㄝ	ㄜ	ㄝㄈ	ㄍㄝ
	Hh	Ii	Jj	Kk	Ll	Mm	Nn
	ㄏㄚ	ㄧ	ㄐㄧㄝ	ㄎㄝ	ㄝㄌ	ㄝㄇ	ㄋㄝ
	Oo	Pp	Qq	Rr	Ss	Tt	
	ㄛ	ㄆㄝ	ㄑㄧㄡ	ㄚㄦ	ㄝㄙ	ㄊㄝ	
	Uu	Vv	Ww	Xx	Yy	Zz	
	ㄨ	ㄪㄝ	ㄨㄚ	ㄒㄧ	ㄧㄚ	ㄗㄝ	

（1）V 只用来拼写外来语、少数民族语言和方言。

（2）字母的手写体依照拉丁字母的一般书写习惯。

2. 声母表

b	p	m	f	d	t	n	l
ㄅ玻	ㄆ坡	ㄇ摸	ㄈ佛	ㄉ得	ㄊ特	ㄋ讷	ㄌ勒

g	k	h	j	q	x
ㄍ哥	ㄎ科	ㄏ喝	ㄐ基	ㄑ欺	ㄒ希

zh	ch	sh	r	z	c	s
ㄓ知	ㄔ蚩	ㄕ诗	ㄖ日	ㄗ资	ㄘ雌	ㄙ思

在给汉字注音的时候，为了使拼式简短，zh，ch，sh 可以省作 ẑ、ĉ、ŝ。

3. 韵母表

		i ㄧ 衣	u ㄨ 乌	ü ㄩ 迂
ɑ ㄚ 啊		iɑ ㄧㄚ 呀	uɑ ㄨㄚ 蛙	
o ㄛ 喔			uo ㄨㄛ 窝	
e ㄜ 鹅		ie ㄧㄝ 耶		üe ㄩㄝ 约
ɑi ㄞ 哀			uɑi ㄨㄞ 歪	
ei ㄟ 诶			uei ㄨㄟ 威	
ɑo ㄠ 熬		iɑo ㄧㄠ 腰		
ou ㄡ 欧		iou ㄧㄡ 忧		
ɑn ㄢ 安		iɑn ㄧㄢ 烟	uɑn ㄨㄢ 弯	üɑn ㄩㄢ 冤
en ㄣ 恩		in ㄧㄣ 因	uen ㄨㄣ 温	ün ㄩㄣ 晕
ɑng ㄤ 昂		iɑng ㄧㄤ 央	uɑng ㄨㄤ 汪	
eng ㄥ	亨的韵母	ing ㄧㄥ 英	ueng ㄨㄥ 翁	
ong （ㄨㄥ）	轰的韵母	iong ㄩㄥ 雍		

（1）“知、蚩、诗、日、资、雌、思”等七个音节的韵母用 i，即：知、蚩、诗、日、资、雌、思等字拼作zhi，chi，shi，ri，zi，ci，si。

（2）韵母儿写成er，用作韵尾的时候写成r。例如：“儿童”拼作értóng，“花儿”拼作huār。

（3）韵母ㄝ单用的时候写成ê。

（4）i行的韵母，前面没有声母的时候，写成：yi（衣），ya（呀），ye（耶），yao（腰），you（忧），yan（烟），yin（因），yang（央），ying（英），yong（雍）。

u行的韵母，前面没有声母的时候，写成wu（乌），wa（蛙），wo（窝），wai（歪），wei（威），wan（弯），wen（温），wang（汪），weng（翁）。

ü 行的韵母，前面没有声母的时候，写成yu（迂），yue（约），yuan（冤），yun（晕），ü上两点省略。

ü 行的韵母跟声母j，q，x拼的时候，写成ju（居），qu（区），xu（虚），ü上两点也省略；但是跟声母l，n拼的时候，仍然写成lü（吕），nü（女）。

（5）iou，uei，uen前面加声母的时候，写成：iu，ui，un。例如niu（牛），gui（归），lun（论）。

（6）在给汉字注音的时候，为了使拼式简短，ng可以省作ŋ。

4. 声调符号

阴平	阳平	上声	去声
ˉ	ˊ	ˇ	ˋ

声调符号标在音节的主要母音上。轻声不标。例如：

妈mā	麻má	马mǎ	骂mà	吗ma
（阴平）	（阳平）	（上声）	（去声）	（轻声）

5. 隔音符号

a，o，e开头的音节连接在其他音节后面的时候，如果音节的界限发生混淆，用隔音符号（'）隔开，例如pi'ǎo（皮袄）。

第二章　普通话声母发音

第一节　普通话声母概说

一、普通话声母的定义

声母是音节开头的辅音音素。普通话共有21个辅音声母，它们是：b，p，m，f，d，t，n，l，g，k，h，j，q，x，zh，ch，sh，r，z，c，s。声母必须同时具备两个条件：一个是必须位于音节开头，一个是必须由辅音音素充当，两者缺一不可。

不以辅音音素开头的音节，称之为“零声母音节”，如“爱”ài、“欧”ōu、“鹅”é、“移”yí、“五”wǔ、“遇”yù等。这类音节常以a，o，e，i，u，ü等元音音素开头，在发音时往往带有一点轻微的摩擦成分。这种摩擦音一般可以用半元音和喉音来描写，表示这个音节也有一个类似声母的成分。但是摩擦的明显与否往往因人而异，而且也没有区别词义的作用，因此这种音节的声母语音学称之为“零声母”。零声母也是一种声母。实验语音学证明，零声母往往有特定的、具有某些辅音特性的起始方式。

不处于音节开头的辅音音素不是声母，只能充当韵尾。如“难”nán，“囊”náng中，处于音节开头的“n”是声母，处于音节末位的n和ng是韵尾。

现代汉语共有22个辅音音素，其中b，p，m，f，d，t，l，g，k，h，j，q，x，zh，ch，sh，r，z，c，s等20个辅音只充当声母，n既可以作声母，也可以做韵母；ng只能作韵母，不能做声母。

二、普通话声母的分类

声母都是辅音音素。辅音的发音特征是气流在通过喉头和口腔时会受到相关发音器官的特别阻碍。发音时受到阻碍的位置叫作发音部位，发音部位一般由主动发音器官和被动发音器官共同构成。发音时，喉头、口腔和鼻腔节制气流的方式和状况，叫作发音方法。不同声母是由发音部位和发音方法不同形成的。根据声母的发音部位和发音方法，可对普通话声母进行不同分类。

（一）发音部位

根据不同的发音部位，普通话声母可以分为七大类：

（1）双唇音：b，p，m。由上唇和下唇构成阻碍发音。

（2）唇齿音：f。由上齿和下唇构成阻碍发音。

（3）舌尖前音：z，c，s。由舌尖和上齿背构成阻碍发音。

（4）舌尖中音：d，t，n，l。由舌尖和上齿龈构成阻碍发音。

（5）舌尖后音：zh，ch，sh，r。由舌尖和硬腭前端构成阻碍发音。

（6）舌面音：j，q，x。由舌面前部和硬腭前端构成阻碍发音。

（7）舌根音：g，k，h。由舌根和软腭构成阻碍发音。

（二）发音方法

声母的发音方法包括以下三个要素：

1. 阻碍方式

阻碍方式指发音器官形成阻碍和解除阻碍的方式。普通话声母发音的阻碍方式包括三个阶段：形成阻碍阶段（成阻），指发音器官按照发音需要合拢形成阻碍位置的过程；持续阻碍阶段（持阻），指气流通过阻碍部位的过程；消除阻碍阶段（除阻），指发音结束后，发音器官离开阻碍位置的过程。每一个声母发音时在三个阻碍阶段的表现方式都不同。根据不同的阻碍方式，普通话声母还可分为五类：

（1）塞音：b，p，d，t，g，k。成阻时，发音部位完全闭塞，构成完全封闭的阻碍状态；持阻时，气流不能通过阻碍部位，形成气压后冲破阻碍爆破发音；除阻和持阻发音同时完成。塞音发音要强劲有力。“b，p，g，k”等双唇和舌根两个部位发出的塞音叫“爆破音”，“d，t”等舌尖发出的塞音叫“弹舌音”。

（2）擦音：f，h，x，s，sh，r。成阻时，发音器官靠拢并留下窄小的缝隙，构成不完全封闭的阻碍状态；持阻时，气流从缝隙中摩擦而过，形成摩擦音；除阻时，发音器官在发音结束后离开阻碍位置。擦音发音时有明显的摩擦气音。

（3）塞擦音：j，q，z，c，zh，ch。塞擦音是塞音和擦音两种阻碍方式的结合。成阻时，发音部位完全闭塞，构成完全封闭的阻碍状态；持阻时，气流冲破阻碍部位并留下窄小缝隙，然后从缝隙中摩擦而过，形成摩擦音；除阻时，发音器官在发音结束后离开阻碍位置。塞擦音发音既要有力，又要摩擦。

（4）鼻音：m，n。成阻时，小舌和软腭下降，开通鼻腔，口腔中发音部位完全闭塞；持阻时，声带振动，气流从口腔阻碍部位不能通过，返回从鼻腔通过共鸣发音；除阻时，发音器官在发音结束后离开阻碍位置。鼻音发音要有较强的鼻腔共鸣音。

（5）边音：l。成阻时，小舌和软腭上升，打开口腔，舌尖抵住上齿龈，发音部位完全闭塞；持阻时，声带振动，气流从舌的两边通过发音；除阻时，发音器官在发音结束后离开阻碍位置。

2. 声带振动状态

根据发音时声带振动与否，普通话声母又可分为清音、浊音两类。

（1）清音：b，p，f，d，t，g，k，h，j，q，x，zh，ch，sh，z，c，s。发音时声

带不颤动，声音不响亮，只能听到气流音。

（2）浊音：m，n，l，r。发音时声带颤动，声音较响亮。

3. 气流强弱状态

根据发音时气流强弱，普通话声母又可分为送气音和不送气音两类。

（1）不送气音：b，d，g，z，zh，j。发音时，口腔中呼出的气流较弱。

（2）送气音：p，t，k，c，ch，q。发音时，口腔呼出的气流较强。

普通话声母中，相同发音部位的塞音和塞擦音都有成对的送气音和不送气音，如b-p，d-t，g-k，z-c，zh-ch，j-q。

第二节　普通话声母的发音

一、普通话声母的发音方法

（一）普通话声母的发音要求

普通话声母发音的主要特征是气流在发音器官中要受到一定阻碍，每一个声母发音都要经过成阻、持阻、除阻三个过程，由于阻碍的部位（发音部位）不同，以及阻碍方式、声带振动状况，气流强弱状况（发音方法）不同，就产生了不同的声母（见表 2.1）。因而声母发音注意三个方面的因素：

1. 发音器官保持紧张

声母处于音节开头的起点音位置，发音要求清晰有力。声母发音时，只有发音器官保持适度的紧张，发出的声母才会清晰有力。发音器官过于松弛，就容易造成音色模糊不清，产生错误音或缺陷音。

2. 发音部位准确

普通话声母的发音部位都是由两个以上的发音器官共同构成，如双唇音b由上唇和下唇构成，鼻音n由舌尖与上齿龈构成。每个声母需根据发音要求调动相应的发音器官形成阻碍。如果发音部位不到位或不正确，就会发出错误音或者缺陷音。如发翘舌音zh，ch，sh，r，舌尖应与硬腭前端构成阻碍，如果舌尖只是抵住上齿龈，发出的就是一种非平舌非翘舌的缺陷音。

3. 发音方法正确

普通话声母发音的另一个关键点就是气流通过阻碍部位的方式方法。如同是舌尖前音，但气流通过舌尖和上齿背构成的阻碍部位时的强弱不同就会发出z，c两组不同声母；用鼻腔共鸣或用口腔共鸣的不同，就会发出n和l两组不同的声母；声带振动或声带不振动的不同，就会发出sh，r两组不同的声母。

发音器官保持适度紧张是所有声母发音的共同要求，但具体到每一个声母又存在着发音部位和发音方法的差异。因此，发音部位和发音方法是声母的区别特征，必须准确掌握。

表 2.1　普通话声母发音总表

发音方法 / 发音部位				唇音		舌尖前音	舌尖中音	舌尖后音	舌面前音	舌面后音
				双唇音	唇齿音					
				上唇下唇	上齿下唇	舌尖上齿背	舌尖上齿龈	舌尖硬腭前	舌面前硬腭前	舌根软腭后
塞音	清音	不送气音	发音部位先闭合后冲破发音，声带振动，气流弱	b[p]			d[t]			g[k]
塞音	清音	送气音	发音部位先闭合后冲破发音，声带振动，气流强	p[p‘]			t[t‘]			k[k‘]
擦音	清音		发音部位微开后摩擦发音，声带不振动		f[f]	s[s]		sh[ʂ]	x[ɕ]	h[x]
擦音	浊音		发音部位微开，摩擦发音，声带振动					r[ʐ]		
塞擦音	清音	不送气音	发音部位先闭后微开，先塞后擦，声带振动，气流弱			z[ts]		zh[tʂ]	j[tɕ]	
塞擦音	清音	送气音	发音部位先闭后微开，先塞后擦，声带振动，气流弱			c[ts‘]		ch[tʂ‘]	q[tɕ‘]	
鼻音	浊音		发音部位闭合，软腭小舌下降，鼻腔共鸣，声带振动	m[m]			n[n]			
边音	浊音		发音部位闭合，软腭小舌上抬，鼻腔共鸣，声带振动				l[l]			

（二）普通话声母的发音方法

1. b[p]　双唇、不送气、清、塞音

双唇闭合，同时软腭上升，关闭鼻腔通路；气流到达双唇后蓄气；积蓄在口腔中的气流突然冲开双唇成声。发音例词：

颁布bānbù	板报bǎnbào	褒贬bāobiǎn
步兵bùbīng	标本biāoběn	辨别biànbié

2. p[p‘]　双唇、送气、清、塞音

成阻和持阻阶段与b相同；除阻时，声门（声带开合处）大开，从肺部呼出一股较强气流成声。发音例词：

批评pīpíng	偏旁piānpáng	乒乓pīngpāng
匹配pǐpèi	瓢泼piáopō	偏僻piānpì

3. m[m]　双唇、浊、鼻音

双唇闭合，软腭下垂，打开鼻腔通路；声带振动，气流同时到达口腔和鼻腔；气流在口腔的双唇后受到阻碍，返回鼻腔，从鼻腔穿出成声。发音例词：

麦苗màimiáo	眉目méimù	门面ménmiàn
磨灭mómiè	命名mìngmíng	迷茫mímáng

4. f[f]　唇齿、清、擦音

下唇与上齿靠拢，齿间自然形成较小缝隙；软腭上升，关闭鼻腔通路，使气流从齿唇形成的间隙摩擦通过而成声。发音例词：

发奋fāfèn	反复fǎnfù	方法fāngfǎ
防护fánghù	肺腑fèifǔ	丰富fēngfù

5. z[ts]　舌尖前、不送气、清、塞擦音

舌尖抵住上门齿背形成阻塞，在阻塞的部位后积蓄气流；同时软腭上升，关闭鼻腔通路；突然解除阻塞时，在原形成阻塞的部位之间保持适度的间隙，使气流从间隙透出而成声。发音例词：

在座zàizuò	造作zàozuò	自尊zìzūn
总则zǒngzé	祖宗zǔzōng	自责zìzé

6. c[ts‘]　舌尖前、送气、清、塞擦音

成阻阶段与 z 相同。与 z 不同的是在突然解除阻塞时，声门开启，同时伴有一股较强的气流成声。发音例词：

猜测cāicè	残存cáncún	仓促cāngcù
从此cóngcǐ	催促cuīcù	层次céngcì

7. s[s]　舌尖前、清、擦音

舌尖接近上门齿背，形成间隙；同时软腭上升，关闭鼻腔通路；使气流从间隙摩擦通过成声。发音例词：

洒扫sǎsǎo	松散sōngsǎn	诉讼sùsòng
琐碎suǒsuì	思索sīsuǒ	速算sùsuàn

8. d[t]　舌尖中、不送气、清、塞音

舌尖抵住上齿龈，形成阻塞；软腭上升，关闭鼻腔通路；气流到达阻碍部位后蓄气，突然解除阻塞成声。发音例词：

达到dádào	带动dàidòng	单调dāndiào
当初dāngchū	道德dàodé	等待děngdài

9. t[t‘]　舌尖中、送气、清、塞音

成阻、持阻阶段与d相同；除阻阶段声门大开，从肺部呼出一股较强的气流成声。发音例词：

谈吐tántǔ	探讨tàntǎo	淘汰táotài
体贴tǐtiē	团体tuántǐ	妥帖tuǒtiē

10. n[n]　舌尖中、浊、鼻音

舌尖抵住上齿龈，形成阻塞；软腭下垂，打开鼻腔通路；声带振动，气流同时到达口腔和鼻腔，在口腔受到阻碍，气流从鼻腔透出成声。发音例词：

奶牛nǎiniú	男女nánnǚ	恼怒nǎonù
能耐néngnài	泥泞nínìng	农奴nóngnú

11. l[l]　舌尖中、浊、边音

舌尖抵住上齿龈的后部，阻塞气流从口腔中路通过，舌头两边跟两颊内侧形成空隙；软腭上升，关闭鼻腔通路，声带振动；气流到达口腔后从舌头两边跟两颊内侧形成的空隙通过成声。发音例词：

拉力lālì	利落lìluò	流利liúlì
履历lǚlì	罗列luóliè	轮流lúnliú

12. zh[tʂ]　舌尖后、不送气、清、塞擦音

舌尖上翘抵住硬腭前端，同时软腭上升，关闭鼻腔通路。在形成阻塞的部位后积蓄气流，突然解除阻塞时，在原形成闭塞的部位之间保持较小的间隙，使气流从间隙透出而成声。发音例词：

战争zhànzhēng	真正zhēnzhèng	政治zhèngzhì
支柱zhīzhù	制止zhìzhǐ	周转zhōuzhuǎn

13. ch[tʂ‘]　舌尖后、送气、清、塞擦音

成阻阶段与zh相同。与zh不同的是在突然解除阻塞时，声门开启，同时伴有一股较强的气流成声。发音例词：

超产chāochǎn	抽查chōuchá	橱窗chúchuāng
戳穿chuōchuān	驰骋chíchéng	充斥chōngchì

14. sh[ʂ]　舌尖后、清、擦音

舌尖上翘，接近硬腭前端，形成较小的间隙；同时软腭上升，关闭鼻腔通路；使气流从间隙摩擦通过而成声。发音例词：

赏识shǎngshí	少数shǎoshù	设施shèshī
神圣shénshèng	事实shìshí	舒适shūshì

15. r[ʐ]　舌尖后、浊、擦音

舌尖上翘，接近硬腭前端，形成适度间隙；同时软腭上升，关闭鼻腔通路；使气流从间隙摩擦通过成声。发音例词：

忍让rěnràng	仍然réngrán	荣辱róngrǔ
如若rúruò	软弱ruǎnruò	闰日rùnrì

16. j[tɕ]　舌面前、不送气、清、塞擦音

舌尖抵住下齿背，使前舌面贴紧前硬腭，软腭上升，关闭鼻腔通路；在阻塞的部位后面积蓄气流，突然解除阻塞，并使原阻塞部位保留较小的间隙，使气流从间隙摩擦而过成声。发音例词：

积极jījí	家具jiājù	坚决jiānjué
讲解jiǎngjiě	捷径jiéjìng	军舰jūnjiàn

17. q[tɕ‘]　舌面前、送气、清、塞擦音

成阻阶段与 j 相同。与 j 不同的是当前舌面与前硬腭分离并形成适度间隙的时候，声门开启，同时伴有一股较强的气流成声。发音例词：

齐全qíquán	恰巧qiàqiǎo	亲切qīnqiè
情趣qíngqù	请求qǐngqiú	缺勤quēqín

18. x[ɕ]　舌面前、清、擦音

舌尖抵住下齿背，使前舌面接近硬腭前部，形成较小的间隙，气流从空隙摩擦通过而成声。发音例词：

喜讯xǐxùn	现象xiànxiàng	学习xuéxí
心胸xīnxiōng	行星xíngxīng	选修xuǎnxiū

19. g[k]　舌面后、不送气、清、塞音

舌面后部（舌根）隆起抵住软腭形成阻塞；软腭上升，关闭鼻腔通路；气流在形成阻塞的部位后积蓄；突然解除阻塞成声。发音例词：

杠杆gànggān	高贵gāoguì	更改gēnggǎi
观光guānguāng	灌溉guàngài	光顾guānggù

20. k[k‘]　舌面后、送气、清、塞音

成阻、持阻阶段与g相同。除阻阶段声门大开，从肺部呼出一股较强气流成声。发音例词：

开垦kāikěn	苛刻kēkè	刻苦kèkǔ
空旷kōngkuàng	宽阔kuānkuò	困苦 kùnkǔ

21. h[x]　舌面后、清、擦音

舌面后部隆起接近软腭形成较小的间隙；软腭上升，关闭鼻腔通路；使气流从形成的间隙摩擦通过而成声。发音例词：

航海hánghǎi	呼唤hūhuàn	花卉huāhuì
谎话huǎnghuà	挥霍huīhuò	悔恨huǐhèn

22. 零声母

（1）半元音零声母。

半元音零声母是以齐齿呼i、合口呼u、撮口呼 ü 开头的音节。半元音零声母有两种构成情况：

第一，由i，u，ü 构成的音节，这种音节会在i，u，ü 前面加上隔音字母y，w，y与前面的音节分隔。

第二，由以i，u，ü 开头的韵母组成的音节，这种音节会把i，u，ü 改写为y，w，y。半元音零声母在发音时，第一个元音音素i，u，ü 的发音都带有轻微的摩擦，实际发音的音值为半元音[j]，[w]，[ɥ]。发音例词：

抑郁yìyù	武艺wǔyì	雨衣yǔyī	雨雾yǔwù
谣言yáoyán	医药yīyào	万物wànwù	冤屈yuānqū
威望wēiwàng	永远yǒngyuǎn	踊跃yǒngyuè	孕育yùnyù

（2）喉音零声母。

喉音零声母是以开口呼a，o，e开头的音节。喉音零声母有两种构成情况：一种是由a，o，e构成的音节，另一种是由以a，o，e开头的韵母构成的音节。喉音零声母发音时，第一个元音音素a，o，e的发音带有轻微的摩擦。这种摩擦产生于舌根和软腭之间，是一种鼻化的喉音。不经过专门的语音训练，人们一般感觉不到以a，o，e开头的音节还有微弱的辅音形式存在，因为这些音节开头的辅音成分没有辨义作用，可以从略不计，汉语拼音字母也不表示。发音例词：

阿姨 āyí	熬夜 áoyè	恶意 èyì	挨饿 ái’è
恩爱 ēn’ài	偶尔 ǒu’ěr	额外 éwài	洋溢yángyì

二、普通话声母难点音发音常见问题及训练

（一）平舌音和翘舌音

1. 发音常见问题

在普通话语音里，平舌音（舌尖前音）z，c，s和翘舌音（舌尖后音）zh，ch，sh是两组发音截然不同的声母。可是在许多方言区却只有z，c，s，没有zh，ch，sh，如上海话、苏州话、广州话、长沙话、汉口话、成都话、贵阳话等把“主力”zhǔlì说成“阻力”zǔlì；还有少数方言区只有zh，ch，sh，没有z，c，s，湖北钟祥旧口话、湖北京山杨峰话等把“粗布”cūb说成“初步”chūbù。平翘舌音是方言区和少数民族地区共同的发音难点。平翘舌音发音的常见问题有：

（1）发音不到位。发音不到位有三种情况：第一种是指发音时舌尖抵住或接近上齿龈，发音部位比平舌音的发音部位靠后，比翘舌音的发音部位靠前，听感上介于平舌音与翘舌音之间；第二种是指发平舌音时发音部位靠前，放在上齿和下齿之间，发成了齿间音；第三种是指发翘舌音时发音部位靠后，放在软腭前面，发成了卷舌音。

（2）发音不清晰。发音不清晰有两种情况：第一种是指发音时舌尖过于紧张并伴有拢唇的动作，发成圆唇化的平、翘舌音；第二种是发音时舌尖过于松弛，使用舌叶或舌面前接触或接近发音部位，产生“大舌头”的情形。

2. 发音要领

平翘舌音发音方法相同，区别在于发音部位的不同。分辨发音的关键在于舌尖接触的部位不同：平舌音z，c，s要求用舌尖平伸轻抵或接近上齿背发音，舌身收紧略微往后缩，控制舌尖不要抬起，舌的两边不往上翻卷，保持舌尖的平伸状。翘舌音zh，ch，sh，r要求用舌尖向上翘抵住和接近硬腭前端，硬腭前端的特征是向前凹下去的较硬的部位，舌尖抵住后上下各有棱骨挡住（见图2.1～2.4）。发音时，舌身收紧，舌尖保持上翘状。发音时，可稍微展唇避免发音圆唇化。对于发音困难的学习者，每一次发音前，都用舌尖在相应发音部位前后左右磨动一下，找准发音部位再尝试发音。

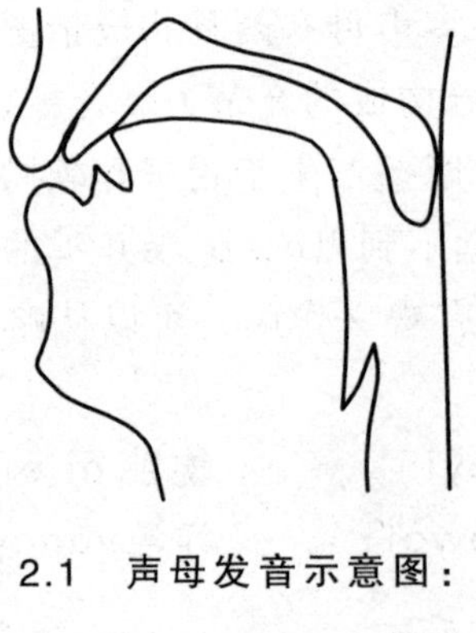

图 2.1　声母发音示意图：z，c

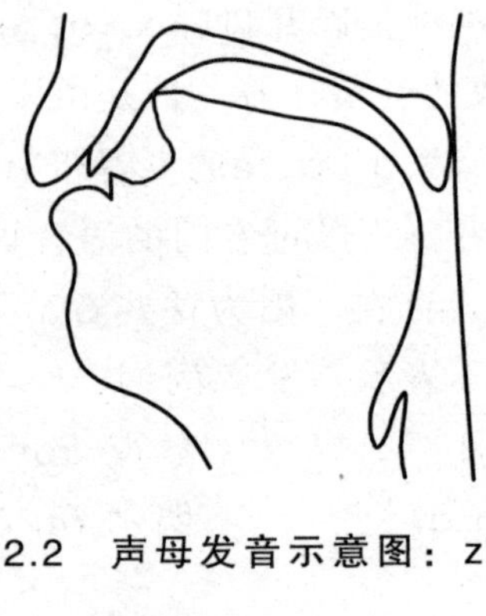

图 2.2　声母发音示意图：zh，ch

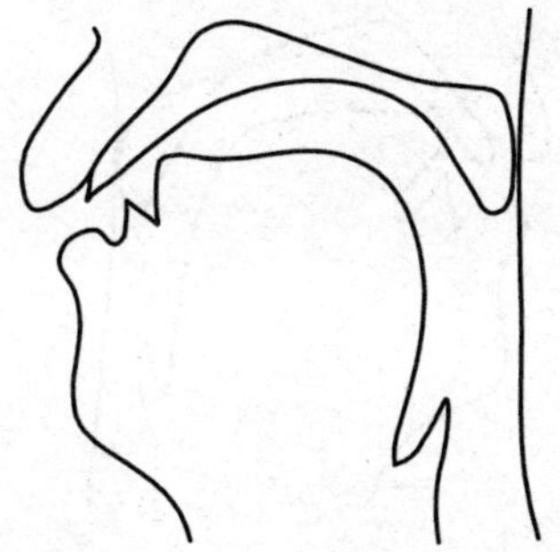

图 2.3　声母发音示意图：s

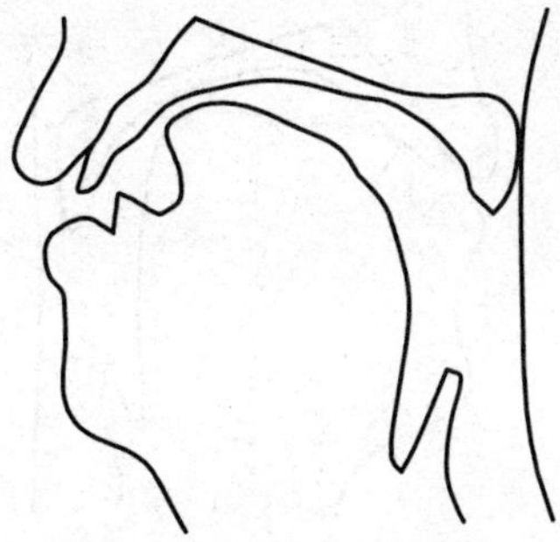

图 2.4　声母发音示意图：sh

发音例词：

渣滓zhāzǐ—杂志zázhì　　政策zhèngcè —增设zēngshè
租住zūzhù—驻足zhùzú　　促成cùchéng —储存chǔcún
插嘴chāzuǐ —擦嘴cāzuǐ　　瓷砖cízhuān—吃穿chīchuān
上司shàngsī—丧失sàngshī　　素材sùcái—蔬菜shūcài
桑蚕sāngcán —伤残shāngcán

（二）舌尖中鼻音和边音

1. 发音常见问题

在汉语方言中，n，l混读的现象相当普遍。西南官话的大部分地区，如成都话、汉口话；江淮官话的部分地区，如扬州话、南京话；兰银官话的部分地区，如兰州话等都存在这一现象。南方湘、赣、闽等方言也有大片n，l混读的地区，如长沙话常把“南、兰”都说成nán，南昌话却把“南、兰”都说lán，而在厦门话里，n，l同被并入到浊音声母[d]中去了。对大部分方言区的人，发准鼻音和边音是一大难点。鼻音n和边音l发音常见问题有：

（1）发音方法错乱。发音方法错乱主要有两种情况：第一种是把鼻音n发成边音l，主要原因是因为鼻腔通道被堵住，导致气流从口腔通过，发出口音；第二种情况是把边音l发成鼻音n，主要因为口腔通道不通，导致鼻腔共鸣，发出鼻音。

（2）发音不清晰。发音不清晰，是指发音时舌身太松弛，不是用舌尖抵住上齿龈发音，而是用舌叶或者舌面前接触发音，造成接触面太宽，影响声母的清晰度。

2.发音要领

鼻音n和边音l的发音部位相近，不同表现在发音方法上，关键在于通过控制鼻腔和口腔的活动门软腭和小舌来影响气息在口腔和鼻腔的分流。两个声母发音的主要差别是：发n时，舌尖抵住前齿龈，口形较小，软腭和小舌下降，鼻腔共鸣；发l时，舌尖抵住后齿龈，口形较大，软腭和小舌上抬，气流从舌头两边出来；发鼻音时，要求舌身收紧，微翘平伸，舌的两边不要上翻（见图 2.5 和图 2.6）。

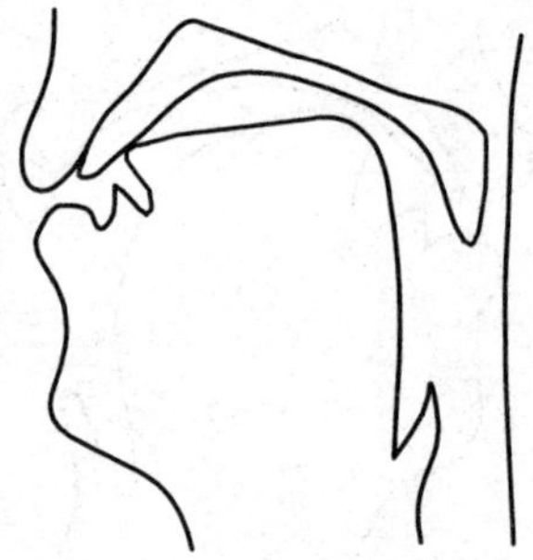

图 2.5　声母发音示意图：n

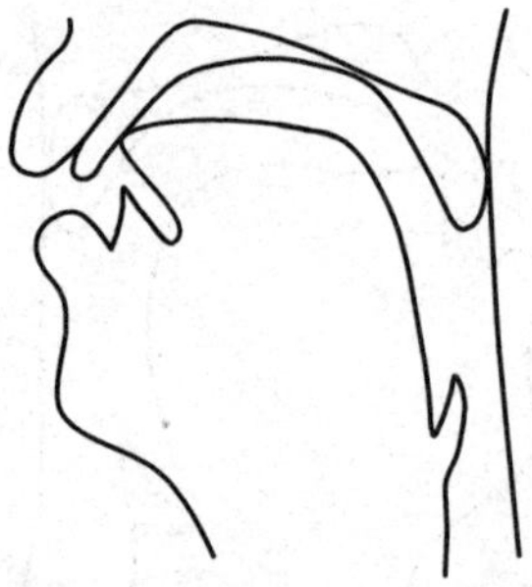

图 2.6　声母发音示意图：l

发音例词：

留恋liúliàn—留念liúniàn　　褴褛lánlǚ—烂泥lànní

脑力nǎolì—劳力láolì　　牛腩niúnǎn—牛栏niúlán

蓝鸟lánniǎo—难料nánliào　　努力nǔlì —奴隶núlì

（三）送气音和不送气音

1. 发音常见问题

普通话声母里有不送气音 6 个：b，d，g，z，zh，j；送气音 6 个：p，t，k，c，ch，q。各地方言中也有送气与不送气的对立，但归属不太一致。有些方言中把普通话的一部分不送气音念成了送气音，如广东梅县话把“部”bù念成pù，把“道”dào念成tào，福建长汀话把“在”zài念成cài，把“坐”zuò念成cuò，南昌话把“跪”guì念成kuì，把“轴”zhóu念成cóu；有些方言中把普通话的一部分送气音念成了不送气音，如海口话。在贵州方言区，有部分地区如三都、凯里等县市和某些布依族聚居地区没有送气音，有的地方虽有送气音，但混淆不清。主要问题有：

（1）不会发送气音。没有送气音方言区的人，发音时不会调整呼吸器官，应该发强气流的音，发得气息较弱。

（2）不会发不送气音。没有不送气音方言区的人，发音时不会调整呼吸器官，应该发弱气流的音，发得气息较强。

2. 发音要领

送气音与不送气音是塞音和塞擦音中气流的强弱控制。要分辨送气音和不送气音关键在于发音时能够控制吐出气流的强弱。对于不会发送气音的人来说，可以通过不送气音来练习送气音。先发一个不送气音，然后紧闭发音器官，像吹蜡烛一样用力吹气发音，可用一张拇指宽的纸条粘在下唇，如果发音时纸条能随气流吹平，说明已有较强气流吐出。反之，对不会发不送气音的人，可以通过送气音来练习不送气音。先发送气音，然后气息回收发不送气音。发音例词：

播报bōbào—破炮 pòpào　　胆大dǎndà—坍塌tāntā

积极jījí —轻骑 qīngqí　　各个gègè—苛刻kēkè

及格jígé—奇客qíkè　　资质zīzhì—其次qícì

（四）唇齿擦音和舌根擦音

1. 发音常见问题

普通话中的唇齿音f和舌根音h分得很清楚。我国南方湘、赣、客家、闽、粤等方言大都不能分清f和h，北方方言的江淮官话、西南官话也不同程度地存在着类似现象。有的地方f与h分混的方式与普通话也有差异。多数地方是把部分h声母的字混入f，如长沙话、南昌话、重庆话、贵阳话把合口呼的“湖”说成fú；也有的地方把f混入h，如厦门话、潮州话、湖北巴东话，把“飞、风”说成“灰、烘”。

2. 发音要领

f，h两个声母发音的关键是掌握正确的发音部位。发f音时，上齿轻咬下唇的内沿，让气流从齿缝摩擦而过；h音是比较容易出错的难点音，常见的问题是舌位太低，摩擦不够。发h音时，舌根抬起靠近软腭留下缝隙摩擦而过。因此，可以先让学生用舌根用力摩擦软腭，体验舌根与软腭摩擦后产生的发痒的感觉来确定准确的舌根与软腭的接触部位。待发音部位固定后，再尝试把舌根稍微离开软腭，摩擦发音（见图 2.7、2.8）。f和h学习的重点还要放在常用字的记忆上，弄清哪些字的声母是f，哪些字的声母是h。发音例词：

仿佛fǎngfú—恍惚huǎnghú　　花生huāshēng—发生fāshēng
包饭bāofàn—包换bāohuàn　　会话huìhuà—废话fèihuà
方地fāngdì—荒地huāngdì　　翻腾fānténg—欢腾huānténg

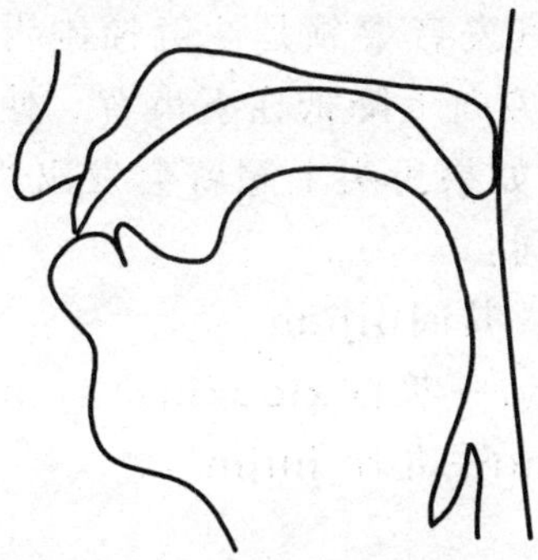

图 2.7　声母发音示意图：f

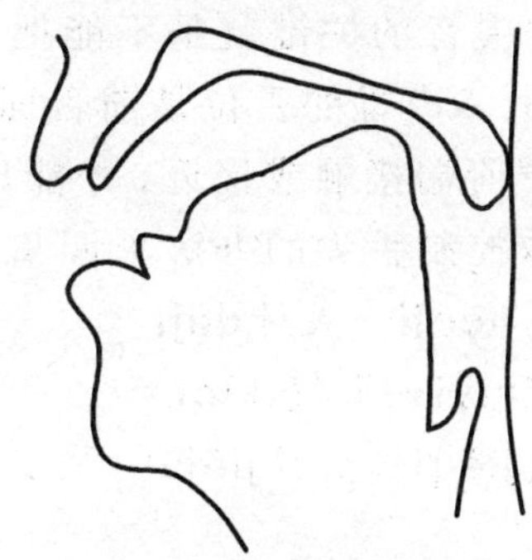

图 2.8　声母发音示意图：h

（五）清音和浊音

1. 发音常见问题

普通话中浊辅音声母只有m，n，l，r四个。但在有些方言中，如吴方言和湘方言中还保留着中古汉语的浊辅音，即有一套与清声母相配的[b]，[d]，[g]，[dz]，[dʑ]，[z]等浊声母。如苏州话中“拜”与“败”有别，“冻”与“洞”有别。

2. 发音要领

发辅音时，声带可以处于两种状态：一种声带不颤动发出清音，如b，p，d，t，

g，k等；一种声带颤动发出浊音，如[b]，[d]，[g]等。清浊声母发音的不同就是声带颤动与否。关键是要学会控制声带颤动与不颤动的状态。发浊音时，声门关闭，让气流冲击声带颤动发音，可以用手轻轻地按住喉头，体验声带振动的感觉；发清音时，声门打开，气流不作用声带，只能发出气流音，也可以用手轻轻按住喉头，体验声带不振动的感觉。发音示例：

b—[b]—p	d—[d]—t	g—[g]—k	z—[dz]—c	f—v—f
n—t—n	l—d—l	b—m—b	k—ng—g	z—s—z

（六）尖音和团音

1. *发音常见问题*

汉语传统音韵学将平舌音z，c，s与齐齿韵、撮口韵拼合的音节叫尖音，舌面音j，q，x与齐齿韵、撮口韵的韵母拼合的音节叫团音。普通话没有尖音，只有团音，z，c，s和zh，ch，sh不与i，ü或i，ü开头的韵母拼合，j，q，x不与u或u开头的韵母拼合。一些方言中有尖团音的分别，如郑州话将“聚”念成[tsy]，将“秋”念成[tʂ‘iəu]，将“宣”念成[syɛn]。受到方言影响以及现今扩大化的“女国音”现象影响，在舌面音声母发音中，常出现将舌面音发成尖音或轻微尖音的问题。主要表现为发舌面音时，前舌面下降，舌尖上翘，使舌尖或舌叶接触上齿背或上齿龈，发出带尖音色彩的音。

2. *发音要领*

防止尖音的关键就是不能把舌面音发成舌尖音，其发音要领是注意控制舌尖的位置。j，q，x声母的舌位是前舌面，在发音时必须让舌尖向下降抵住下齿背，使舌面前部与硬腭前端接触或接近，才能形成正确的发音部位。如果舌尖上翘就会发出“尖音”，可以采取控制舌尖的办法来调整舌面的位置。发音例词：

交际jiāojì—大计dàjì	齐全qíquán—其间qíjiān
洗衣xǐyī—喜气 xǐqì	笑意xiàoyì—孝心 xiàoxīn
节气jiéqì—洁具jiéjù	酒精jiǔjīng—九斤 jiǔjīn

（七）零声母

普通话一部分读零声母的字，如“鹅、爱、欧、袄、安”等在有些方言中读成了ng声母的字，大致情况如下：

（1）在读以a，o，e开头的零声母字时，很多人常在前面加舌根鼻音ng，如青岛人将“欧”读成ngōu，四川人将“爱”读成ngài，贵阳人将“傲”读成ngào。纠正时，只要去掉舌根鼻音ng，直接发元音就行了。

（2）普通话中合口呼的零声母字，有的方言读成了[v]（唇齿浊擦音）声母，如“万、闻、物、尾、问”等字，在吴方言中读成[v]声母。这只要在发音时注意把双唇拢圆，不要让下唇和上齿接触，就可以矫正了。发音例词：

爱心 àixīn—耐心nàixīn
大义dàyì—大逆dànì
疑心yíxīn—泥心níxīn
文风wénfēng—门风ménfēng
每晚měiwǎn—美满měimǎn
万丈wànzhàng—幔帐mànzhàng
海岸hǎi'àn—海难hǎinàn
傲气 àoqì—闹气nàoqì
语序yǔxù—女婿nǚxu
余味yúwèi—愚昧yúmèi
纹路wénlù—门路ménlù
五味wǔwèi—妩媚wǔmèi

第三章 普通话韵母发音

第一节 普通话韵母概说

韵母是音节中声母后面的部分。普通话有 39 个韵母，其中 23 个由元音（单元音或复合元音）充当，16 个由元音附带鼻辅音韵尾构成。

一、普通话韵母的结构

韵母的内部结构可分为韵头、韵腹、韵尾三个部分。普通话韵母可以没有韵头或韵尾，但不能没有韵腹。

1. 韵头

韵头只有i-，u-，ü-三个，出现在韵腹前面，发音时声音轻短，表示起音方向。韵头是普通话韵母的非必备成分。

2. 韵腹

韵腹是韵母的主干，比起韵头、韵尾来，声音最清晰响亮，所以也叫“主要元音”。它一般由ɑ，o，e，ê充当，i，u，ü，-i[ʅ]，-i[ʅ]，er也可以用作韵腹。韵腹是普通话韵母的必备成分。

3. 韵尾

韵尾出现在韵腹后面，表示声音滑动的方向，发音较为含混。韵尾有四个，两个元音韵尾-i，-u（包括汉语拼音的拼写形式-o，如ɑo，iɑo中的o）和两个辅音韵尾-n，-ng。韵尾是普通话韵母的非必备成分。

二、普通话韵母的分类

普通话的韵母按结构可以分成单韵母、复韵母、鼻韵母三大类。

1. 单韵母

普通话单韵母有 10 个，由单个元音构成，分别是ɑ，o，e，i，u，ü，ê，-i[ɿ]，-i [ʅ]，er。

2. 复韵母

普通话复韵母有 13 个，由两个或三个元音复合而成，分别是ai，ei，ao，ou，ia，ie，ua，uo，üe，iao，iou，uai，uei。

3. 鼻韵母

普通话鼻韵母有 16 个，由元音附带鼻辅音韵尾构成，分别是an，en，in，ün，ian，uan，üan，uen，ang，eng，ing，ong，iong，iang，uang，ueng。

汉语音韵学还根据韵母开头的实际发音把韵母分为“开口呼、齐齿呼、合口呼、撮口呼”四类，称为“四呼”。普通话有 15 个开口呼韵母：a，o，e，ai，ei，ao，ou，an，en，ang，eng，ê，-i[ɿ]，-i[ʅ]，er；有 9 个齐齿呼韵母：i，ia，ie，iao，iou，ian，in，iang，ing；有 10 个合口呼韵母：u，ua，uo，uai，uei，uan，uen，uang，ueng，ong；有 5 个撮口呼韵母：ü，üe，ün，üan，iong，如表 3.1 所示。

表 3.1　普通话韵母总表

	开口呼	齐齿呼	合口呼	撮口呼
单韵母	-i[ɿ] [ʅ]	i[i]	u[u]	ü[y]
	ɑ[A]	iɑ[iA]	uɑ[uA]	
	o[o]		uo[uo]	
	e[ɤ]			
	ê[ɛ]	ie[iɛ]		üe[yɛ]
	er[ɚ]			
复韵母	ɑi[ai]		uɑi[uai]	
	ei[ei]		uei[uei]	
	ɑo[ɑu]	iɑo[iau]		
	ou[əu]	iou[iəu]		
鼻韵母	ɑn[an]	iɑn[iɛn]	uɑn[uan]	üɑn[yɛn]
	en[ən]	in[in]	uen[uən]	ün[yn]
	ɑng[ɑŋ]	iɑng[iɑŋ]	uɑng[uɑŋ]	
	eng[əŋ]	ing[iŋ]	ueng[uəŋ]	
		iong[yŋ]	ong[uŋ]	

第二节 普通话韵母的发音

一、普通话韵母的发音要求

（一）元音发音的基本要求

普通话的韵母是由元音或以元音为主构成，因此在发音上要特别注意元音的发音要求。元音的发音特点是气流在口腔中不受阻碍，气流较弱，发音器官肌肉均衡紧张，正常发音时声带颤动。元音的不同主要是由口腔形状的不同形成的，口腔形状的不同取决于舌位和唇形两大条件。“舌位”指舌面隆起部分与上腭最近的一点，即舌头的最高点，又叫“舌高点”。发元音时，舌位有前后和高低两组变化（见图 3.1）。“唇形”是指口腔和嘴唇在发音时开合伸缩的不同形状。发音时，唇形主要有圆唇和不圆唇两种变化。因此，决定元音发音主要有三个基本条件：

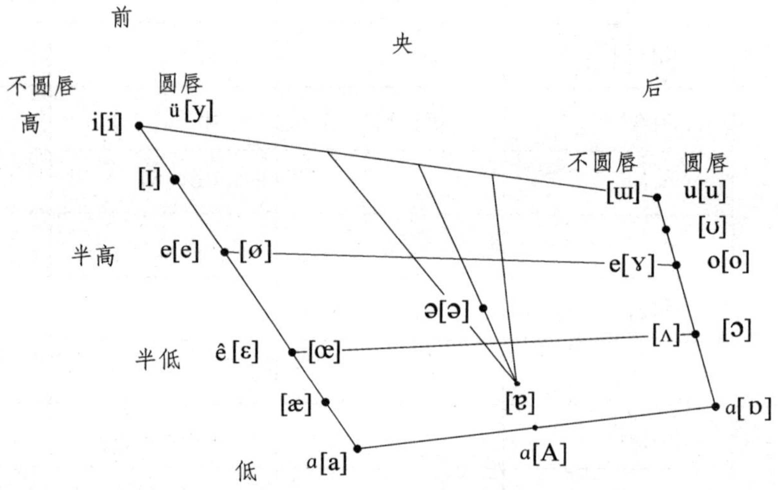

图 3.1 元音舌位示意图

1. 舌位的高低

舌位的高低和口腔的开合大小有关，舌位升降是随着下颌的上下而变化的。舌位高，口腔的开度自然就小些，舌位越低，口腔的开度就相对越大。通常把舌位的高低分为四度：高、半高、半低、低。把发音时口腔开度极小（基本上处于闭合状态）的元音叫高元音，如i，u，ü；把发音时口腔开度比高元音稍大一点（口腔半闭或微开），舌位低一些的元音叫半高元音，如o，e；把发音时口腔开度比半高元音更大一些（口腔半开），舌位更低一些的元音叫半低元音，如ê；把发音时口腔开度最大，舌位在最低点的元音叫低元音，如ɑ。

2. 舌位的前后

舌位的前后是指舌头的前伸或后缩，由舌尖或舌根控制。通常把舌位的前后分为三度：前、央、后。舌面隆起的最高点在上腭前部的叫舌位前，发出的元音叫前元音，如i，ü，ê；舌面隆起的最高点在上腭后部叫舌位后，发出的元音叫后元音，如o，e，u；舌高点在口腔中部，发出的元音叫央元音。另外，在发舌面元音时还有一个特殊的卷舌元音er，发音时舌尖卷起对着硬腭，使舌面和舌尖同时起作用，形成一种特殊的音色。

3. 唇形的圆展

唇形是指口腔和嘴唇在发音时开合伸缩的不同形状，可以大致地把发音时需拢圆口唇的称圆唇元音，如o，u，ü；发音时唇形不圆不扁呈自然状态的称中常元音，如ɑ，e；发音时双唇舒展开来呈扁平状的称展唇元音（扁唇元音），如i，ê。关于唇形的变化也可参考"四呼"的说法，即开、齐、合、撮。

舌位和唇形是韵母发音的基础条件，其微小的变化都可以导致韵母音色的差异。同时，舌位和唇形又不是一成不变的，在不同的发音情况下会有一些细微的调整。这些都是在学习时必须认真领会，反复比较，仔细揣摩的。

（二）韵母发音的基本要求

普通话的韵母分为单韵母、复韵母和鼻韵母三大类别，其中复韵母和鼻韵母都是由两个以上元音或元音加上鼻辅音构成。单韵母的发音基本符合单元音的发音要求，但对于复韵母和鼻韵母而言，韵母的发音不能简单地等同于单个元音的发音，除了舌位和唇形两大基础条件外，复韵母和鼻韵母的发音还必须注意动程和归音两大要素。

1. 动程

韵母在多数时候是由两个或三个音复合组成的，发音过程中舌位的前后高低、口腔的开度和唇形的圆展都有连续的移动变化，这个移动变化的过程叫"动程"。不同的复韵母和鼻韵母其动程大小各异，侧重点也不同，在发音时要注意区别。

2. 归音

归音是指韵母在发音结束时，舌位或唇形应处于某个位置、显出某种形状或呈现某种移动的趋势，这主要是针对有韵尾的韵母而言（普通话韵母中带有韵尾的共 24 个）。能否及时适度地归音，对于韵母的发音是否完整、到位、干净、饱满有着极大的影响。

二、单韵母的发音方法及常见问题解析

（一）单韵母的分类

由一个单元音构成的韵母叫单元音韵母，简称单韵母，共 10 个。具体可分为两个小类：

第一，舌面单韵母：ɑ，o，e，ê，i，u，ü。发音时舌头的高点在舌面，舌面起主要作用。

第二，舌尖单韵母：-i[ɿ]，-i[ʅ]，er。发音时舌尖起主要作用。其中，er属于卷舌单韵母，是用双字母表示的单韵母，e表示舌位和唇形，r表示卷舌动作。

（二）单韵母的发音方法

单韵母发音的特点是自始至终口形不变，舌位不移动。er韵母发音时有微小的变化。

1. ɑ[A] 舌面、央、低、不圆唇元音

发音时口大开，舌尖微离下齿背，舌位低，舌面中部微微隆起和硬腭后部相对。唇形自然打开。发音时，声带振动，软腭上升，关闭鼻腔通路（见图 3.2）。发音例词：

发达 fādá	大厦 dàshà	哪怕nǎpà	打靶dǎbǎ
爸妈bàmā	刹那chànà	发傻 fǎshǎ	腊八làbā

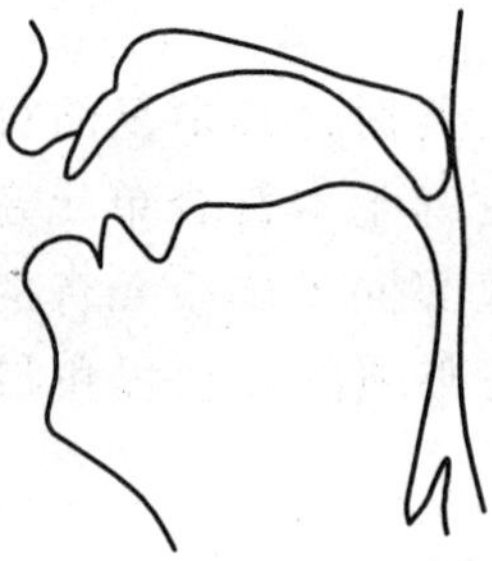

图 3.2　韵母发音示意图：ɑ

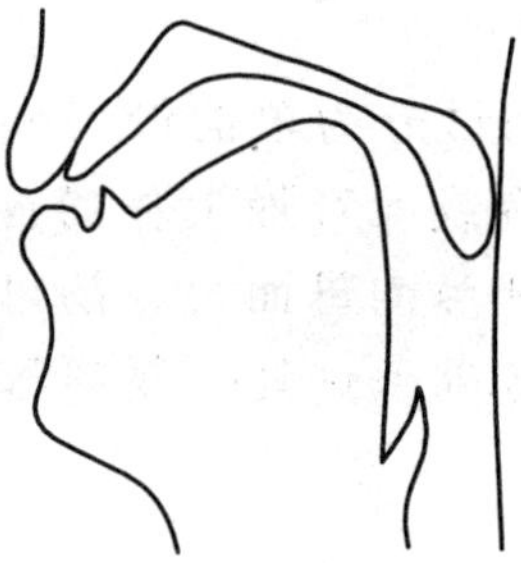

图 3.3　韵母发音示意图：o，e

2. o[o] 舌面、后、半高、圆唇元音

发音时，舌身后缩，舌面后部隆起和软腭相对，舌位处于半高位置，上下唇自然拢圆。发音时，声带振动，软腭上升，关闭鼻腔通路（见图 3.3）。发音例词：

磨墨mómò	磨破mópò	薄膜 bómó	婆婆pópo
默默mòmò	勃勃bóbó	破钵 pòbō	馍馍mómo

3. e[ɣ] 舌面、后、半高、不圆唇元音

发音时，口微开，舌身后缩，舌面后部稍隆起和软腭相对，与元音o舌位高低相同，唇形不圆。发音时，声带振动，软腭上升，关闭鼻腔通路（见图 3.3）。发音例词：

客车 kèchē	色泽sèzé	隔阂géhé	特色tèsè
合格hégé	割舍gēshě	折射 zhéshè	可乐kělè

4. ê[ɛ] 舌面、前、半低、不圆唇元音

发音时，口半开，大力展唇，舌尖抵住下齿背，使舌面前部隆起和硬腭相对，唇

形不圆。发音时，声带振动，软腭上升，关闭鼻腔通路（见图 3.4）。

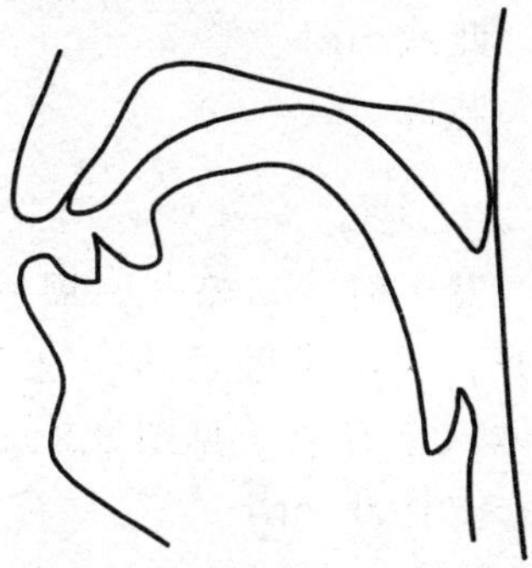

图 3.4　韵母发音示意图：ê

ê在普通话中除叹词“欸”外单用的机会不多，主要出现在复韵母ie，üe中。

5. i[i] 舌面、前、高、不圆唇元音

发音时，唇形呈扁平形，上下齿相对（齐齿），舌尖抵住下齿背，使舌面前部隆起和硬腭前部相对。发音时，声带振动，软腭上升，关闭鼻腔通路（见图 3.5）。发音例词：

集体jítǐ　利益lìyì　笔记bǐjì　激励jīlì

习题xítí　地理dìlǐ　奇迹qíjì　稀奇xīqí

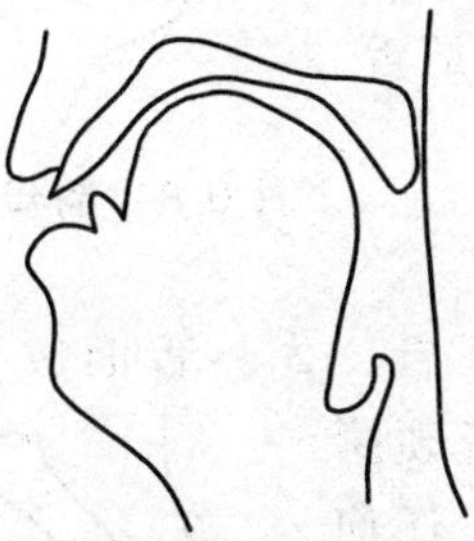

图 3.5　韵母发音示意图：i，ü

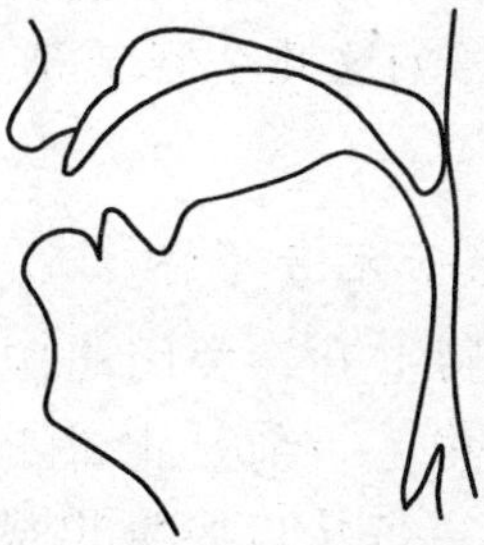

图 3.6　韵母发音示意图：u

6. u[u] 舌面、后、高、圆唇元音

发音时，两唇收缩成圆形，略向前突出；舌后缩，舌面后部高度隆起和软腭相对。发音时，声带振动，软腭上升，关闭鼻腔通路（见图 3.6）。发音例词：

瀑布pùbù　鼓舞gǔwǔ　图书túshū　出路chūlù

束缚shùfù　补助bǔzhù　祖母zǔmǔ　祝福zhùfú

7. ü[y] 舌面、前、高、圆唇元音

发音时，两唇拢圆，略向前突出并适当收紧；舌尖接触下齿背，使舌面前部隆起和硬腭前部相对。发音时，声带振动，软腭上升，关闭鼻腔通路（见图 3.5）。发音例词：

聚居jùjū　区域qūyù　屈居qūjū

絮语 xùyǔ　序曲xùqǔ　雨具yǔjù

豫剧yùjù　旅居lǚjū

8. -i[ɿ] 舌尖前、高、不圆唇元音（特殊元音韵母）

发音时，口略扁，展唇，舌尖隆起部位与上齿背相对，保持适当距离，气流经过时不发生摩擦。发音时，声带振动，软腭上升，关闭鼻腔通路。这个韵母在普通话里只出现在z，c，s声母的后面，构成整体认读音节（见图 3.7）。发音例词：

图 3.7　韵母发音示意图：-i[ɿ]

此次cǐcì	自私zìsī	孜孜zīzī	四子 sìzǐ
恣肆zìsì	字词zìcí	子嗣zǐsì	丝丝sīsī

9. -i[ʅ] 舌尖后、高、不圆唇元音（特殊元音韵母）

发音时，口略开，展唇，舌尖前端抬起和硬腭前部相对。发音时，声带振动，软腭上升，关闭鼻腔通路。这个韵母在普通话里只出现在zh，ch，sh，r声母的后面，构成整体认读音节（见图 3.8）。发音例词：

支持zhīchí	实质shízhì	指示zhǐshì
致使zhìshǐ	制止zhìzhǐ	史诗shǐshī
食指shízhǐ	事实shìshí	

舌尖元音韵母单独发音比较困难，也没有必要。把zi，ci，si这几个音节延长，后面部分就是舌尖前元音韵母。把zhi，chi，shi，ri这几个音节延长，后面的部分就是舌尖后元音韵母。

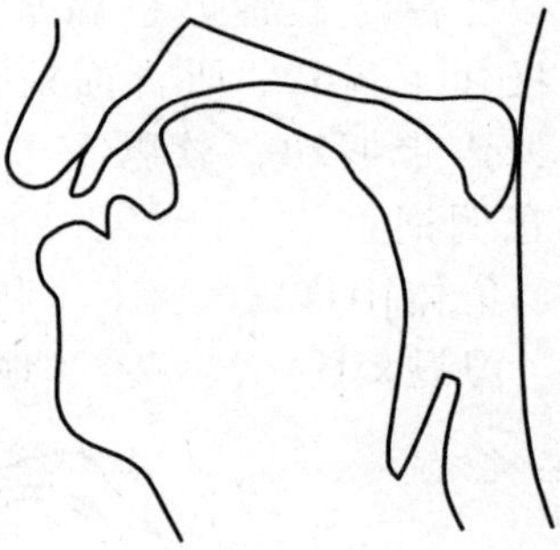

图 3.8　韵母发音示意图：-i[ʅ]

10. er[ər] 卷舌元音（特殊元音韵母）

发音时，软腭上升，关闭鼻腔通道；口腔自然开启，先将舌面放平，中央部位稍稍隆起，舌位居中，舌前、中部上抬，舌尖卷起接近硬腭后部。气流振动声带从口腔发出成音。er韵母不能跟任何声母相拼合，因此是只能自成音节的韵母（见图 3.9）。发音例词：

儿童 értóng	而且 érqiě	耳朵 ěrduo
诱饵yòu’ěr	偶尔 ǒu’ěr	第二 dì’èr
普洱pǔ’ěr	鸸鹋 érmiáo	

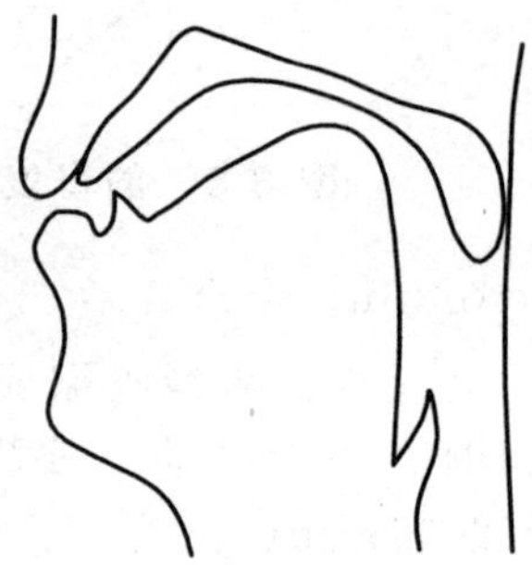

图 3.9　韵母发音示意图：er

（三）单韵母发音常见问题分析及纠正

1. 单元音的复元音化

单元音韵母的发音要准确把握好口腔的开合、舌位的高低、唇形的圆展度，才能做到发音规范、圆润、响亮、有力度。要求口形、舌位固定后保持不变。单元音发音时，最容易出现的问题就是因为唇形舌位不固定，产生动程，把单元音发成复元音。u，o的发音要注意唇形、舌位、口腔开度要保持不变，避免发成复元音ou，uo。ü的发音尤其要注意唇形要自始至终保持紧张度，否则会发成复元音üi（这个音普通话里并不存在）。发音例词：

首都 shǒudū	徒手 túshǒu	株洲 Zhūzhōu	菠萝 bōluó
硕博 shuòbó	琢磨 zhuómó	鲤鱼 lǐyú	履历 lǚlì

2. 单元音的鼻化

元音都是口腔音，发音时要软腭上升堵住鼻腔通道，音波自口腔出。对于有鼻化元音的方言区和民族地区的发音人，容易出现软腭下移，造成气流从口腔和鼻腔同时穿出，发出鼻化元音。鼻化元音会影响字音的清晰度。发单元音时，要注意保持软腭和小舌的提升状态。发音例词：

卡车 kǎchē	法律 fǎlǜ	伯乐 bólè	剥离 bōlí
基础 jīchǔ	赤子 chìzǐ	局数 júshù	胡扯 húchě

3. 韵母发音不响亮

单元音充当韵母，是整个音节的主干，也是发音时开口度最大，共鸣空间最大、最响亮的音。韵母发得长而响亮，字音才会饱满。使用频率最高的元音有：ɑ，e。

ɑ是韵母中最基础的音，大约在 150 个音节中都会出现。ɑ发得好可以使声音美化。发元音ɑ时，需注意以下几点：

（1）南方地区容易出现发音靠前的现象，发音嗲气，不大方。发音时要注意舌位不要偏前或偏后。

（2）发音开口度太大，声音容易不集中，开口度太小，声音干扁没力度。发音时要注意控制口腔的开度。

（3）在复韵母和鼻韵母中，ɑ元音会随着组合对象的不同而产生口形、舌位上的一些细微变化，音色上会有差异，发音时要注意仔细体会发音要领，把ɑ发得响亮、到位。

e是一个很容易产生缺陷的元音，对唇形、舌位有较细致的要求。发元音e时，需注意以下几点：

（1）发音时唇形过于扁平，口腔开度太窄，会使舌位太低，造成声音单薄、局促，不大方，尤其南方地区要避免把e发得近似于ê；

（2）发音时舌位太靠后或太靠前，致使声音发闷、浑浊，不明亮。应使嘴角放松，口形自然微开（齿间距约一指），舌头轻轻上抬，不要过于用力后缩。发音例词：

柯达 Kēdá	法则 fǎzé	车马 chēmǎ	核发 héfā
沙魔 shāmó	打折 dǎzhé	特大 tèdà	跋涉 báshè

4. 圆唇音过于松散

圆唇音u，ü，o发音时，双唇需撮拢成圆形。双唇太松弛容易使声音发闷，太靠前容易翘唇，动作不美观。应该采用圆唇音扁发的方法，双唇肌肉向内适度用力使唇成扁圆形，声音就能集中响亮。发音例词：

湖泊 húpō	佛祖 fózǔ	琥珀 hǔpò	抚摸 fǔmō
模具 mújù	吕布 Lǚbù	默许 mòxǔ	句末 jùmò

5. 卷舌元音发音困难

卷舌音er的发音是南方大部分地区的难点，主要是控制不好从e到r的动程变化。卷舌音一定要体现出从平到卷这样一个舒缓变化的过程，动程不宜过快；发音结束时舌面必须是弯曲的，舌尖应略指向后部（喉咙口）。那种一开始就把舌头卷起来或是向后快速缩一下舌头的发音方法都是不对的。发音例词：

贰臣 èrchén	二十 èrshí	反而fǎn'ér	木耳 mù'ěr
洱海 ěrhǎi	幼儿yòu'ér	儿歌érgē	二手èrshǒu

三、复韵母的发音方法及常见问题解析

（一）复韵母的发音特点

复韵母即复合元音韵母，是由 2 或 3 个元音音素复合而成的韵母。复韵母的发音有两个特点：

1. 动程变化

复韵母的发音是一个过程，需要注意动程。从一个元音到另一个元音的过程是滑动变化的，在这个滑动变化的过程中，舌位的高低前后、口腔的开合、唇形的圆展，都是逐渐变动的，在变动过程中气流不中断。大部分复韵母在发音结束时还需要注意归音。

2. 主要元音的舌位变化

复韵母中各个元音的响度是不等的，其中作韵腹的元音即主要元音响度比较大，音值较长，作韵头和韵尾的元音轻短或模糊。主要元音的舌位会受到韵尾舌位高位前后的影响而发生变化。

（二）复韵母的发音方法

复韵母又可以分为二合复韵母和三合复韵母。根据韵腹在韵母中的位置又可以分为前响、后响和中响复韵母三类。

1. 前响复韵母（韵腹+韵尾）

前响复韵母共有 4 个：ɑi，ei，ɑo，ou。它们发音时，舌位都是由低向高移动，口腔开度渐小，开头的元音响亮清晰，音值稍长，结尾的元音轻短模糊，只表示舌位的移动方向（见图 3.10）。

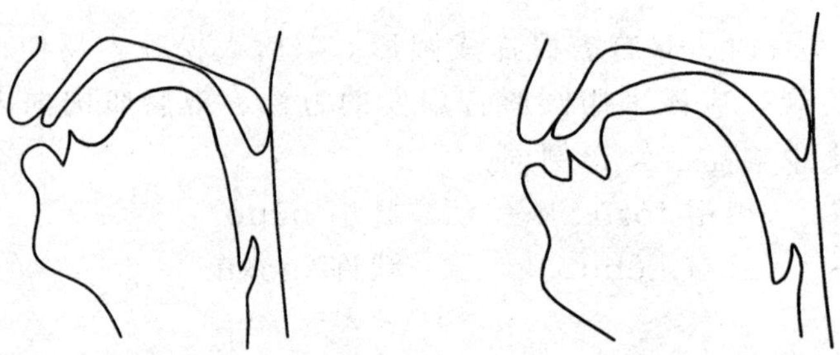

图 3.10　前响复韵母发音示意图：ei

（1）ɑi[ai]

ɑi韵母是前元音音素的复合，动程大。起点元音是比单元音ɑ[A]的舌位靠前的前低不圆唇元音[a]（可以简称它为“前ɑ”）。发音时，先发“前ɑ”，念得长而响亮，然后舌位朝i的方向升高，还未完全到达i的位置声音就收住，舌尖抵住下齿背，使舌面前部隆起与硬腭相对（这里的i只表示舌位移动的方向，音短而模糊，不能把韵尾i发得过

重或过长)。发音例词:

白菜báicài　海带hǎidài　拆开 chāikāi　拍卖pāimài

采摘cǎizhāi　爱戴 àidài　晒台shàitái　才来cáilái

(2) ei[ei]

ei韵母是前元音音素的复合，动程较短。起点元音是前半高不圆唇元音e[e]。发音时，舌尖抵住下齿背，先发e，然后向i的方向滑动升高，使舌面前部隆起与硬腭相对，快到达i的位置就收住(收尾-i舌位略低，为[ɪ])。发音例词:

蓓蕾bèilěi　配备pèibèi　肥美féiměi　飞贼fēizéi

北非běifēi　妹妹mèimei　累累lěilěi　黑莓 hēiméi

(3) ao[au]

ao韵母是后元音音素的复合，动程较大。起点元音比单元音a的舌位靠后，是个后低不圆唇元音[ɑ](可以简称它为“后a”)。发音时，舌体后缩，舌面后部隆起，从“后a”开始，向u的方向滑动升高，快到达u的位置就收住(收尾的-u舌位略低，为[ʊ])。发音例词:

号召hàozhào　包抄 bāochāo　草稿 cǎogǎo　吵闹 chǎonào

逃跑táopǎo　劳保láobǎo　抛锚 pāomáo　高潮gāocháo

(4) ou[ou]

ou韵母是后元音音素的复合，动程很小。起点元音比单元音o的舌位略高、略前，接近央元音[ə]，唇形略圆。发音时，从略带圆形的[ə]开始，舌位向u的方向滑动，快到u即停止发音(收尾的-u接近[ʊ])。发音例词:

欧洲 Ōuzhōu　口头kǒutóu　丑陋 chǒulòu　猴头hóutóu

筹谋chóumóu　瘦肉 shòuròu　兜售 dōushòu　勾手 gōushǒu

2. *后响复韵母(韵头+韵腹)*

后响复韵母共有 5 个：ia，ie，ua，uo，üe。它们发音的共同特点是舌位都由高向低滑动，口腔开度渐大。发音时，收尾元音清晰响亮，舌位移动的终点明确；起头元音不响亮，比较短促，只表示声音的起点及走向，在音节里特别是零声母音节里常伴有轻微的摩擦(见图 3.11)。

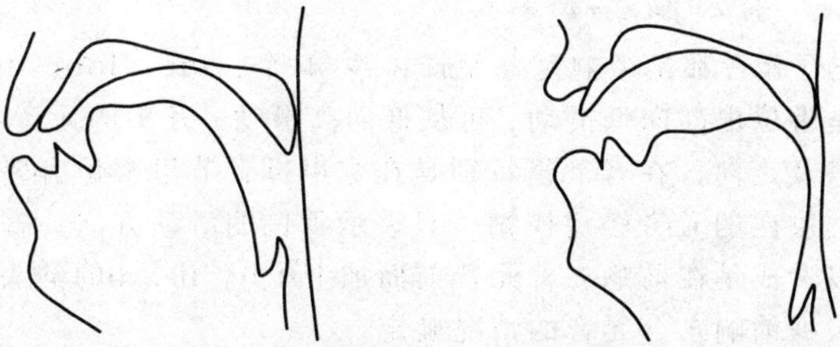

图 3.11　后响复韵母发音示意图：ia

(1) ia[iA]

ia韵母的起点元音是前高元音i，i发得轻短，很快滑向央低元音a[A]停止。发音时，

ɑ发得长而响亮。止点元音ɑ的唇形舌位明确固定。发音例词：

恰恰qiàqià	假牙 jiǎyá	加价jiājià	压价yājià
下嫁xiàjià	贾家jiǎjiā	家鸭jiāyā	下辖xiàxiá

（2）ie[iε]

ie韵母的起点元音是前高元音i，由它开始，舌位很快滑向前半低元音 ê [ε]停止。发音时，前音轻短，后音响亮，止点元音ê唇形舌位明确固定。发音过程中舌尖始终抵在下齿背，唇形由扁平到展开。发音例词：

结业jiéyè	贴切 tiēqiè	爷爷yéye	姐姐 jiějie
谢谢 xièxie	爹爹diēdie	离别líbié	热烈rèliè

（3）uɑ[uA]

uɑ韵母的起点元音是后高圆唇元音u，由它开始，舌位滑向央低元音ɑ[A]停止。发音时，u念得轻短，ɑ念得清晰响亮。唇形由最圆逐步展开到不圆，动程明显。发音例词：

挂花guàhuā	耍滑 shuǎhuá	娃娃wáwa	画画huàhuà
丝袜 sīwà	浮夸 fúkuā	青蛙qīngwā	西瓜xīguā

（4）uo[uo]

uo韵母由后圆唇元音音素复合而成，起点元音是后高元音u，由它开始，舌位向下滑到后半高元音o[o]停止。发音时，u音较短，o音响而长。发音过程中，保持圆唇，开头最圆，结尾圆唇度略减。发音例词：

错落cuòluò	硕果shuòguǒ	国货 guóhuò	蹉跎 cuōtuó
躲过 duǒguò	说妥 shuōtuǒ	琢磨 zhuómó	火锅huǒguō

（5）üe[yε]

üe韵由前元音音素复合而成。起点元音是圆唇的前高元音ü，由它开始，舌位很快下滑到前半低元音ê[ε]止。ü韵较短，ê韵响而长。唇形由圆到不圆，动程较大。发音例词：

雀跃quèyuè	约略yuēlüè	决绝juéjué	雪月xuěyuè
缺少quēshǎo	虐待nüèdài	学习xuéxí	瘸腿quétuǐ

3. 中响复韵母（韵头+韵腹+韵尾）

普通话里的三合元音都是中响复合元音，共 4 个：iɑo，iou，uɑi，uei。这些韵母发音的共同点是舌位由高向低滑动，再从低向高滑动。开头的元音不响亮，较短促，只表示声音的起点及走向，在音节里特别是在零声母音节里常伴有轻微的摩擦；中间的元音响亮清晰；收尾的元音轻短模糊，只表示舌位的滑动方向。普通话里三合元音构成的韵母，可以看成是在前响二合元音前面加上了i-，u-，ü的韵头。因此，韵腹舌位的前后，可以根据前响二合元音的情况确定。

（1）iɑo[iɑu]

iɑo韵由前高元音i开始，舌位降至后低元音ɑ[a]，然后再向后次高圆唇元音u[u]的方向滑升，三个元音结合成一个整体。发音过程中，舌位先降后升，由前到后，曲折幅度大。唇形从中间的元音a开始逐渐圆唇，还未完全到达u的位置就收住（见图3.12）。发音例词：

吊销diàoxiāo　疗效liáoxiào　巧妙qiǎomiào　苗条miáotiao
调料tiáoliào　逍遥xiāoyáo　娇小jiāoxiǎo　翘脚qiàojiǎo

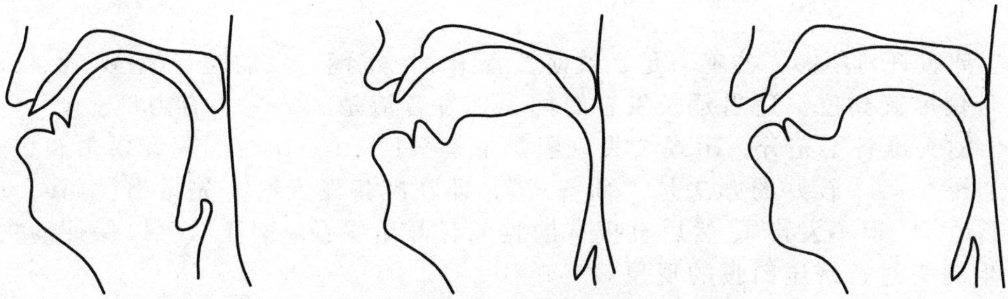

图 3.12　中响复韵母发音示意图：iao

（2）iou[iəu]

iou韵由前高元音i开始，舌位降至央（略后）元音[ə]，然后再向后次高圆唇元音u[u]的方向滑升，三个元音结合成一个整体。发音过程中，舌位先降后升，由前到后，曲折幅度较大。唇形从央（略后）元音[ə]开始逐渐圆唇。发音例词：

久留jiǔliú　求救qiújiù　绣球xiùqiú　悠久yōujiǔ
优秀yōuxiù　牛油niúyóu　秋游qiūyóu　舅舅jiùjiu

（3）uai[uai]

uai韵由圆唇的后高元音u开始，舌位向前滑降到前低不圆唇元音 a（即“前a”），然后再向前高不圆唇元音i的方向滑升，三个元音结合成一个整体。发音过程中，舌位先降后升，由后到前，曲折幅度大。唇形从前元音 a 开始逐渐展唇。发音例词：

外快wàikuài　摔坏shuāihuài　怀揣huáichuāi　乖乖guāiguāi
拉拽lāzhuài　脚踝jiǎohuái　奇怪qíguài　拐带guǎidài

（4）uei[uei]

uei韵由后高圆唇元音u开始，舌位向前向下滑到前半高不圆唇元音e偏后靠下的位置（相当于央元音[ə]偏前的位置），然后再向前高不圆唇元音i的方向滑升，三个元音结合成一个整体。发音过程中，舌位先降后升，由后到前，曲折幅度较大。唇形从e开始逐渐展唇。发音例词：

追悔zhuīhuǐ　荟萃huìcuì　推诿tuīwěi　垂危chuíwēi
摧毁cuīhuǐ　回味huíwèi　愧对 kuìduì　水位shuǐwèi

（三）复韵母发音常见问题分析及纠正

1. 动程变化过大

动程是指复合元音发音过程中舌位和唇形的连续移动变化。复韵母发音时口腔要有动程，但幅度不可太大，音素过渡要自然、平滑、连贯，要有整体感。发音例词：

百草 bǎicǎo	抽背 chōubèi	花朵 huāduǒ	威胁 wēixié
月下 yuèxià	会坏 huìhuài	推托 tuītuō	孑孓 jiéjué

2. 发音不够清晰响亮

复韵母发音的韵头、韵腹和韵尾应做到立字饱满、归音到位干净。复韵母发音常见问题：

（1）韵腹开口不够，共鸣不足，致使发音干瘪、沉闷。发韵腹音a，o，e，ê时，要求唇形舌位准确到位，适当延长发音时间，使发音清楚、响亮、有力度。

（2）韵头准备不充分，出现丢失现象。发韵头i-，u-，ü-时，起音要柔和，过渡要准确、自然。一个较好的办法是"预备式"，即在准备发音时，先做出i-，u-，ü-的舌位、唇形动作（但不发声），然后直接从韵腹元音开始发音。这样做可以保证韵头轻短，避免产生韵头过长挤压韵腹的现象。

（3）韵尾不归音。发韵尾i-，u-时，要收住，不可发得过重或过长，也不可过于懒散，应注意归音的舌位位置和唇形形状。总体说来，凡韵尾为i-的，归音时舌尖应抵在下齿背，唇形扁平（齐齿）；韵尾为u-的，归音时舌头应略微后缩，唇形稍稍向前突出拢圆（合口）。发音例词：

垂柳 chuíliǔ	诡怪 guǐguài	化学 huàxué	栽培 zāipéi
肥皂 féizào	幼苗 yòumiáo	接洽 jiēqià	唾液 tuòyè

3. 复韵母uo单元音化

uo是复韵母中极易出错的一个音，不少地区会误将其发为o。区分的关键是uo的发音一定要有动程，即唇形要由一个略紧略小的圆唇动作松开变为一个较松较大的圆唇动作，变化幅度要明显。由两个uo韵母组成的词语，如"火锅、过错、国货"等，是练习的难点，需反复体会。发音例词：

罗锅 luóguō	蹉跎 cuōtuó	窝火 wōhuǒ	陀螺 tuóluó
菠萝 bōluó	破落 pòluò	捉摸 zhuōmō	活泼 huópō

4. 韵腹ê发音不到位

韵母ie，üe的韵腹是前半低不圆唇元音，但发音时舌位容易发得过高或者过于靠后。发音需注意，发音过程中舌位一直不变，舌尖抵下齿背，唇形的变化要明确，特别是ê的发音，唇形应尽量向两边展开呈"咧嘴"状。发音例词：

爷爷yéye	月月yuèyuè	越野yuèyě	雀跃quèyuè
缺血quēxiě	绝学juéxué	学业xuéyè	夜雪yèxuě

5. 韵头u与v混读

韵母u容易出现因动作懒散发成唇齿音v的情况。发音时，要养成唇形向前突出拢圆发韵头u的好习惯。在朗读或说话时，有时会因语速较快衔接不及而把韵头u发v，但这只能是偶尔变化，不能形成定势。发音例词：

树木shùmù	服务fúwù	辜负gūfù	木屋mùwū
慈母címǔ	祖国zǔguó	出书chūshū	素服sùfú

四、鼻韵母的发音方法及常见问题解析

（一）鼻韵母的分类

鼻韵母是由复合鼻尾音充当韵母。复合鼻尾音是在元音音素之后附带一个鼻辅音作为尾音（韵尾）。普通话鼻韵母有两个辅音韵尾-n，-ng[ŋ]，都是鼻音。

前鼻韵尾-n的发音同声母n发音部位基本相同，即舌尖抵住上齿龈，但-n的部位比声母n靠后，一般是舌面前部抵满上齿龈或硬腭前部。区别在于声母n要除阻，韵尾-n不除阻。

后鼻韵尾-ng与声母g，k，h发音部位相同，即舌根贴住软腭。区别在于ng是浊鼻音，发音时软腭下垂，气流振动声带从鼻腔通过，没有除阻过程。

普通话有鼻韵母 16 个，分为以-n和-ng为韵尾的两组韵母。其中以-n为韵尾的韵母有 8 个：an，en，in，ün，ian，uan，üan，uen，称之为前鼻韵母；以-ng为韵尾的韵母有 8 个：ang，eng，ing，ong，iong，iang，uang，ueng，称之为后鼻韵母。它们之间的对比关系是：an-ang，en-eng，in-ing，ün-iong，ian-iang，uan-uang，uen-ueng，基本上是一对一的对比关系。普通话-n和-ng两组韵母的区分，在普通话韵母学习中占有重要地位。

（二）鼻韵母的发音特点

普通话鼻韵母的发音特点有三：

第一，鼻化过程。鼻韵母发音时由元音到鼻音是逐渐过渡的，鼻音色彩逐渐增加，直至最后完全变为鼻音。

第二，主要元音的舌位变化。韵腹元音舌位的前后不同是普通话前、后鼻尾音韵母区分的主要标志。例如：an与ang的区分主要表现在an中的元音是前低元音[a]，而ang中的元音是后低元音[ɑ]。

第三，归鼻辅音。不管鼻辅音前面是什么元音，最后都以鼻辅音-n和-ng收尾，即要明确区分鼻辅音的归音类别。前鼻辅音-n和后鼻辅音-ng是韵尾，只有与韵腹构成一个整体时才参与前、后鼻韵母的对比区分。为了确切体会鼻尾音的发音和听感性质，必须要求注重归音，尽量发音完整。

（三）鼻韵母的发音方法

1. 前鼻音韵母

（1）an[an]

an韵的起点元音是前低不圆唇元音 a[a]，舌尖抵住下齿背，舌面前部隆起，舌位降到最低，软腭上升，关闭鼻腔通路。发“前a”之后，软腭下降，打开鼻腔通路，使在口腔受到阻碍的气流从鼻腔里透出，同时舌面逐渐升高，舌面前部与硬腭前部闭合，

这时舌面前部抵满上齿龈或硬腭前部，发出n即止。口形开合度由大渐小，舌位动程较大（见图 3.13）。发音例词：

参战cānzhàn　　反感fǎngǎn　　烂漫lànmàn　　谈判tánpàn
坦然tǎnrán　　赞叹zàntàn　　橄榄gǎnlǎn　　难看nánkàn

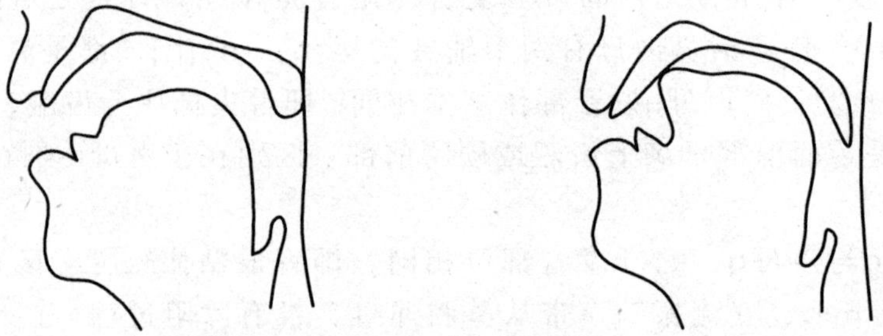

图 3.13　前鼻韵母发音示意图：an

（2）en[ən]

en韵的起点元音是央元音 e[ə]，舌位居中（不高不低不前不后），舌尖接触下齿背，舌面隆起部位受韵尾影响略靠前，软腭上升，关闭鼻腔通路。发央元音e之后，软腭下降，打开鼻腔通路，使在口腔受到阻碍的气流从鼻腔里透出。同时舌面升高略靠前，舌面前部与硬腭前部闭合，发出n即止。口形开合度由大渐小，舌位动程较小。发音例词：

根本 gēnběn　　门诊ménzhěn　　人参rénshēn　　深沉shēnchén
认真rènzhēn　　振奋zhènfèn　　愤恨fènhèn　　身份 shēnfèn

（3）in[in]

in韵的起点元音是前高不圆唇元音i，舌尖抵住下齿背，软腭上升，关闭鼻腔通路。发舌位最高的前元音i之后，软腭下降，打开鼻腔通路，使在口腔受到阻碍的气流从鼻腔透出。同时舌面升高，舌面前部与硬腭前部闭合，发出n即止。开口度始终很小，几乎没有变化，舌位动程很小。发音例词：

近邻jìnlín　　辛勤xīnqín　　拼音pīnyīn　　引进yǐnjìn
信心xìnxīn　　濒临bīnlín　　金银 jīnyín　　亲信qīnxìn

（4）ün[yn]

ün韵的起点元音是前高圆唇元音ü。发音过程与in相同，只是唇形变化不同。ü音要圆唇。唇形从ü开始逐步展开，舌面升高，舌面前部与硬腭前部闭合，发出n即止。口型变化幅度较大，但舌位动程较小。发音例词：

军训jūnxùn　　均匀jūnyún　　芸芸yúnyún　　寻菌xúnjùn
纭纭yúnyún　　循循xúnxún　　逡巡qūnxún　　群运qúnyùn

（5）ian[iɛn]

ian韵发音时，从前高元音i开始，舌位向前半低元音ɑ（前 a）的方向滑降，降到前次低元音[ɛ]的位置就开始升高，直到舌面前部抵住硬腭前部形成鼻音n即止。口型变化幅度和舌位动程都较小。发音例词：

艰险jiānxiǎn	简便jiǎnbiàn	连篇liánpiān	前天qiántiān
田间tiánjiān	片面piànmiàn	浅显qiǎnxiǎn	鲜艳xiānyàn

（6）uan[uan]

uan韵发音时，从圆唇的后高元音u开始，口形迅速由合口变为开口，舌位向前迅速滑降到前半低元音[ɛ]；然后舌位升高，直到舌面前部抵住硬腭前部形成鼻音n即止。口型变化幅度和舌位动程都较大。发音例词：

贯穿 guànchuān	软缎ruǎnduàn	酸软suānruǎn	婉转wǎnzhuǎn
专款zhuānkuǎn	转换zhuǎnhuàn	传唤chuánhuàn	万端wànduān

（7）üan[yɛn]

üan韵发音时，从圆唇的前高元音ü开始，向前低元音 a 的方向滑降，降到前半低元音[ɛ]略后的位置就开始升高，直到舌面前部抵住硬腭前部形成鼻音n即止。唇形由圆唇在向折点元音的滑动过程中逐渐展唇。口型变化幅度较大，舌位动程较小。发音例词：

源泉yuánquán	轩辕 xuānyuán	涓涓 juānjuān	全院quányuàn
圆圈yuánquān	全权quánquán	渊源yuānyuán	拳拳quánquán

（8）uen[uən]

uen韵发音时，从圆唇的后高元音u开始，向央元音 e[ə]滑降，然后舌位升高，直到舌面前部抵住硬腭前部形成鼻音n即止。唇形由圆唇在向折点元音的滑动过程中逐渐展唇。口型变化幅度较大，舌位动程较小。发音例词：

昆仑kūnlún	论文lùnwén	春笋chūnsǔn	馄饨húntun
温顺wēnshùn	谆谆zhūnzhūn	混沌hùndùn	困顿kùndùn

2. 后鼻音韵母

（1）ang[aŋ]

ang韵的起点元音是后低不圆唇元音ɑ[ɑ]。口大开，舌尖离开下齿背，舌体后缩，软腭上升，关闭鼻腔通路。发“后ɑ”之后，软腭下降，打开鼻腔通路，使在口腔受到阻碍的气流从鼻腔里透出，同时舌面后部与软腭闭合（即舌面后部抬起贴近软腭），发出ng即止。开口度由大渐小，舌位动程较大（见图 3.14）。发音例词：

帮忙bāngmáng	苍茫 cāngmáng	当场dāngchǎng	刚刚 gānggāng
商场shāngchǎng	上当 shàngdàng	蟑螂 zhāngláng	沧桑cāngsāng

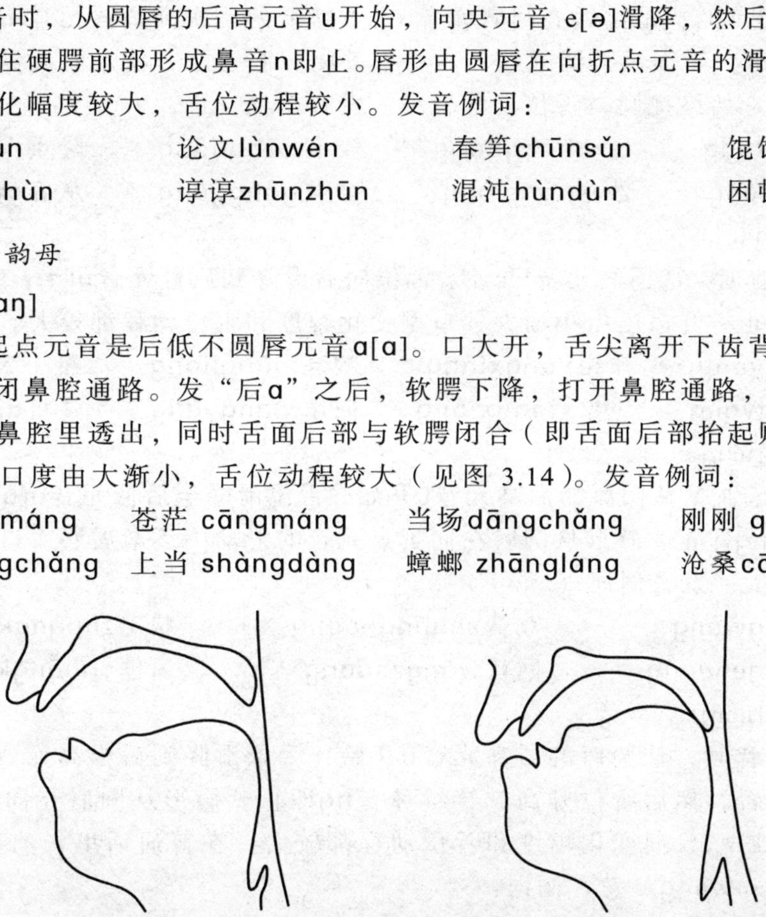

图 3.14　后鼻韵母发音示意图：ang

（2）eng[əŋ]

eng韵的起点元音是后半高不圆唇元音e[ɤ]。口微开，舌尖离开下齿背，舌体后缩，舌面后部隆起，比发单元音e[ɤ]的舌位略低，软腭上升，关闭鼻腔通路。发e音之后，软腭下降，打开鼻腔通路，使在口腔受到阻碍的气流从鼻腔里透出。同时舌面后部与软腭闭合，发出ng即止。口型没有明显变化，舌位动程较小。发音例词：

承蒙chéngméng　丰盛fēngshèng　更正gēngzhèng　萌生méngshēng
声称shēngchēng　升腾 shēngténg　省城shěngchéng　鹏程 péngchéng

（3）ing[iŋ]

ing韵的起点元音是前高不圆唇元音i。舌尖接触下齿背，舌面前部隆起，软腭上升，关闭鼻腔通路。发i音之后，舌尖离开下齿背，舌体后缩，舌面后部与软腭闭合，同时软腭下降，打开鼻腔通路，使在口腔受到阻碍的气流从鼻腔透出，发出ng即止。口形没有明显变化，舌位动程较大。发音例词：

叮咛dīngníng　经营jīngyíng　命令mìnglìng　评定píngdìng
清静qīngjìng　姓名xìngmíng　明星míngxīng　蜻蜓qīngtíng

（4）ong[uŋ]

ong韵的起点元音是比后高圆唇元音u舌位略低的后次高圆唇元音[ʊ]，舌尖离开下齿背，舌体后缩，舌面后部隆起贴向软腭，关闭口腔通路，使气流从鼻腔里透出，发出ng即止。唇形始终拢圆，舌位动程较小。发音例词：

共同gòngtóng　轰动hōngdòng　空洞kōngdòng　隆重 lóngzhòng
通融tōngróng　恐龙kǒnglóng　公共gōnggòng　从容cóngróng

（5）iang[iaŋ]

iang韵发音时，从前高元音i开始，舌位向后滑降到后低元音ɑ[ɑ]，然后舌位升高，接续鼻音ng即止。开口度由小渐大，口型变化幅度和舌位动程都较大。发音例词：

两样liǎngyàng　洋相yángxiàng　响亮xiǎngliàng　湘江 Xiāngjiāng
像样xiàngyàng　想象xiǎngxiàng　向阳xiàngyáng　强将qiángjiàng

（6）uang[uaŋ]

uang韵发音时，从圆唇的后高元音u开始，舌位滑降至后低元音ɑ[ɑ]，然后舌位升高，接续鼻音ng即止。唇形从圆唇在向折点元音的滑动中逐渐展唇。口型变化幅度和舌位动程都较大。发音例词：

狂妄kuángwàng　双簧shuānghuáng　状况zhuàngkuàng
矿床kuàngchuáng　网状wǎngzhuàng　窗框chuāngkuàng

（7）ueng[uəŋ]

ueng韵发音时，从圆唇的后高元音u开始，舌位滑降到后半高元音e[ə]（稍稍靠前略低）的位置，然后舌位升高，接续鼻音ng即止。唇形从圆唇在向折点元音滑动过程中逐渐展唇。口型变化幅度和舌位动程都较大。在普通话里，韵母ueng只有零声母的音节形式weng。发音例词：

蕹菜wèngcài　水瓮shuǐwèng
主人翁zhǔrénwēng　嗡嗡wēngwēng

（8）iong[yŋ]

iong韵发音时，从前高圆唇元音ü开始，发音过程与ing相似，只是唇形变化不同，ü要圆唇。发ü之后，舌尖离开下齿背，舌体后缩，舌面后部与软腭闭合，封闭口腔通路，使气流从鼻腔透出，发出ng即止。唇形始终拢圆，舌位动程较大。发音例词：

炯炯jiǒngjiǒng　　汹涌xiōngyǒng

穷凶极恶qióngxiōngjí'è　　气势汹汹qìshìxiōngxiōng

（四）鼻韵母发音常见问题分析及纠正

1. 前后鼻韵母混读

普通话前后鼻音韵母的对应中，en-eng，in-ing，uen-ueng-ong的对比区分是具有普遍性的重点和难点，其余如an-ang，ian-iang，uan-uang，ian-üan，in-ün，en-uen，ün-iong等韵母的区分则是带有地区性和方言性特征的区分难点。

前后鼻音常出现的问题主要是：

（1）难以掌握正确的发音方法，尤其是后鼻音发音困难。

（2）前鼻音鼻化不够，前鼻音发成口音，如“安”发成“啊”。

（3）后鼻韵母和前鼻韵母读音相同，混读为前鼻韵母音，如“金、精”同音。

普通话前、后鼻音韵母发音的不同表现在：

（1）舌位不同。前鼻韵母发音时舌尖在起作用，发前鼻音-n时，舌尖要顶住上齿龈，不要松动，不要后缩，使舌面前部贴紧贴满上齿龈；后鼻韵母发音时舌根在起作用，发后鼻音-ng时，舌根要抬起并尽力后缩，使舌面后部高高隆起，抵住或贴近软腭。

（2）口型不同。发前鼻音-n时上下门齿是相对的，口形半闭，唇形略扁；发后鼻音-ng时，上下门齿离得远一点儿，口形略开，唇形自然放松。

（3）共鸣区间不同。前鼻韵母发音时，用大拇指和食指轻轻捏住鼻翼（鼻孔两侧），会有轻微震感；后鼻韵母发音时，把大拇指和食指放在鼻梁左右，会有较明显震动感。

（4）音色不同。前鼻音-n发音动作宜柔缓，听感较尖细清亮；后鼻音-ng发音动作相对硬朗，听感则浑厚响亮。

前后鼻韵母的发音要领：

前鼻音发音时要注意“前”字。发音时舌尖一定要抵住上齿龈，不要后缩，舌根不要往上抬，韵尾n要收紧，不能只做个收尾的样子，否则发出的音就是鼻化音。

后鼻音发音时，注意“后”字，舌头一定要后缩，舌根一定要抵住软腭，舌尖不要向前移动或抬起，不然发出的音就近似前鼻音了。韵尾ng一定要收住，不要发成鼻化音。

在进行发音训练的时候，发前鼻韵母时可以在后面加个“呢”，比如发“an呢，en呢，in呢”。因为“呢”的声母发音部位与前鼻韵母的结束位置接近，所以在“呢”前面发的一定是前鼻韵母；而发后鼻韵母则可以在后面加个“啊”，如发“ang啊，ing啊，eng啊”。同样这个“啊”也是在帮助找到后鼻韵母的结束位置，而这两个发音部位的差异正是前后鼻韵母发音不同的关键所在。发音例词：

判断 pànduàn	简单 jiǎndān	全民 quánmín	谦逊 qiānxùn
正常 zhèngcháng	阳光 yángguāng	影响 yǐngxiǎng	兄长 xiōngzhǎng
浪漫 làngmàn	任性 rènxìng	风轮 fēnglún	原谅 yuánliàng

2. 后鼻韵发音出现困难

（1）普通话eng韵的学习难度较高，eng韵要不会错发成ong韵或者en韵，要不就发音舌位不到位发出缺陷音。发好eng的关键主要有三点：

` 要有足够的开口度，上下齿间距约一指宽为好；

a 舌根后缩时稍稍用力，两颊适当绷紧，舌面要微微上抬，舌尖要有悬空感；

b 动程稍长，在归音过程中舌根不要过早放松，口腔不要过早关闭。特别是要注意下颌的习惯性上抬。

c eng在与不同的声母相拼合时，其口腔开度大小、动程快慢都会有细微差别。其中平翘舌声母与eng相拼时，如zeng，ceng，seng，zheng，cheng，sheng，reng，极易失误，应作为难点加强训练。

（2）ing韵学习难度较高，最常见的错误是动程不够或归音不到位，需重点练习。ing的发音要领在于：

` 唇、舌包括两颊要放松，特别是舌尖的感觉要轻松，不可抵下齿背抵得太死；

a 重点体会舌头从下齿背向后轻轻提拉的过程，舌尖要有悬空感，动程及归音都相对缓和；

b 发ing时口腔不可有大的开合动作，也不可把舌头缩得过于靠后，防止把ing发成ieng（这个音普通话里并不存在）。

c ing在与不同的声母相拼合时，其舌头后移的速度和深度也有细微差别，其中舌面音拼ing时，如jing，qing，xing，要求最为细腻；

d ing在多音节词语及语流中常常会因为衔接和语速的问题而使归音显得不够到位，造成失误或明显缺陷。

（3）ueng在很多时候都被误发成了ong，发音时可以强调一下韵头u（即把u的动作做得稍紧一点，对后面的eng起一个引导的作用），并且注意口腔打开时一定要果断且适度用力，是上下颌张开而不是嘴唇拢圆。

（4）ong，iong两个音在发音过程中唇形要始终拢圆，并且保持一定的紧张度，避免发得松散。发音例词：

清醒qīngxǐng	省城shěngchéng	汹涌xiōngyǒng	蕹菜wèngcài
精诚jīngchéng	能行néngxíng	应用yìngyòng	命名mìngmíng

3. 前鼻韵发音出现缺陷

（1）en韵发音时，舌尖只是轻轻接触下齿背，不要抵得过紧，以免归音时舌尖仍然停留在下齿背而没有上贴上齿龈；同时嘴角向两边轻轻拉开以引导归音动作。en韵与翘舌音声母相拼时嘴角拉开的幅度不宜过大，以免影响到翘舌的准确性。

（2）in韵发音时常常会因为舌位动程较小而使原本已经归音到位的舌尖又发生移

动或偏离，造成缺陷。这个问题可以通过收紧嘴角、缩短动程、快速归音等方法加以解决。发音例词：

人品 rénpǐn	枕巾 zhěnjīn	沉浸 chénjìn	跟进 gēnjìn
金盆 jīnpén	民愤 mínfèn	勤恳 qínkěn	狠心 hěnxīn

（3）an，ian，uan，üan是一组很容易出缺陷的音，主要表现为动程过短或归音散漫，有的甚至不归音。另外由于南部诸多方言中将an读作ê，所以导致许多人ian-ie，üan-üe不分。这两组音在发音上的区别主要是：

第一，ian，üan是鼻韵母，要归音，发音后段要将舌尖上移贴住上齿龈；而ie，üe是后响复韵母，发音过程中舌尖始终抵住下齿背，不用移动；

第二，ian，üan发音结束时嘴角微微向两边拉开，口型扁平，牙关微闭；而 ie，üe发音结束时，嘴角拉紧，口腔半开，呈咧嘴状；

第三，ian，üan的动程较为柔缓，声音婉转；而 ie，üe的动程较快，声音干脆。

发音例词：

燕子 yànzi—叶子 yèzi	咸阳xiányáng—斜阳xiéyáng
肩上 jiānshang—街上 jiēshang	钳子 qiánzi—茄子qiézi
道歉 dàoqiàn—盗窃 dàoqiè	排练 páiliàn—排列 páiliè
献礼 xiànlǐ—谢礼xièlǐ	学院xuéyuàn—学乐xuéyuè
全员 quányuán—雀跃 quèyuè	怨妇 yuànfù—岳父 yuèfù
圈阅 quānyuè—缺月quēyuè	喧哗 xuānhuá—雪花 xuěhuā

第四章　普通话声调发音

第一节　声调概说

一、声调的性质

声调是附着在音节上，用声音的高低升降曲直变化来区别意义的语音现象。汉语一个汉字一个音节，每字一调，故声调也称为字调。声调变化贯穿音节发音的始终，可以影响普通话语音的整体面貌。作为一种音高变化现象，声调具有四方面的性质：

1. 声调是相对音高的变化形式

音高决定于发音体在一定时间内振动频率。振动次数多，则声音高，振动次数少，则声音低。音高有绝对音高和相对音高的区别。绝对音高不受发音体影响，是由振动频率产生的固定音高。例如音乐上的G调，人声演唱和乐器演奏时都要求保持相同的声音高度。相对音高是指用比较的方法确定同一基调的音高变化形式和幅度。由于受到人与人之间声带的长短、厚薄、松紧等发音体差异影响，同一个音节的音高也会有不同，但只要保持相同的音高变化形式，就不会影响词义表达。例如男人、女人和小孩发“妈”mā这个音节的声音高度有不同，但只要在个人的音高区域内保持从高音到高音的高平调发音特征，就可以辨别出“妈”的词义。因此，声调的音高变化形式只指同一发音体在一定时间内的声音的高低变化形式。

2. 声调是音高逐渐滑动的变化过程

声调发音以音节声母的音高作为起点逐渐向韵母的音高滑进，这是一个持续的、滑动的、渐变的发音过程，中间存在着一系列连续变化的过渡音高。例如“告”gào的声调，发g声母时从高音起音，中间经过半高音、中音、半低音，最后发韵尾o时降到最低音，整个发音过程一气呵成，没有跳跃式变化。

3. 声调是音节中不可缺少的组成部分

普通话音节可分为声母、韵母和声调三个组成部分。音节中，可以缺少声母、韵头和韵尾，但韵腹和声调是必不可少的构成成分。在现代汉语中，缺少声调的音节是不合格的。

4. 声调具有区别意义的作用

对于有声调的语言，音高具有区别意义的作用。例如“武力”wǔlì、“物理”wùlǐ、“无理”wúlǐ、“屋里”wūli，音节的声母和韵母完全相同，声调高低变化形式起到辨别不同词义的作用。

二、调值与调类

（一）调 值

调值是声调的实际发音，即声音的高低、升降、长短、曲直的变化形式。调值也叫“调形”，可以用线条摹写形状。每一个音节都有自身的调值。如“湿”shī的调值是[55]，“志”zhì的调值是[51]。调值的标记通常采用赵元任创制的“五度标记法”（见图 4.1）。竖线表示音高，分别用数字“5、4、3、2、1”表示声音的“高、半高、中、半低、低”五个声音高度。走向线表示音高的高低、升降、曲直的变化形式，一般平调、降调和升调选取各自起点音和终点音的音高表示，如“55、35、51”等调值；曲折调，选取起点音、折点音和终点音的音高表示，如“214”。调值一般用“[ ]”进行标示。

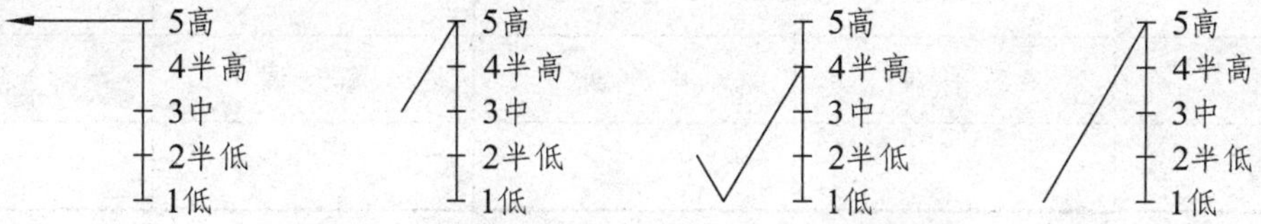

图 4.1 普通话声调的五度标记示意图

（二）调 类

调类指声调的类别和种类，是把相同的调值归纳在一起形成的声调种类。在一种语言中，有几种调值的基本变化形式，就有几种调类。普通话有四种调值，故有四个调类。普通话沿用和改进古代汉语调类“平、上、去、入”的旧名称，把四个调类的名称分别命名为“阴平、阳平、上声、去声”，即通常所说“四声”。古入声在普通话声调中已完全消失，归入现在的四个声调中了。

（三）调 号

调号是调类的标记符号。调号有多种标记法：

（1）五度图示法：˥、˧˥、˨˩˦、˥˩。用五度标记法的竖高线和走向线共同标记音高，一般标记在音节的后面。如“督”[tu˥]、“读”[tu˧˥]、“堵”[tu˨˩˦]、“肚”[tu˥˩]。

（2）简化符号法：ˉ、ˊ、ˇ、ˋ。这种是音高走向线的缩影，一般标在韵腹上面。如“督”dū、“读”dú、“堵”dǔ、“肚”dù。

（3）数字标记法：[55]、[35]、[214]、[51]。标记声调的调值，一般标在音节的右上方。如“督”[tu^{55}]、“读”[tu^{35}]、“堵”[tu^{214}]、“肚”[tu^{51}]。

（4）调类点角法：꜀、꜁、꜂、꜄。标记声调的调类，一般标在音节的四个角。如“꜀督”“꜁读”“꜂堵”“肚꜄”或者“督”[꜀tu]、“读”[꜁tu]、“堵”[꜂tu]、“肚”[tu꜄]。

汉语拼音方案采用的是简化符号法标记调类。

（四）普通话的声调

普通话有四种声调，调名和调值分别为阴平[55]、阳平[35]、上声[214]、去声[51]。普通话声调具有高频调的特点，四个声调中有三个声调的调值都有高音（见表 4.1）。在语流中，普通话的四个声调会发生音变现象，主要有上声变调、“一、不”变调、形容词重叠形式变调和轻声。轻声不是独立的调类，认读时读变调，拼写时不标调。其他变调都是认读时读变调，拼写时标原调。

表 4.1　普通话声调总表

调类	阴平	阳平	上声	去声
调值	55	35	214	51
调型	高平调	中升调	降升调	全降调
调号	ˉ	ˊ	ˇ	ˋ

第二节　普通话声调的发音

一、普通话声调的发音要求和特点

（一）普通话声调的发音要求

普通话是一种高调语言，声调的调域很宽，从最高音区到最低音区都是发音变化的范围，并且多数声调与高音有关。因此，在普通话声调发音时，要注意三个方面的要求：

（1）调值要到位。普通话声调发音的最高音和最低音的音高要定位准确，否则，普通话声调的“高、半高、中、半低、低”五个音值的变化就不明显，影响声调的语感。如“春天”的调值发成[44]就会带上明显的方音色彩，同时会造成[35]、[214]调域过窄的问题。

（2）音高变化流畅，快慢得当。普通话声调的发音过程应是持续变化的滑动过程，并在韵腹部分有所延长。发音不可出现间断或阻滞，如发“美”，不能发成明显的割裂的降和升两个阶段。

（3）声调与音节发音同步完成。声调是附着在音节上的音高变化，是音节的构成成分之一。声调的发音过程伴随声母和韵母发音的始终，应从声母起音，快速滑向韵腹并在韵腹持续发音，到韵尾或韵腹收音结束。如果音节发音不完整，声调发音也不可能到位，反之亦然。

（二）普通话声调的发音特点

普通话声调有四种调型，分别为高平调、中升调、降升调、全降调，各个调型发音特点不同。（见表 4.2）

表 4.2　普通话声调发音特点表

调　类	调　值	发音特点	例字
阴　平	55	高、平、缓	阴、天、花、知
阳　平	35	升、徐、自然	阳、人、情、职
上　声	214	曲、低、长	上、美、底、止
去　声	51	降、快、脆	去、罢、做、志

1. 阴平调

阴平调属于高平调，调值由最高音 5 度保持到最高音 5 度，具有“高、平、缓”的特点。“高”是指整个发音从起点音到终点音都保持在最高音区发音；“平”是指音高滑动的过程保持同一的平行高度；“缓”是指整个音节的发音舒缓，速度均匀。发音例词：

安心 ānxīn　帮佣 bāngyōng　剥削 bōxuē　拆穿 chāichuān
参观 cānguān　当初 dāngchū　发挥 fāhuī　公开 gōngkāi
几乎 jīhū　春天 chūntiān　刊登 kāndēng　期间 qījiān

2. 阳平调

阳平调属于中升调，调值由中音 3 度升至最高音 5 度，具有“升、徐、自然”的特点。“升”是指发音由起点音中音向终点音高音滑动，呈逐渐上升趋势；“徐”是指整个发音过程速度均匀、中速上升；自然是指发音大部分处于中音区到半高音区，发音器官基本处于松弛、舒缓、轻松、自然的状态。发音例词：

昂扬 ángyáng　白糖 báitáng　财团 cáituán　残余 cányú
惩罚 chéngfá　重逢 chóngféng　敌人 dírén　繁荣 fánróng
服从 fúcóng　隔离 gélí　国防 guófáng　合成 héchéng

3. 上声调

上声调属于降升调，调值由半高音 2 度降到最低音 1 度再上升到半高音 4 度，具有"曲、低、长"的特点。"曲"是指发音分两个阶段：第一个阶段缓慢下降，发音时间较长，在低音区作短时间持续发音；第二个阶段快速上升，发音时间较短，有曲折变化的过程。分成两个阶段是便于学习，在实际发音过程中，两个阶段应一气呵成，不可间断。"低"是指整个发音大部分处于半低音和低音区，且在低音区稍做延长，实际调值为[214]，由此增加了发音难度。"长"是指音时较长，是普通话四个声调中用时最长的一个声调。在降升发音过程中，所用时间也有降长、升短的差别。发音例词：

矮小 ǎixiǎo	绑匪bǎngfěi	本体běntǐ	比拟bǐnǐ
表演 biǎoyǎn	采取cǎiqǔ	草稿cǎogǎo	打赏dǎshǎng
党委dǎngwěi	腐朽fǔxiǔ	给以gěiyǐ	鼓舞gǔwǔ

4. 去声调

去声调属于全降调，调值由最高音 5 度降到最低音 1 度，具有"降、快、脆"的特点。"降"是指发音由最高音区直接降到最低音区，调域跨度大；"快"是指音高下降的速度快、时间短；"脆"是指发音响亮，气息重，是四个声调中气息最重的音调。发音例词：

按照 ànzhào	半径bànjìng	背后bèihòu	必定bìdìng
错过cuòguò	侧面cèmiàn	赤道chìdào	大队dàduì
犯罪 fànzuì	干部gànbù	贡献gòngxiàn	报到bàodào

二、普通话声调的发音方法

音高由声带振动的快慢来决定。我们可以通过调整声带的松紧程度来控制音高变化。普通话四个声调的发音关键在于调整声带的松紧度。学习声调发音，先要学会准确定位三个基准音高：最高音 5 度、最低音 1 度和中音 3 度，在此基础上把握半高音 4 度和半低音 2 度的发音。最高音发音时，喉头扩张，声带处于紧绷拉伸状态，气流通过使声带快速振动，从而发出高音，发音器官有明显紧张的感觉；最低音发音时，喉头收缩，声带处于紧缩松弛状态，气流通过时声带振动减慢，从而发出低音，发音器官有较难受的感觉；中音发音时，声带处于自然状态，发音器官没有明显的紧张感。半高音和半低音是在中音和高、低音中进行调整。普通话四个声调的具体发音方法如下：

1. 阴平[55]

阴平发音时，由高音起音高音收尾，声带始终保持相对紧张的状态。发音例词：

安全 ānquán	帮忙bāngmáng	生源shēngyuán	缺德quēdé
发火fāhuǒ	飞舞fēiwǔ	歌咏gēyǒng	单轨dānguǐ
拖欠tuōqiàn	通货tōnghuò	舒畅shūchàng	躯干qūgàn

2. 阳平[35]

阳平发音时，由中音起音高音收尾，声带从不松不紧的自然状态开始，逐渐绷紧，最后达到相对紧张的状态。发音例词：

白天báitiān	承包chéngbāo	服装fúzhuāng	国家guójiā
着手zhuóshǒu	原始yuánshǐ	行驶xíngshǐ	完美wánměi
昂贵 ángguì	跋涉báshè	残废cánfèi	沉郁chényù

3. 上声[214]

上声发音时，由半低音起音降至低音，再由低音升至半高音，声带从略微紧张开始，再松弛稍微延长，接着迅速达到相对绷紧的状态。发音例词：

百般bǎibān	饼干bǐnggān	采摘cǎizhāi	短缺duǎnquē
比如bǐrú	采集cǎijí	丑石chǒushí	底层dǐcéng
榜样bǎngyàng	法律fǎlǜ	笔触bǐchù	友爱yǒu'ài

4. 去声[51]

去声发音时，由高音起音，低音收尾，声带从相对紧张开始，迅速变化到完全放松状态。发音例词：

半天bàntiān	最初zuìchū	划拨huàbō	扼杀 èshā
伴随bànsuí	案情 ànqíng	触觉chùjué	殿堂diàntáng
懊悔 àohuǐ	并举bìngjǔ	忏悔chànhuǐ	倒转dàozhuǎn

三、普通话声调发音常见问题解析

（一）调值不到位

调值不到位是指声调发音过程中，起音或收音没有达到普通话声调要求的音高。普通话声调发音调值不到位主要表现在以下方面：

1. 阴平调值偏低

声调发音最常见的错误是在单字调或末位音节发音中，阴平调值偏低。普通话阴平调发音应该从 5 度音高起音，到 5 度音高收音，表现出高平的声调特征。但受到方言影响，如沈阳、贵阳、长沙、太原等一些方言区，阴平调值普遍偏低，会发成[44]、[33]甚或[11]等中平或低平调值。虽然保持了平调特征，但由于发音起音偏低，整个声调明显带上方言色彩。

在发阴平时，主要克服起点音偏低的问题，注意调整音高。高音的发音特征是喉头和声带比较紧张，只要找到发音器官自然状态下的最高音起点就可以了。发音例词：

春天chūntiān	家书jiāshū	轻松qīngsōng	编扎biānzhā
成功chénggōng	雪峰xuěfēng	美工měigōng	正宗zhèngzōng

2. 阳平调值不到位

在单字调或末位音节发音中，普通话阳平调发音应该从 3 度起音到 5 度结束。但在西安、长沙、南京等地，阳平会发成[34]、[13]或[15]等调值，虽然保持了升调的调形特征，起点音偏低。受到方言影响，发音人发阳平调时要不就是起音太低，要不就是升不到位，影响整个声调的语感。当然，在语流中，两个阳平连读时，前一个音节的阳平可以发成[34]调值，这是一种正常的音变现象，有利于保持语流的自然流畅，但后面的阳平调值必须发到位。这点需注意。

发阳平时，注意调整起音音高和收音音高。方法是，中音发音的特征是整个发音器官比较自然轻松，可以冲口而出；高音可以通过与阴平调组合的方式来调整阳平的收音位置。发音例词：

阳和yánghé　　习俗xísú　　国学guóxué　　杂食záshí
旁边pángbiān　　人心rénxīn　　明君míngjūn　　澄清chéngqīng

3. 上声降不到位

在单字调或末位音节发音中，普通话上声调值应从 2 度起音降至 1 度再快速升至 4 度，并且在最低音 1 度有一个发音持续的过程。由于最低音区是较少运用的区域，并且各方言区上声多为平调或高降调，故发音人往往不能降到最低音，在较高音域转折上升，致使曲折幅度变小，发成近似阳平的中升调，失去曲折的调形特征，如把[214]发为[435]。要注意的是，上声在语流中会变调，调值变成[35]和[21]，但上声位于词语和句子的末尾，必须把调值发到位。

校正上声降不到位的关键是找到最低音区。最低音的发音特征是整个喉头和声带比较难受。如果上声降到最难受的发音位置，就可以判定最低音的音高了。发音例词：

北běi　美měi　走zǒu　眼yǎn　手shǒu　笔bǐ　使shǐ　子zǐ
幸好xìnghǎo　　奏响zòuxiǎng　　不敢bùgǎn　　秤杆chènggǎn

4. 去声调值不到位

在单字调或末位音节发音中，去声调应从最高音 5 度起点到最低音 1 度收音。发音时，常出现的问题是：要么起点音不够高，从 4 度或 3 度起音；要么降不到位，降到 3 度或 2 度就收音；要么发音绵长，没有体现出去声调“降快脆”的特点，结果把去声调发成[53]、[21]、[31]等调值，具有明显的方音色彩。在语流中，两个去声相连，前面的去声读为[53]调值是正常的音变现象，但后面音节的去声调值必须发到位。这点需注意。

发去声注意最高音起最低音落。方法是可以将去声与阴平和上声组合，来体验音高区域的变化，从而校准音值。发音例词：

部下bùxià　　挂画guàhuà　　道路dàolù　　记过jìguò
真事zhēnshì　　拉练lāliàn　　喜事xǐshì　　鼓励gǔlì

（二）调型错乱

在调型上常出的问题就是调型发错。主要表现在：

1．高平调发成降调或降升调

把普通话的[55]调值发成[31]调值或[213]调值，如兰州、济南等地。发音时需把降调、降升调改读为平调。可以通过对比的方法校正发音。

（1）改降调为平调

发音例词：

抓获 zhuāhuò	真正 zhēnzhèng	签订qiāndìng	发布 fābù
落单 luòdān	地方 dìfāng	信封 xìnfēng	树梢shùshāo

（2）改降升调为平调

发音例词：

天理tiānlǐ	轻点qīngdiǎn	冤枉yuānwǎng	擦脸cāliǎn
海鲜hǎixiān	草编cǎobiān	好听hǎotīng	省心shěngxīn

2．中升调发成平调或降调

把普通话的[35]调值发成[11]调值、[53]调值或[42]调值，如梅县、贵阳、济南等地。发音时，需把平调和降调改读为中升调。可以通过比较的方法校正发音。

（1）改降调为升调

发音例词：

奇遇qíyù	铭记míngjì	成绩chéngjì	甜蜜tiánmì
复习fùxí	价格jiàgé	进行jìnxíng	挣钱zhèngqián

（2）改平调为升调

发音例词：

精灵jīnglíng	巴黎 Bālí	冰河bīnghé	青铜qīngtóng
学风xuéfēng	提出tíchū	寒冬hándōng	成功chénggōng

3．上声调型错乱

上声是普通话四声调中发音难度最大的声调，由于声调本身“曲、低、长”的特点，增加了发音器官的掌控难度，所以，也是发音错误最多的声调。上声发音出现的问题较复杂，大致可分为以下两类：

（1）只升不降。上声是曲折调，在单念和句末时，应保持明显的降升过程。但在上声的发音过程中，发音人往往念读上声变调调值或方言的声调，把上声发成近似阳平的调值的错误语音，如把“好”发得近似“毫”的字音。

（2）只降不升。上声发音的另一个常见错误就是只下降不上升，或者声调上升不到位，常把[214]发成[21]或[212]调值，发音出现严重缺陷。

上声出现偏误的主要原因：一是汉语方言上声调很少发曲折调，大多是直调，容易干扰上声的发音；二是上声在语流中基本上都产生变调，造成发音人在发单字调和末位音节时，往往把单字调上声调值发成上声变调调值。

上声的发音可以采取拆分的方法进行练习。先练习上声下降的部分，体验上声降到最低音，在最难受的音区持续发音的感觉；再练习上声上升的部分，快速提升到 4 度；最后进行组合练习。也可以把上声与跨度较大的阴平和去声组合练习，体验调值降升的落差感。

① 调值降升到位

发音例词：

北曲běiqǔ	水果shuǐguǒ	产品chǎnpǐn	小跑xiǎopǎo
理想lǐxiǎng	比拟bǐnǐ	洗澡xǐzǎo	领土lǐngtǔ

② 改平调为降升调

发音例词：

新颖xīnyǐng	冰冷bīnglěng	思想sīxiǎng	相处xiāngchǔ
组织 zǔzhī	水兵shuǐbīng	已经yǐjīng	崭新zhǎnxīn

③ 改降调为升降调

发音例词：

叫嚷jiàorǎng	臂膀bìbǎng	地处dìchǔ	曼舞mànwǔ
诅咒zǔzhòu	窘态jiǒngtài	礼聘lǐpìn	手帕shǒupà

④ 改升调为升降调

发音例词：

结茧jiéjiǎn	提醒tíxǐng	谜语míyǔ	容许róngxǔ
懂得dǒngdé	女孩nǚhái	鸟巢niǎocháo	选择xuǎnzé

4. 全降调发成平调、升调或降升调

把普通话的[51]调值发成[55]调值、[11]调值或[45]调值、[213]调值，如烟台、厦门、贵阳、福州等地。发音时，注意把平调、升调和降升调改读为全降调。

（1）改平调为降调

发音例词：

扼杀 èshā	信心xìnxīn	丧失sàngshī	救星jiùxīng
修缮xiūshàn	惊骇 jīnghài	乌桕wūjiù	征兆zhēngzhào

（2）改升调为降调

发音例词：

融洽róngqià	足迹zújì	横跨héngkuà	宁静níngjìng
幸福xìngfú	纳凉nàliáng	血缘xuèyuán	嫩芽nènyá

（3）改降升调为降调

发音例词：

稚小zhìxiǎo	赋予fùyǔ	破产pòchǎn	喝止hèzhǐ
涌动yǒngdòng	主义zhǔyì	萎顿wěidùn	沮丧jǔsàng

（三）古入声字错读

在普通话话中，古入声字已归入阴平、阳平、上声、去声四声调，但在大多数方言中，入声仍独立成调。入声发音常出现的问题是：

（1）汉语方言的入声字归类与普通话中古入声字归类缺少一致性的对应关系，往往出现记字困难和发音混乱的情况。如“搭、白、铁、浙”在普通话中分别读阴平、阳平、上声、去声四个调值，在发音时必须辨析这些入声字在普通话的归属，由此纠正读音。（见表 4.3）

表 4.3 入声字归类表

	阴平	阳平	上声	去声
a	b八捌 m抹（抹布） f发 d达答（答应） t塌踏（踏实） l垃邋 k喀 zh扎（扎针） ch插 sh杀刹（刹车） z扎（包扎）匝砸 c擦	b拔跋 f伐阀筏罚乏 d答（答复）瘩达 zh铡扎（挣扎）札轧（轧钢） ch察 z砸杂	f法砝发（理发） t塔 h哈（哈达） zh眨	t沓踏（踏步）榻拓（拓碑） n呐纳钠捺 zh栅 ch刹（古刹） sh霎 s萨卅
o	b饽拨剥（剥削） p泼 m摸	b伯泊箔舶勃渤脖博膊薄（薄弱）驳钹帛 m膜 f佛	m抹	b薄（薄荷） p迫（强迫）珀粕魄（气魄） m末沫抹（抹灰）茉陌莫寞漠默墨没殁
e	l肋 g搁胳疙割鸽 k磕瞌 h喝	d得德 g格阁蛤（蛤蚧）革膈隔葛（葛布）骼 k咳壳 h核貉（一丘之貉）涸盒劾（弹劾）阂 zh折哲蛰辙辄磔谪 sh舌折 z则择泽责 e 额	k渴 zh褶 e恶（恶心）	t特忒忑 n讷 l乐勒（勒令） g个（各个）铬克刻客恪 h 赫褐鹤吓（恐吓）喝（喝彩） zh浙 ch彻撤澈掣 sh设涉摄慑 r热仄 s塞涩色铯瑟啬穑 e恶（恶劣）噩遏厄扼轭鄂腭鳄
i	b逼 p霹 d滴 t剔踢 j激击唧积缉（通缉）圾 q七柒漆缉（缉鞋口）戚 x吸膝悉蟋息熄析淅晰蜥昔惜夕汐锡 y一揖	b鼻荸 d狄涤迪笛敌的（的确）嫡 j及级极汲吉急棘即集籍亟嫉 x习席媳袭檄	b笔 p匹劈（劈柴）癖 j给（供给）脊 q乞 y乙	b壁璧必毕碧辟（复辟）避愎 p僻辟 m密蜜觅幂汩 d的（目的） t惕 n匿溺逆 l立粒笠栗砾力历雳 j鲫寂绩迹 q泣讫迄 y易蜴亦邑役疫益溢翼逸译驿亿忆屹抑轶翌

续表

	阴平	阳平	上声	去声
-i	zh织汁只（只只身） ch吃 sh施虱湿失	zh直值植殖执侄职 sh十什拾食蚀实	ch尺	zh挚帜秩掷（投掷）质窒蛭炙 ch炽斥赤叱饬 sh室释适饰式拭弑 r日
u	b哺 p扑 d督 t秃突凸 g骨（骨朵） k窟哭 h忽惚 ch出 sh叔淑	p仆 f匐弗佛（仿佛）拂伏袱茯服幅辅 d读椟牍独毒 h斛囫鹄（鹄立） zh竹烛逐竺术（白术） sh赎塾孰熟 z足族卒镞 s俗	b卜 p朴蹼 g骨（骨髓）谷 zh嘱瞩 sh属蜀 r辱	b不 p曝（一曝十寒）瀑（瀑布）曝 m幕木 f缚复腹蝮鳆馥覆 l赂鹿漉麓录绿（绿林）禄碌陆戮 g梏 k酷 zh祝筑 ch触畜（畜生）矗绌黜怵 sh术述束
ü	j鞠疽锔 q曲屈	j局菊桔	q曲(歌曲)	l律率（效率）绿氯 x续蓄（畜牧）蓄恤旭煦 y育域浴玉狱郁毓
ai	p拍 zh摘 ch拆 s塞（瓶塞儿）	b白 zh宅翟	b百柏 zh窄 s色（掉色）	m麦脉
ei	l勒（勒紧） h黑	m没（没有） z贼	b北 d得 g给	
ao	zh着（高着儿）	b雹薄（薄纸） zh着（着火） sh勺芍		l烙酪
ou	zh粥	zh轴妯（妯娌）		
ia	j夹（夹子） q掐 y押鸭压	j夹荚铗颊	j甲胛钾岬	y轧揠
ie	b鳖憋 p瞥撇（撇开） d爹跌 t贴帖 n捏 j秸揭接疖 q切（切开） x歇蝎楔	b别蹩 d迭叠谍堞 j诘洁结劫杰孑节竭睫捷截 x协胁挟	b瘪 p撇苤（苤蓝） t铁贴(帖子) l咧（咧嘴）	b别（别扭） m灭蔑 t帖（帖子） n聂镊蹑镍孽蘖涅 l列冽烈裂猎劣 q怯切（密切）窃妾挈锲 x泄屑亵燮 y液掖腋叶业页谒咽（呜咽）

续表

	阴平	阳平	上声	去声
ua	g刮 zh抓 sh刷 w挖	h滑猾		h划画 sh刷（刷白） w袜
uo	d咄掇 t托脱 l捋 g郭蝈聒 h豁（豁口） zh桌捉拙涿 ch戳 sh说 z作（作坊） c撮 s缩 w喔	d夺度（猜度）踱铎 g国帼 h活 zh茁灼酌浊镯着（着落）啄诼琢擢涿卓 z昨琢（琢磨）	s索	t柝拓（开拓） n诺 l烙洛落络骆 k扩廓 h或惑获霍豁（豁免） ch绰啜辍龊 sh硕烁铄妁朔搠槊蒴 r弱若 z作柞酢 c错 w沃斡幄握龌
üe	j撅 q缺 x薛削（剥削） y约曰	j决诀抉觉珏绝倔崛厥橛蹶攫爵嚼（咀嚼） q瘸 x学穴噱（噱头）	x雪 y哕	n虐疟 l略掠 q却确鹊雀阙阕 x血（血压）谑 y悦阅越粤月钺钥（锁钥）跃乐（音乐）岳
iao		j嚼（嚼碎）	m渺 j脚角	q壳 y药钥鹞
iou	x休	l镏（镏金）	j九	l镏（镏子）六
uai	g乖			sh率（率领）

（2）有些方言还保持入声调塞音尾或短促调值读音。对于这些方言区的人来说，一要把入声调转为舒声调的读音，再根据其在普通话的归属，一一加以纠正。

第五章　普通话音节及语音辨正

第一节　普通话音节结构类型及特点

一、普通话音节结构及类型

（一）普通话的音节结构

音节是语音的基本结构单位，是自然感知到的最小语音单位。构成普通话音节的两大要素是音素和声调：音素包括元音音素和辅音音素，是普通话音节的声母和韵母的构成成分；声调包括阴平、阳平、上声和去声，是普通话音节的音高变化形式。

完整的普通话音节分为声母、韵母和声调三大结构部分（见表 5.1）：

表 5.1　普通话音节结构表

音节结构 / 例字	声母	韵母				声调
		韵头（介音）	韵腹（主要元音）	韵尾		
				元音	辅音	
谁 shuí	sh	u	e	i		阳平
铺 pū	p		u			阴平
雪 xuě	x	ü	ê			上声
刊 kān	k		ɑ		n	阴平
养 yǎng		i	ɑ		ng	上声
卧 wò		u	o			去声
呕 ǒu			o	u		上声
玉 yù			ü			去声

1. 声　母

声母位于音节开头的部分，发音清晰有力，主要由辅音音素构成。声母在音节中是非必备成分。

2. 韵　母

韵母是音节声母后面的部分，主要由元音或元音加辅音构成。韵母又划分为韵头、韵腹、韵尾三个部分：

（1）韵头。韵头是介于声母和韵腹之间的过渡音，故又称为“介音”或“头音”，发音轻短，主要由“i，u，ü”等元音音素构成。韵头在音节中是非必备成分。

（2）韵腹。韵腹是位于音节中声母或韵头与韵尾之间的最主要的元音，是韵母中舌位最低、开口度最大的音，在音节发音中最长、最响亮。韵腹主要由“ɑ，o，e，i，u，ü，ê，er，-i[ɿ]，-i[ʅ]”等 10 个单元音构成。韵腹是音节中的必备成分，如果一个音节只有一个音素，这个音素就是韵腹。

（3）韵尾。韵尾是位于韵腹后面的部分，是音节的收束部分，发音短弱，主要由“i，u，o（u），n，ng”等元音音素或辅音音素构成。韵尾在音节中也是非必备成分。

3. 声　调

声调附着在整个音节上面，是音节中具有区别意义的音高变化，主要由[55]，[35]，[214]，[51]等四种调值构成。

（二）普通话音节结构类型

从音素角度，根据音节结构的组成情况，可把普通话音节分为三种结构类型：

1. 有声母音节

有声母音节是由声母、韵母和声调构成的音节。普通话 90%以上的音节都属于有声母音节，是比较完整的音节结构。如“她”tā、“桃”táo、“挑”tiǎo、“炭”tàn、“烫”tàng等，每一个音节都可以分析出声母（t）、韵母（ɑ，ɑo，iɑo，ɑn，ɑng）和声调（阴平、阳平、上声、去声）部分。

2. 零声母音节

零声母音节是由韵母和声调构成的音节。普通话有 8%的音节属于零声母音节。零声母音节主要以“ɑ，o，e，i，u，ü”等音素开头，如“挨”āi、“藕”ǒu、“恩”ēn、“油”yóu、“雾”wù、“鱼”yú等，每个音节只可以分析出韵母（ɑi，ou，en，iou，u，ü）和声调（阴平、上声、阴平、阳平、去声、阳平）部分。

3. 特殊音节

特殊音节是不能进行音节结构分析的音节。普通话只有 2%的音节属于特殊音节。特殊音节包括儿化音节和辅音音节两种：儿化音节如“花儿”huār、“馅儿”xiànr等；辅音音节如“呣”m、“嗯”n、“噷”hm、“哼”hng等。

二、普通话音节拼合规律

普通话音节由声母、韵母和声调三个部分构成。理论上任何声母、韵母和声调都应该可以相拼，但实际上，普通话共有 21 个声母、39 个韵母却只拼合出 410 多个基本音节，加上 4 个声调，共组成 1 332 个音节，不是任何声母、韵母和声调都能相拼。如pu的声母和韵母可以相拼，pua，pun的声母和韵母不能相拼；pēi，péi，pèi的声母、韵母和声调可以相拼，pěi的声母、韵母、声调不能相拼。

普通话音节结构的系统性主要表现在声母和韵母的配合关系上。这种配合关系体现在声母的发音部位和韵母四呼的关系上。汉语音韵学把韵母按开头元音的唇形特点分为开口呼、齐齿呼、合口呼和撮口呼等四类。声母发音部位分双唇音、唇齿音、舌尖前音、舌尖中音、舌尖后音、舌面前音、舌根音。如果声母的发音部位相同、韵母的四呼也相同，它们的配合关系一般也相同。（见表 5.2）

表 5.2 普通话声韵配合简表

声母发音部位 \ 韵母四呼		开口呼	齐齿呼	合口呼	撮口呼
双唇音	b，p，m	+	+	+（只限u）	−
唇齿音	f	+	−	+（只限u）	−
舌尖前音	z，c，s	+	−	+	−
舌尖中音	d，t	+	+	+	−
	n，l	+	+	+	+
舌尖后音	zh，ch，sh，r	+	−	+	−
舌面音	j，q，x	−	+	−	+
舌根音	g，k，h	+	−	+	−
零声母	ϕ	+	+	+	+

注：表内“+”表示声韵可以配合，“−”表示不能配合。“只限u”表示这类声母只能和合口呼中的单韵母u相拼。

根据表 5.2 可以总结出普通话音节声母和韵母的拼合规律：

（1）舌尖中音n，l和零声母配合能力最强，可以与韵母四呼配合；其次是舌尖中音d，t。双唇音b，p，m可以与开口呼、齐齿呼、合口呼配合，不能与撮口呼配合。

（2）开口呼韵母的配合能力最强，除舌面音外，与其他声母都能配合。撮口呼韵母配合能力最弱，只能与舌尖中音n，l，舌面音以及零声母配合。

（3）唇齿音、舌尖前音、舌尖后音、舌根音可以与开口呼和合口呼配合，不能与齐齿呼和撮口呼配合。

（4）舌面音只能与齐齿呼和撮口呼配合，不能与开口呼和合口呼配合。

（5）零声母在四呼中都存在。

（6）凡声母与韵母不能够配合的类别，在音节配合细节上没有例外；凡声母与韵母能够配合的类别，在音节配合细节上存在特殊情况。例如，开口呼韵母ê，er就不能与任何声母配合。

三、普通话音节的语音特点

（1）普通话音节中元音占优势，韵母多而声母少，乐音多而噪音少，声音响亮悦耳。

（2）普通话没有复辅音，辅音只作声母和韵尾，辅音中清音多而浊音少，音节界限分明、结构整齐，具有较强的节奏感。

（3）普通话有四个声调，声调有平直曲折、升降快慢变化，同时变调、轻声、儿化等音变现象可以起到调节声音的轻重、长短，柔和音色的作用，使得声调抑扬顿挫、优美动听，富有音乐色彩和韵律感。

（4）普通话语音在音节结构上体现出的节奏感、韵律感和音乐色彩，显现出鲜明的音乐性特点。

第二节　普通话音节的发音要求

一、普通话单音节发音的要求及训练

音节是语音的基本结构单位，也是人们说话时最基础的表达单位。现代汉语基本上是一个汉字就是一个音节。说话时必须清晰、准确地将每一个字音表达出来，才可以做到口齿清楚、语音圆润、字正腔圆。因此，音节发音准确、规范是学好普通话的基础和关键。普通话单音节的发音由四个方面组成：字头音、字腹音、字尾音和字调，如图 5.1 所示，发音应呈现出枣核形。

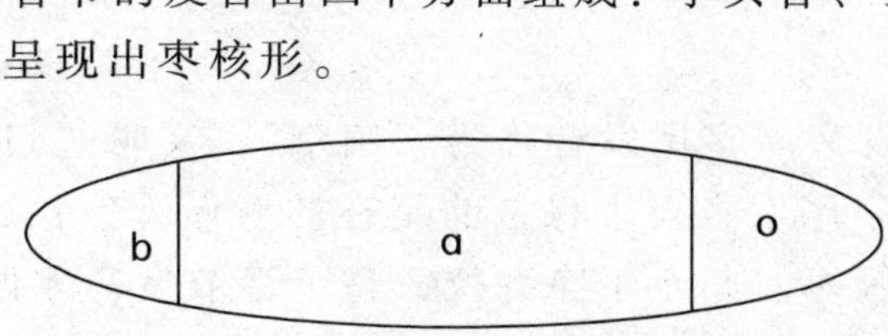

图 5.1　“包”bāo的发音

普通话音节发音的基本要求是：字头——出字清晰有力，字腹——立字饱满响亮，字尾——归音干净到位，字调——调形准确完整。在语流中，每个音节的语音形态要

保持一个流线型枣核形态，这样，既可保证每个字音的清晰准确，又可保证语流的流畅自然。

1. 字头音

这是指声母或声母加韵头部分的发音。字头发音是“出字”，又称“咬字”。要求咬住字头，重而短促，舌、唇、齿的发音部位要紧张、准确、有力，“出字”有力而且富有弹性。字头也不可咬得过重，造成字腹被吃掉。

（1）爆破音：咬字时，紧闭双唇或舌根紧靠软腭，用较强的气流爆发吐送字头。发音例词：

标兵biāobīng	辨别biànbié	排炮páipào	偏颇piānpō
归功guīgōng	改革gǎigé	可靠kěkào	开考kāikǎo

（2）弹舌音：用舌头的弹力将字头有力并富有弹性地吐出。发音例词：

短刀duāndāo	电灯diàndēng	断定duàndìng	地点dìdiǎn
挑剔tiāotī	探头tàntóu	贪图tāntú	团体tuántǐ

2. 字腹音

这是指韵腹部分的发音。字腹发音称为“立字”。字腹一般是整个音节开口度最大的音，发得好，整个音节的发音就很饱满。发韵腹时，可以稍做夸张，将发音时间适当拉长，字音在这个发音过程中得到充分的共鸣处理，声音变得更响亮更饱满，从而达到“腔圆”的效果。

（1）开口音：口大张，让口腔气息充盈，拉长发音时间，产生很强的共鸣音。发音例词：

掰开bāikāi	夏娃 Xiàwá	堡垒báolěi	国家guójiā
抖擞dǒusǒu	飞越fēiyuè	夜夜yèyè	下野xiàyě
谈天tántiān	神权shénquán	疯狂fēngkuáng	青铜qīngtóng

（2）震牙音：发单韵母时，口腔气流充足，产生震动牙齿的感觉，使声音响亮。发音例词：

机器jīqì	继续jìxù	急剧jíjù	纪律 jǐlù
自私 zìsì	蜘蛛zhīzhū	荣辱róngrǔ	从容cóngróng

3. 字尾音

这是指韵尾部分的发音。字尾发音称为“归字”，又叫“归音”。字尾归音一要归到位，所谓归到位就是字尾发音要求保持韵尾音的唇形舌位；二要干净利落，所谓干净利落就是字尾发音要轻短。归音干净到位，整个音节发音才做得到“字正”。

（1）展唇音：收韵尾“i”时，嘴角微微向两边展开，呈现扁平状，发音干净利落。发音例词：

飞机fēijī	外汇wàihuì	买卖mǎimài	猜谜 cāimí
美丽měilì	煤灰méihuī	追随zhuīsuí	归一guīyī

（2）聚唇音：收韵尾“ü”和“u”时，适当延展韵腹后，嘴角迅速地收敛。收“ü”

时，双唇外沿向内收紧；收“u”时，双唇内沿向外突出收紧。发音例词：

小偷xiǎotōu　部署bùshǔ　忧愁yōuchóu　漏油lòuyóu

必须bìxū　喜剧xǐjù　舞曲wǔqǔ　雪域xuǔyù

（3）抵舌音：收前鼻音“n”时，舌尖抵住上齿龈，软腭和小舌下降，气流从鼻腔通过共鸣，发音干净利落。发音例词：

赶紧gǎnjǐn　检验jiǎnyàn　前线 qiánxiàn　天真tiānzhēn

学员xuéyuán　甘甜gāntián　转弯zhuǎnwān　弹琴tánqín

（4）穿鼻音：收后鼻辅音“ng”时，舌根上抬紧贴软腭，气流从鼻腔穿过产生共鸣，发音干净利落。发音例词：

长江 Chángjiāng　装潢zhuānghuáng　东风dōngfēng　空中kōngzhōng

英雄yīngxióng　兴旺xīngwàng　襄阳 Xiāngyáng　秉承bǐngchéng

4. 字　调

字调即声调，声调是整个单音节音高的变化形式。字调发音要求从字头音的音高起音，在字腹音的音高区域延展，到字尾音的音高收音，所以调值要到位、调形要准确。以“表”为例，单音节声母、韵母发音与声调发音的关系见表 5.3。

表 5.3　音节发音过程表

表biǎo	b	i	a	o
音节结构	声母	韵头	韵腹	韵尾
声韵发音要求	短而有力	轻短	长而响亮	干净到位
声调发音要求	半低音起音	向低音滑动	低音持续发音	半高音收音

二、普通话多音节发音的要求

（一）普通话多音节发音的要求

汉语是以单音节词和双音节词为主的语言。现代汉语双音节词语占据优势，同时也存在一定数量的多音节词语。普通话单音节词语发音时，声韵调有相对固定的要求，比较容易掌握。普通话多音节词语发音时，各音节之间会出现一些显著的或不显著的语音变化。显著的语音变化包括变调、轻声、儿化、“啊”变读等音变形式，这部分内容将在第六章节中进行专门学习，在此不再赘述。

不显著的语音变化主要指多音节词语的轻重音格式。这种语音变化不明显，对词语的语义结构和语法结构都不会产生影响，只不过有时在语义表达重点和情感的表现上有所侧重。掌握多音节词语的正确发音方法，可以形成良好语感。

普通话重音节发音主要表现在音长比较长，调域比较宽，调型也比较完整；而轻音节的发音表现为音长缩短，音强减弱，调域和调型都会出现弱化现象。一般来说，普通话双音节词语听起来是后一音节比前一音节重；三音节词语是中间音节明显较轻，前后音节较重；四音节词语一般是奇数音节较轻，偶数音节较重。但由于受到多音节词语内部语义和语法结构不同的影响，也会形成不同的轻重音格式。

（二）普通话的轻重音等级

语流中的每个音节都有轻重强弱的不同，造成这种变化的原因除了音节与音节之间声调的区别外，还因为构成一句话的每个音节在音量上是不均衡的。也就是说，多音节词的各个音节有着约定俗成的轻重强弱差别，称为词的轻重格式。根据普通话词语的语音结构，可以把普通话多音节词语的轻重音分为四个等级：重音、中音、次轻音和最轻音。

（1）重音，即词的重读音节。重读音节一般情况下不产生变调。如拼音、展览馆、二氧化碳。

（2）中音，既不强调重读也不特别轻读的一般音节，又称为次重音。如汽车、出版、语法。

（3）次轻音，比中音略轻，声调受到影响，调值不够稳定，但调形的基本特征仍然依稀可辨，声母和韵母没有明显变化。如诗人、老虎、西红柿、无线电、慌慌张张。

（4）最轻音，特别轻读的音节。比正常重读音节的音长短得多，完全失去原调调值，重新构成自己特有的调值。韵母和声母往往发生明显的变化。最轻音音节就是普通话的轻声音节，绝大多数出现在双音节词语中，在双音节词语中只出现在后一个音节。如桌子、衣裳、豆腐。

（三）普通话的轻重音格式

普通话的轻重音主要有以下几种格式：

1. 双音节词的轻重音格式

（1）中·重：前一个音节读中音，后一个音节读重音。双音节词绝大多数是这个格式，如国家。

（2）重·次轻：前一个音节读重音，后一个音节读次轻音。后面轻读的音节，声母、韵母一般没有变化，原调调值仍依稀可辨。这类词语一般轻读，偶尔重读，语音不太稳定，如手艺、娇气、工人、女士。

（3）重·最轻：前一个音节读重音，后一个音节读最轻音，即轻声词语，如我们、妈妈、石头。

2. 三音节词的轻重音格式

（1）中·次轻·重：末尾的音节读重音，第一个音节读中音，中间的音节读次轻音，声调不太稳定，在慢速的读音中仍保持原调调形，在一般的会话速度里，会产生某种变调。这是绝大多数三音节词的轻重音格式。如：炊事员、太平庄、打字机。

（2）中·重·最轻：中间的音节读重音，第一个音节读中音，末尾的音节读最轻音。这种格式在三音节词中占少数，其中有的相当于双音节“重·最轻”格式前加上一个限制修饰成分或词缀，有的相当于双音节“中·重”格式后加一个轻读的词缀。如：胡萝卜、好家伙、老头子、同学们。

（3）重·最轻·最轻：第一个音节读重音，后面两个音节都读最轻音，其中有的相当于双音节“重·最轻”格式后加上一个轻读的词缀。这种格式的三音节词数量最少，如：姑娘家、朋友们。

（4）中、轻、重：第一个音节读中音，第二个音节读轻声，第三个音节重读。

3. 四音节词的轻重音格式

（1）中·次轻·中·重：末尾的音节读重音，第一个和第三个音节读中音，第二个音节读次轻音。这个格式在四音节词中占绝大多数，包括四字成语在内。如二氧化碳、清清楚楚、一马当先、心明眼亮。

（2）中·次轻·重·最轻：重音在第三音节，第一个音节读中音，有两个轻读音节，第二个音节读次轻音，末尾的音节读最轻音。这种格式在四音节词中占极少数，如：如意算盘、外甥媳妇（儿）。

4. 五个音节以上的轻重音格式

五个以上的音节，大多是词组（短语），可以划分为双音节、三音节、四音节，参照上面的格式发音。

在进行多音节词语发音时，要把握多音节词语的轻重音格式，不能每个音节都均匀使力，也不能把每个音节的声韵调原原本本不折不扣地读出来，这样语感上不仅不自然，甚至感到很生硬，不像纯正的普通话。

第三节　普通话语音辨正

一、普通话语音辨正的内容

“辨正”即“辨别纠正”，包括两方面的内容：正音和识记。正音是从发音上区分普通话和方言的不同，提出一些解决办法，帮助大家找到正确、规范的发音位置和发音方法；识记则是从普通话和方言的对应规律着手，提供一些方法、技巧，使大家能够判断、识别普通话和方言语音。

普通话语音辨正是指以普通话语音为标准，找出汉语方言、少数民族语言与普通话语音的对应规律，并以此纠正普通话发音过程中方言和少数民族语言的语音偏误，使普通话音节发音更加标准、规范。从普通话音节内部结构特点出发，语音辨正主要包含三个方面的内容：声母辨正、韵母辨正、声调辨正。

汉语方言众多，可分为官话、吴语、湘语、赣语、闽语、粤语、客家语、徽语、平话、晋语等十大方言区，分布在贵州地区的主要是西南官话。普通话植根于方言，普通话与汉语方言的差异是古汉语历史发展的结果。从语言材料看，汉语方言和普通话、汉语诸方言之间的关系可以用“同中有异、异中有同”来概括。

贵州属西部边远少数民族地区，由于特殊的地理位置和特有的喀斯特地形地貌，使贵州成为古代民族交汇的大走廊和民族集结地，形成多民族大杂居小聚居的局面。根据《中国语言地图集》贵州境内主要分布有西南官话、苗语、彝语、布依语、水语、侗语等汉藏语系的汉语、藏缅语、壮侗语、苗瑶语各支系语言。

贵州汉语方言和少数民族语言对普通话的影响是深层复杂的。从普通话与汉语方言、各少数民族语言的外部接触关系出发，在民族杂居区，语音辨正应包含汉语方言与普通话辨正、少数民族语言与普通话辨正两大方面的内容。

二、汉语北方方言语音辨正

（一）汉语北方方言分布及主要语音特点

北方方言是现代汉民族的基础方言。北方方言内部的一致性较强，其共同的语音特点是：

第一，全浊声母清化。古全浊声母今读塞音、塞擦音时，变为清音，平声送气，仄声不送气。现存全浊声母只有一个[ʐ]声母。

第二，平分阴阳，全浊上声归去声。绝大多数地区声调多数是阴平、阳平、上声、去声四类，调类分派很一致。一般没有入声，古清声母入声归入今阴平、阳平、上声、去声四声，古浊声母入声归入今阳平和去声。

第三，辅音音尾少，一般只有-n、-ng两个鼻辅音韵尾，没有-p、-t、-k、-m 韵尾。有入声的地区，入声或收-ʔ，或无辅音韵尾。

北方方言内分 8 个次方言区，见表 5.4。

表 5.4　汉语北方方言分布表

次方言区	分布地区	代表语点
北京官话	北京市以及郊县和周边的河北、内蒙古、新疆北部、辽宁的部分地域（北京、昌平、怀朝阳、密云、承德、赤峰、克拉玛依、石河子等 44 个县市）。	北京话
东北官话	黑龙江、吉林、辽宁三省以及内蒙古东北边缘地区（沈阳、吉林、长春、哈尔滨、延吉、黑河、齐齐哈尔、佳木斯等 183 个县市）。	沈阳话
冀鲁官话	天津市，河北南部，山东西部等地域（济南、天津、唐山、石家庄、保定、日照、沧州、平谷、广灵等 165 个县市）。	济南话
胶辽官话	胶州半岛和辽东半岛部分地域（青岛、烟台、大连、丹东等 46 个县市）。	烟台话

续表

次方言区	分布地区	代表语点
中原官话	河南、陕西、安徽、江苏、山东、河北、山西、甘肃、宁夏、青海、新疆等地域（西安、郑州、临沂、曲阜、洛阳、济宁、徐州、信阳、蚌埠、汾西、铜川、宝鸡、汉中、天水、吐鲁番、伊宁等390个县市）。	西安话
兰银官话	甘肃、宁夏部分地域（兰州、银川、玉门、塔城、乌鲁木齐、张掖等56个县市）。	兰州话
西南官话	云南、贵州、四川、重庆及湖北、湖南、广西、陕西、甘肃的部分地域（武汉、成都、昆明、大理、贵阳、都匀、遵义、赤水、钟祥、恩施、宜昌、荆州、常德、桂林、柳州等517个县市）。	武汉话 成都话
江淮官话	湖北、安徽、江苏三省长江以北沿江地域和江苏、江西的长江南岸部分地域（合肥、扬州、南京、黄冈、孝感、黄冈、镇江、九江等108个县市）。	合肥话 扬州话

（二）普通话与北方方言的语音对应规律

1. 普通话与北方方言声母对应规律

（1）平翘舌声母分混

北方方言多数地区z，c，s和ch，ch，sh、r声母区分清楚，东北官话、西南官话除个别地区外一般都相混。它分为四种情况：

① zh，ch，sh声母全部读作z，c，s声母，分布在东北官话、西南官话地区。

② zh，ch，sh声母与舌尖元音-i[ʅ]拼合时读翘舌音，与合口呼相拼时读作[pfu]，[pf‘u]，[fu]或[t]，[t‘]。主要分布在中原官话和兰银官话区。

③ zh，ch，sh声母与合口呼相拼时读作j，q，x，主要分布在西南官话武汉地区。

④ r声母分别读作[z]，[v]，[l]或零声母。绝大部分地区都读为r与普通话相同。西南官话读作[z]，如“人、日、如、锐”都读为[zən]，[zʅ]，[zu]，[zuɛi]；沈阳在开口韵前读作零声母、合口韵前读[l]；西安、兰州在合口韵前读[v]、开口韵前读r；济南在开口韵前读r、合口韵前读[l]；武汉在合撮口韵前和“日”读零声母，开口韵前读n，如“人”沈阳读[in]、武汉读[nən]。“如”沈阳、武汉读ü，济南读lu，西安读[vu]（见图5.2，表5.5）：

普通话与北方方言平翘舌声母对应关系：

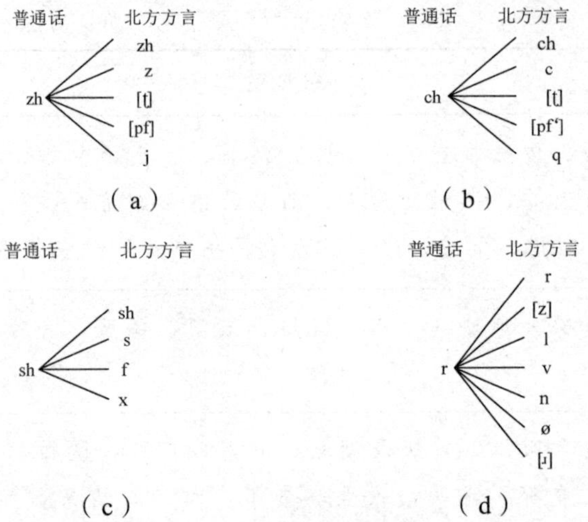

图 5.2　普通话与北方方言平翘舌声母对应关系

表 5.5　普通话与北方方言声母对照表

例字	周	知	猪	抽	齿	除	时	书	人	日	如	锐
普通话	tʂ			tʂʻ			ʂ		ʐ			
沈阳	ts			tsʻ			s		ø			l
济南	tʂ			tʂʻ			ʂ		ʐ		l	
西安	ʈ	tʂ	pf	ʈʻ	tʂʻ	pfʻ	ʂ	f	ʐ	ø	v	
合肥	tʂ			tʂʻ			ʂ		ʐ			
兰州	tʂ		pf	tʂʻ		pfʻ	ʂ	f	ʐ		v	
成都	ts			tsʻ			s		z			
贵阳	ts			tsʻ			s		z			
武汉	ts		tɕ	tsʻ		tɕʻ	s	ɕ	n	ø		ɹ

用自己的母语读下列词语，尝试把母语的声母转读为普通话声母，并总结自己母语与普通话的对应关系。

枝—子　滞—字　逐—族　舟—邹　招—遭　准—遵　宅—载　折—责

痴—磁　持—词　出—粗　抽—凑　潮—曹　沉—岑　柴—材　车—策

实—私　市—似　书—苏　兽—搜　少—扫　深—森　晒—赛　设—色

（2）边鼻音声母分混

北方方言大部分地区n和l声母区分清楚。东北官话、北京官话区不混，冀鲁官话、胶辽官话、中原官话、兰银官话区部分相混，西南官话和江淮官话区大部分地区完全相混。n和l分混分三种情况：

① n和l区分清楚。n声母在开合口韵前读n，在齐撮口韵前读[ȵ]，l声母一律读为l，主要分布在东北官话、北京官话、中原官话地区。

② n和l一律混读为n或l，主要分布在江淮官话和西南官话区。

③ n和l两可混读。主要分布在兰银官话区和西南官话部分地区，如“脑老”兰州话可读为[ᶜlɔ]或[ᶜnɔ]、“泥梨”可读为[꜁li]或[꜁ni]。云南会泽话开口韵前n和l读音两可，齐齿韵前n和l 区分清楚。

普通话与北方方言边鼻音声母对应关系如图 5.3 和表 5.6 所示：

图 5.3 普通话与北方方言边鼻音声母对应关系

表 5.6 普通话与北方方言声母对照表

<table>
<tr><th>例词</th><th>泥</th><th>年</th><th>脑</th><th>梨</th><th>连</th><th>老</th></tr>
<tr><td>普通话</td><td colspan="3">n</td><td colspan="3">l</td></tr>
<tr><td>沈阳</td><td colspan="2">ȵ</td><td>n</td><td colspan="3">l</td></tr>
<tr><td>济南</td><td colspan="2">ȵ</td><td>n</td><td colspan="3">l</td></tr>
<tr><td>合肥</td><td colspan="6">l</td></tr>
<tr><td>西安</td><td colspan="2">ȵ</td><td>n</td><td colspan="3">l</td></tr>
<tr><td>兰州</td><td colspan="6">l（n）</td></tr>
<tr><td>成都</td><td colspan="2">ȵ</td><td colspan="4">n</td></tr>
<tr><td>武汉</td><td colspan="6">n</td></tr>
<tr><td>贵阳</td><td colspan="6">l</td></tr>
<tr><td>云南（会泽）</td><td colspan="2">ȵ</td><td>l（n）</td><td colspan="2">l</td><td>l（n）</td></tr>
</table>

用自己的母语读下列词语，尝试把母语的声母转读为普通话声母，并总结自己母语与普通话的对应关系。

尼—离　拟—里　逆—力　聂—列　念—恋　鸟—了　扭—柳　娘—粮

怒—陆　暖—卵　糯—烙　浓—龙　内—类　纳—腊　难—兰　囊—狼

（3）舌面擦音和舌根擦音声母混读

北方方言区f、h声母一般都区分清楚，发生混读现象主要出现在西南官话中。f和h的分混大致分为以下情况（见表 5.7）：

① f和h完全区分清楚，主要分布在西南官话的武汉、昆明、都匀等地区。

② f和h在u韵前混读为f，其他韵前f和h区分清楚，主要分布在西南官话的成都、重庆、湖北、公安等地。

③ f和h在u韵前读为f，其他韵前f和h混读。主要分布在西南官话的贵阳等地区。

④ f和h在u韵前读为f，其他韵前统读为x，主要分布在西南官话的恩施等地区。

⑤ f和h全读为f，主要分布在西南官话的麻城、镇远等地区。

⑥ f和h全读为h，主要分布在西南官话的巴东等地区。

表 5.7　普通话与北方方言声母对照表

方言区	夫	呼	房	黄	冯	红
普通话	꜀fu	꜀xu	꜁faŋ	꜀xuaŋ	꜁foŋ	꜁xoŋ
成都	꜀fu	꜀fu	꜁faŋ	꜀xuaŋ	꜁foŋ	꜁xoŋ
武汉	꜀fu	꜀xu	꜁faŋ	꜀xuaŋ	꜁foŋ	꜁xoŋ
贵阳	꜀fu	꜀fu	꜁faŋ	꜁faŋ	꜁xoŋ	꜁xoŋ
恩施	꜀fu	꜀fu	꜁xuaŋ	꜁xuaŋ	꜁xoŋ	꜁xoŋ
麻城	꜀fu	꜀fu	꜁faŋ	꜁faŋ	꜁foŋ	꜁foŋ
巴东	꜀xu	꜀xu	꜀xuaŋ	꜀xuaŋ	꜁xoŋ	꜁xoŋ

用自己的母语读下列词语，尝试把母语的声母转读为普通话声母，并总结自己母语与普通话的对应关系。

夫—呼　符—湖　辅—虎　负—护　非—灰　肥—回　诽—悔　废—绘

方—慌　防—皇　仿—谎　放—晃　风—烘　冯—洪　讽—哄　奉—宏

（4）舌面音与舌根音声母混读

北方方言区大部分地区j，q，x声母和g，k，h声母不会混读，但西南官话“皆阶介界鞋械角酵觉敲扛豇虹壳项巷”等字与普通话不同，读为g，k，h，主要分布在西南官话的成都、昆明、武汉、贵阳等地区。如成都话、贵阳话、昆明话把“街敲鞋”读为[꜀kai]，[꜀k'au]，[꜁xai]。江淮官话文读与普通话相同，读为[꜀tɕiɛ]，[꜀tɕ'iɔ]，[꜁ɕiɛ]，白读与西南官话相同，读为[꜀kiɛ]，[꜀k'ɔ]，[꜁xɛ]。

普通话与北方方言舌面音与舌根音声母对应关系。（见图5.4和表5.8）

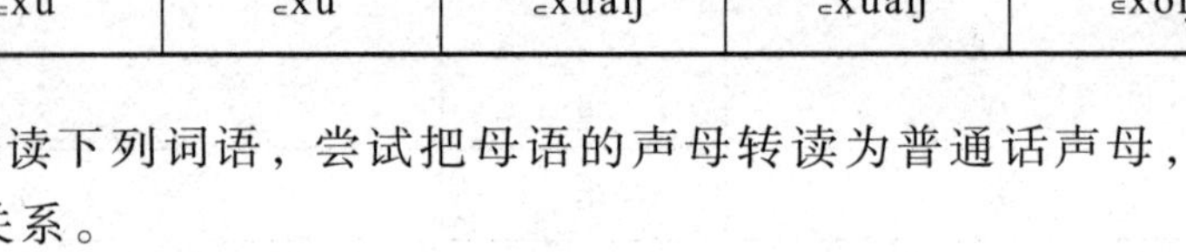

（a）　（b）　（c）

图 5.4　普通话与北方方言舌面音与舌根音声母对应关系

表 5.8　普通话与北方方言声母对照表

<table>
<tr><td>例字</td><td>街</td><td>吉</td><td>迹</td><td>卷</td><td>其</td><td>敲</td><td>齐</td><td>鞋</td><td>希</td><td>息</td><td>该</td><td>开</td><td>海</td></tr>
<tr><td>普通话</td><td colspan="4">tɕ</td><td colspan="3">tɕʻ</td><td colspan="3">ɕ</td><td>k</td><td>kʻ</td><td>x</td></tr>
<tr><td>郑州</td><td colspan="2">tɕ</td><td>ts</td><td>tɕ</td><td colspan="2">tɕʻ</td><td>tsʻ</td><td colspan="2">ɕ</td><td>s</td><td>k</td><td>kʻ</td><td>x</td></tr>
<tr><td>扬州</td><td>k白</td><td colspan="3">tɕ</td><td>tɕʻ</td><td>kʻ白</td><td></td><td>x白</td><td colspan="2">ɕ</td><td>k</td><td>kʻ</td><td>x</td></tr>
<tr><td>成都</td><td>k</td><td colspan="3">tɕ</td><td>tɕʻ</td><td>kʻ白</td><td>tɕʻ</td><td>x</td><td colspan="2">ɕ</td><td>k</td><td>kʻ</td><td>x</td></tr>
<tr><td>昆明</td><td>k</td><td colspan="3">tɕ</td><td>tɕʻ</td><td>kʻ白</td><td>tɕʻ</td><td>x</td><td colspan="2">ɕ</td><td>k</td><td>kʻ</td><td>x</td></tr>
<tr><td>武汉</td><td>k</td><td colspan="2">tɕ</td><td>ts</td><td>tɕʻ</td><td>kʻ白</td><td>tɕʻ</td><td>x</td><td colspan="2">ɕ</td><td>k</td><td>kʻ</td><td>x</td></tr>
<tr><td>贵阳</td><td>k</td><td colspan="3">tɕ</td><td>tɕʻ</td><td>kʻ</td><td>tɕʻ</td><td>x</td><td colspan="2">ɕ</td><td>k</td><td>kʻ</td><td>x</td></tr>
<tr><td>南京</td><td colspan="2">tɕ</td><td>ts</td><td>tɕ</td><td>tɕʻ</td><td>kʻ</td><td>tsʻ</td><td colspan="2">ɕ</td><td>s</td><td>k</td><td>kʻ</td><td>x</td></tr>
</table>

用自己的母语读下列词语，尝试把母语的声母转读为普通话声母，并总结自己母语与普通话的对应关系。

阶—接　界—借　解—姐　届—竭　戒—睫　皆—揭　角—娇　交—娇

觉—较　扛—抗　敲—悄　巷—像　鞋—邪　鞋—协　蟹—泄　项—向

（5）零声母分混

北方方言区除沈阳、郑州、南京等地区的零声母发音与普通话保持一致外，各地零声母分混情况比较复杂，分为以下几种情况：

① 在开口零声母前面加上舌根鼻音ng，主要分布在冀鲁官话、中原官话、兰银官话和西南官话地区。如“爱”济南话读为[ŋɛᵓ]，西安读为[ŋæᵓ]，成都、武汉、贵阳都读为[ŋaiᶜ]。

② 齐齿零声母有的读为零声母，有的在音节前面加上舌面鼻音[ȵ]和舌尖鼻音[n]，主要分布在中原官话和西南官话的成都、昆明等部分地区。如“业”济南话、兰州话、武汉话读为零声母，西安话、成都话读为[ȵieᵓ]，昆明话读为[nieᵓ]。

③ 在齐齿零声母加上边音[l]，主要分布在西南官话的贵阳等地区。如“有元”贵阳话都读为零声母；“业”贵阳话读为[lieᵓ]。

④ 开口零声母读为[v]，主要分布在中原官话、兰银官话和西南官话的都匀等部分地区。如“未五”，兰州话读为[v]，西安话“未”读为[v]，“五”读为零声母。

普通话与北方方言零声母对应关系见图 5.5 和表 5.9。

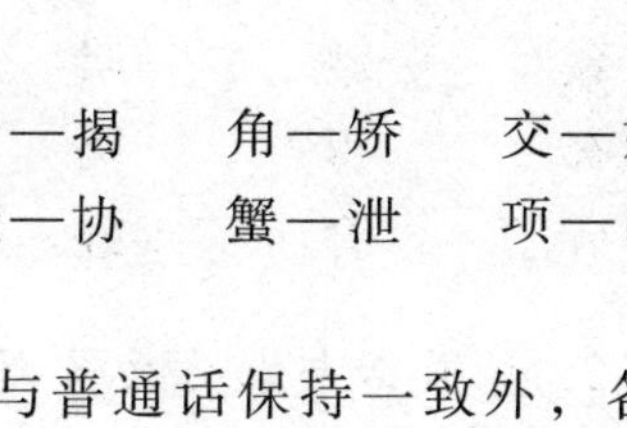

图 5.5　普通话与北方方言零声母对应关系

表 5.9　普通话与北方方言零声母对照表

<table>
<tr><td>例字</td><td>爱</td><td>业</td><td>有</td><td>元</td><td>未</td><td>五</td></tr>
<tr><td>普通话</td><td colspan="6">Ø</td></tr>
<tr><td>济南</td><td>ŋ</td><td colspan="5">Ø</td></tr>
<tr><td>西安</td><td>ŋ</td><td>ȵ</td><td colspan="2">Ø</td><td>v</td><td>Ø</td></tr>
<tr><td>兰州</td><td colspan="5">Ø</td><td>v</td></tr>
<tr><td>成都</td><td>ŋ</td><td>ȵ</td><td colspan="4">Ø</td></tr>
<tr><td>昆明</td><td>Ø</td><td>n</td><td colspan="4">Ø</td></tr>
<tr><td>武汉</td><td>ŋ</td><td colspan="5">Ø</td></tr>
<tr><td>贵阳</td><td>ŋ</td><td>l</td><td colspan="4">Ø</td></tr>
<tr><td>合肥</td><td>ʐ</td><td>Ø</td><td colspan="4">Ø</td></tr>
</table>

用自己的母语读下列词语，尝试把母语的声母转读为普通话声母，并总结自己母语与普通话的对应关系。

哀	矮	暗	欧	恩	恶	扼	永
衣	夜	鸭	友	饮	运	雨	欲
员	育	蛙	乌	位	王	握	屋

2. 普通话与北方方言韵母对应规律

（1）合口韵的分混

普通话的合口韵特别丰富，北方方言其他地区合口韵与普通话较为一致，但西南官话，特别是湖北话的合口韵特别少。具体表现为：

① 复韵母uo单元音化为o韵或e韵，主要分布在西南官话和江淮官话地区。如“果”成都话、武汉话、贵阳话、南京话都读为o，“握郭”武汉话、贵阳话读作o，“握”兰州话读为e、成都话读为o。

② 以u开头的韵母韵头丢失，主要分布在兰银官话、西南官话、江淮官话的部分地区。如兰州话、武汉话把uei读成ei，成都话、武汉话、贵阳话把uen读成en，成都话、昆明话、武汉话、贵阳话、南京话把ueng读成ong。

③ u 韵与舌尖前声母 z，c，s 拼合时读为撮口韵 ü、[yo]或复韵母 ou，主要分布在冀鲁官话、中原官话、兰银官话地区。如“足、俗”，济南话、郑州话、西安话都读为 ju，xu，而成都话读为[꜀tɕyo]，[꜀ɕyo]；武汉话读为 zou，sou。

④ 江淮官话 u 韵母，入声韵带喉塞音尾。如南京话“读俗握郭国”收[uʔ]，[ueʔ]韵尾。

普通话与北方方言u韵母对应关系见图 5.6 和表 5.10。

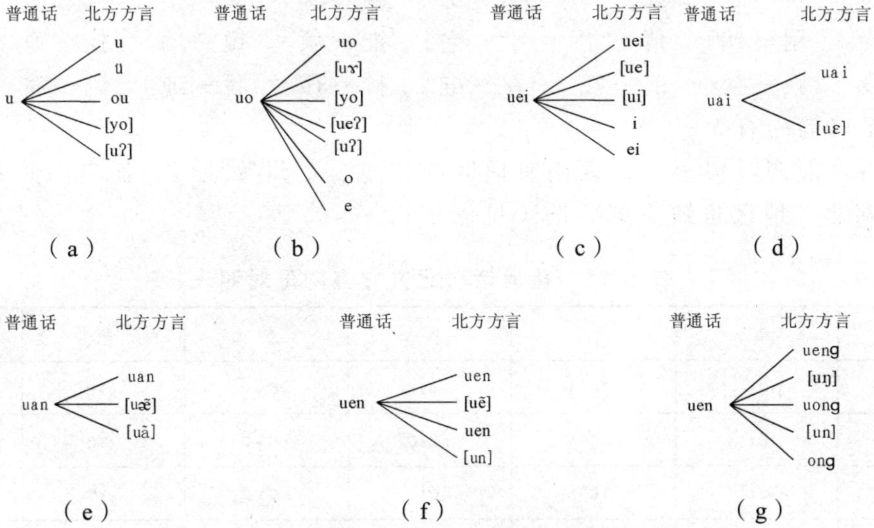

图 5.6　普通话与北方方言u韵母对应关系

表 5.10　普通话与北方方言韵母对照表

<table>
<tr><td>例字</td><td>猪</td><td>普</td><td>读</td><td>俗</td><td>果</td><td>握</td><td>郭</td><td>国</td><td>怪</td><td>对</td><td>未</td><td>管</td><td>遵</td><td>翁</td></tr>
<tr><td>普通话</td><td colspan="4">u</td><td colspan="4">uo</td><td>uai</td><td colspan="2">uei</td><td>uan</td><td>uən</td><td>uəŋ</td></tr>
<tr><td>沈阳</td><td colspan="4">u</td><td colspan="4">uɤ</td><td>uai</td><td colspan="2">uei</td><td>uan</td><td>uən</td><td>uəŋ</td></tr>
<tr><td>济南</td><td colspan="3">u</td><td>y</td><td colspan="4">uə</td><td>uɛ</td><td colspan="2">uei</td><td>uəẽ</td><td>uẽ</td><td>uəŋ</td></tr>
<tr><td>郑州</td><td colspan="3">u</td><td>y</td><td colspan="2">uə</td><td colspan="2">uə</td><td>uai</td><td colspan="2">ui</td><td>uan</td><td>un</td><td>uŋ</td></tr>
<tr><td>西安</td><td colspan="2">u</td><td>ou</td><td>y</td><td>uo</td><td>yo</td><td>uo</td><td>uei</td><td>uɛ</td><td>uei</td><td>i</td><td>uəẽ</td><td>uẽ</td><td>uo
ŋ</td></tr>
<tr><td>兰州</td><td colspan="4">u</td><td>uɤ</td><td>ɤ</td><td colspan="2">uɤ</td><td>uɛ</td><td>uei</td><td>ei</td><td>uan</td><td>un</td><td>un</td></tr>
<tr><td>成都</td><td colspan="3">u</td><td>yo</td><td colspan="2">o</td><td colspan="2">ue</td><td>uai</td><td colspan="2">uei</td><td>uan</td><td>ən</td><td>oŋ</td></tr>
<tr><td>昆明</td><td colspan="4">u</td><td colspan="4">uo</td><td>uɛ</td><td colspan="2">ue</td><td>uã</td><td>uẽ</td><td>oŋ</td></tr>
<tr><td>武汉</td><td>y</td><td colspan="2">u</td><td>ou</td><td colspan="3">o</td><td>uɤ</td><td>uai</td><td>ei</td><td>uei</td><td>uan</td><td>ən</td><td>oŋ</td></tr>
<tr><td>贵阳</td><td colspan="3">u</td><td>iu</td><td colspan="3">o</td><td>ue</td><td>uai</td><td colspan="2">uei</td><td>uan</td><td>ən</td><td>oŋ</td></tr>
<tr><td>南京</td><td colspan="2">u</td><td colspan="2">uʔ</td><td>o</td><td>uʔ</td><td colspan="2">ueʔ</td><td>uai</td><td colspan="2">uəi</td><td>uã</td><td>uəŋ</td><td>oŋ</td></tr>
</table>

用自己的母语读下列词语，尝试把母语的韵母转读为普通话韵母，并总结自己母语与普通话的对应关系。

补—捕　督—独　鼠—属　墨—佛　脱—驮　阔—括　火—活　窝—我
戴—待　耐—赖　猜—才　窄—宅　推—颓　锐—瑞　桂—跪　伟—伪
短—段　唤—换　碗—晚　吞—屯　村—存　唇—纯　轰—翁　控—瓮

（2）撮口韵的有无

普通话一般四呼俱全。但西南官话区的云南、贵州等地区，撮口韵并入齐齿韵，而南京、湖北等地区也缺少撮口韵（见表 5.11）。

表 5.11　普通话与北方方言韵母对照表

例字	臂	取	些	学	银	云
普通话	pei꜄	꜂tɕ‘y	꜀ɕiɛ	꜁ɕye	꜁in	꜁yn
沈阳	pei꜄	꜂tɕ‘y	꜀ɕie	꜁ɕye	꜁in	꜁yn
济南	pei꜄	꜂tɕ‘y	꜀ɕie	꜁ɕye	꜁iẽ	꜁yẽ
合肥	pe꜄	꜂tɕ‘y	꜀sɿ	ɕyɐʔ꜆	꜁in	꜁yn
西安	꜀pi	꜂tɕ‘y	꜀ɕie	꜁ɕyo	꜁iẽ	꜁yẽ
太原	pi꜄	꜂tɕ‘y	꜀ɕie	ɕieʔ꜇	꜁iŋ	꜀yuŋ
兰州	pei꜄	꜂tɕ‘y	꜀ɕie	꜁ye	꜁in	꜁yn
成都	pei꜄	꜂tɕ‘y	꜀ɕi	꜁ɕyo	꜁in	꜁yn
武汉	pei꜄	꜂tɕ‘i	꜀ɕie	꜁ɕio	꜁in	꜁yn
贵阳	pei꜄	꜂tɕ‘i	꜀ɕie	꜁ɕio	꜁in	꜁in

用自己的母语读下列词语，尝试把母语的韵母转读为普通话韵母，并总结自己母语与普通话的对应关系。

济—锯　寂—巨　七—趋　奇—渠　吸—需　习—徐　泥—女　力—绿
捏—虐　猎—略　接—掘　杰—绝　切—缺　茄—却　歇—靴　邪—穴
业—岳　筋—君　仅—俊　侵—群　勤—裙　信—训　阴—云　吟—韵

（3）复韵母的单元音化

复元音读成单元音是北方方言各地区都普遍存在的语音现象。普通话的复韵母在中原官话、兰银官话、江淮官话、西南官话中比较突出地表现出单元音化倾向，其中合肥、西安、兰州、贵阳等地区较为突出。江淮官话的古入声字在单元音化的同时变喉塞音尾。这主要有以下几个方面：

① 复韵母ɑi读成[e]，[ɤ]，[ɐ]。

② 复韵母ei读成 i 或[e]。

③ 复韵母ɑo读成[ɔ]。

④ 复韵母ou读成 u，[ʊ]或[ɤ]。

⑤ uo读成o或[ʊ]。

普通话与北方方言复韵母对应关系如图 5.7 和表 5.12 所示：

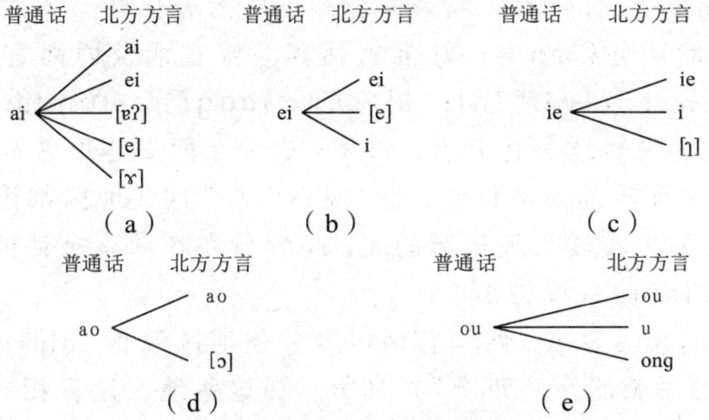

图 5.7　普通话与北方方言复韵母对应关系

表 5.12　普通话与北方方言韵母对照表

例字	白	被	华	些	报	谋	火
普通话	꜁pai	pei꜄	꜁xuA	꜀ɕie	pau꜄	꜁məu	꜂xuo
济南	꜁pei	pei꜄	꜀xua	꜀ɕie	pɔ꜄	꜁mu	꜂xuɤ
合肥	pɐʔ꜆	pe꜄	꜀xua	꜀sɿ	pɔ꜄	꜁mʊ	꜂xʊ
西安	꜁pei	pi꜄	꜀xua	꜀ɕie	pau꜄	꜁mu	꜂xuo
太原	pieʔ꜇	pi꜄	꜀xua	꜀ɕie	pau꜄	꜁mu	꜂xuɤ
兰州	꜁pei	pi꜄	꜀xua	꜀ɕie	pɔ꜄	꜁mu	꜂xuɤ
成都	꜁pe	pi꜄	꜀xua	꜀ɕi	pau꜄	꜁moŋ	꜂xo
武汉	꜁pɤ	pei꜄	꜀xua	꜀ɕie	pau꜄	꜁moŋ	꜂xo

用自己的母语读下列词语，尝试把母语的韵母转读为普通话韵母，并总结自己母语与普通话的对应关系。

柏—白　豺—采　海—害　矮—癌　卑—背　配—佩　非—肥　税—睡
刮—挂　花—划　挖—瓦　刷—要　爹—跌　捏—孽　窃—茄　屑—械
枣—凿　扰—绕　奥—傲　斗—豆　帚—轴　吼—喉　锅—郭　货—活

（4）前后鼻韵的分混

普通话古入声字塞音音尾已全部消失。北方方言区古入声的塞音韵尾-p，-t，-k 也已经全部消失，只有少数地区古入声塞音韵尾并入喉塞音韵尾[-ʔ]。古鼻音韵尾-m，-n，-[ŋ]在北方方言中大都只保留-n，-[ŋ]而没有-m，有的地区古鼻音韵尾转化为鼻化韵。普通话有两个鼻音韵尾：-n 和-[ŋ]，并由两个鼻音韵尾构成 8 个前鼻韵母和 8 个后鼻韵母。一般an组鼻韵母与ang组鼻韵母都能区分清楚，但in和ing组、en和eng组分混情况比较严重。这两套前后鼻韵母，在北方方言次方言区的分混情况如下：

① 后鼻韵尾-[ŋ]区分清楚。东北官话、中原官话、冀鲁官话仍保持后鼻韵母-[ŋ]，沈阳前鼻韵-n 和后鼻韵-[ŋ]的区别清楚，如沈阳、西安、济南等地区“真争”“心清”不同韵。

② 后鼻韵尾-[ŋ]并入前鼻韵，或丢失鼻韵尾转为鼻化音。如兰银官话ing，eng组后鼻韵转读为前鼻韵in组和en组；江淮官话和兰银官话及西南官话的昆明等地区的ɑng组后鼻音读为鼻化音[ɒ̃]或[ã]；相应的，iɑng韵、uɑng韵读为[iɒ̃]和[uɒ̃]。

③ 前鼻韵尾-n丢失转读鼻化元音。济南、合肥、西安等地区都存留了后鼻韵-[ŋ]，但前鼻韵-n韵尾一般都转读为鼻化音，如“谈心山真”这些地区都读为鼻化音[ɚ̃]、[ẽ]。

④ 前鼻韵尾-n丢失转读为纯口音韵腹。主要分布在西南官话的部分地区，如成都话、武汉话、贵阳话ɑn韵有读为ɑ韵字。

⑤ 韵尾-n和-[ŋ]混读为-n。西南官话区及兰州地区没有-[ŋ]韵尾，韵尾-n和-[ŋ]混读为-n。故普通话的后鼻韵字“京金”“真争”在这些地区读音相同。

普通话与北方方言前后鼻韵母对应关系如图5.8和表5.13所示：

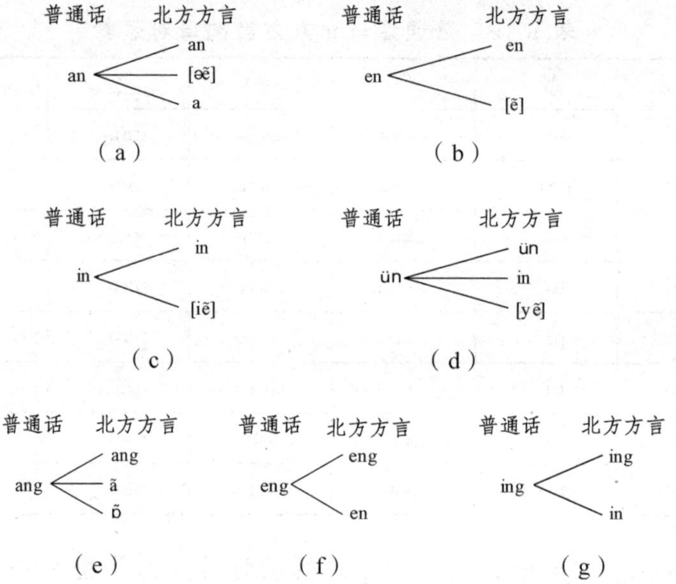

图 5.8 普通话与北方方言前后鼻韵母对应关系

表 5.13 普通话与北方方言韵母对照表

例字	谈$_{-m}$	山$_{-n}$	心$_{-m}$	真$_{-n}$	群$_{-n}$	旁$_{-ŋ}$	争$_{-ŋ}$	清$_{-ŋ}$
普通话	꜁t'an	꜀ʂan	꜀ɕin	꜀tʂən	꜁tɕ'yn	꜁p'aŋ	꜀tʂəŋ	꜀tɕ'iŋ
沈阳	꜁t'an	꜀san	꜀ɕin	꜀tsən	꜁tɕ'yn	꜁p'aŋ	꜀tsəŋ	꜀tɕ'iŋ
济南	꜁t'ɚ̃	꜀ʂɚ̃	꜀ɕiẽ	꜀tʂẽ	꜁tɕ'yẽ	꜁p'aŋ	꜀tʂəŋ	꜀tɕ'iŋ
合肥	꜁t'ɚ̃	꜀ʂɚ̃	꜀ɕin	꜀tʂən	꜁tɕ'yn	꜁p'ã	꜀tsən	꜀tɕ'in
西安	꜁t'ɚ̃	꜀ʂɚ̃	꜀ɕiẽ	꜀tʂẽ	꜁tɕ'yẽ	꜁p'aŋ	꜀tsəŋ	꜀tɕ'iŋ
兰州	꜁t'an	꜀ʂan	꜀ɕin	꜀tʂən	꜁tɕ'yn	꜁p'ɒ̃	꜀tʂən	꜀tɕ'in
成都	꜁t'an	꜀sa	꜀ɕin	꜀tsən	꜁tɕ'yn	꜁p'aŋ	꜀tsən	꜀tɕ'in
武汉	꜁t'an	꜀sa	꜀ɕin	꜀tsən	꜁tɕ'yn	꜁p'aŋ	꜀tsən	꜀tɕ'in
贵阳	꜁t'an	꜀sa	꜀ɕin	꜀tsən	꜁tɕ'in	꜁p'aŋ	꜀tsən	꜀tɕ'in

用自己的母语读下列汉语，尝试把母语的韵母转读为普通话韵母，并总结自己母语与普通话的对应关系。

甘$_{-m}$—肝$_{-n}$　闪$_{-m}$—散$_{-n}$　南$_{-m}$—难$_{-n}$　帆$_{-m}$—藩$_{-n}$　咸$_{-m}$—闲$_{-n}$　严$_{-m}$—雁$_{-n}$

坛$_{-n}$—堂$_{\text{-ŋ}}$　然$_{-n}$—让$_{\text{-ŋ}}$　算$_{-n}$—爽$_{\text{-ŋ}}$　冠$_{-n}$—逛$_{\text{-ŋ}}$　捐$_{-n}$—将$_{\text{-ŋ}}$　恋$_{-n}$—梁$_{\text{-ŋ}}$

林$_{-m}$—玲$_{\text{-ŋ}}$　禁$_{-m}$—敬$_{\text{-ŋ}}$　宾$_{-n}$—炳$_{\text{-ŋ}}$　饮$_{-m}$—英$_{\text{-ŋ}}$　勤$_{n}$—庆$_{\text{-ŋ}}$　贫$_{n}$—瓶$_{\text{-ŋ}}$

沈$_{-m}$—生$_{\text{-ŋ}}$　任$_{-m}$—仍$_{\text{-ŋ}}$　痕$_{-n}$—恒$_{\text{-ŋ}}$　臻$_{-n}$—征$_{\text{-ŋ}}$　笨$_{-n}$—朋$_{\text{-ŋ}}$　芬$_{-n}$—风$_{-m}$

（5）入声韵存留

北方方言的入声韵已全部消失转读为舒声韵，并随着声调的归属分派到今普通话的四个声调中。各地区入声分派不同，入声韵古音特征的存留也有差异（见表 5.14）。

① 入声韵辅音音尾消失，读为舒声韵。北方方言东北官话、冀鲁官话、中原官话、西南官话入声韵的辅音尾已全部消失，与普通话保持一致。

② 入声韵收喉塞音-[ʔ]音尾。主要分布在江淮官话地区。

表 5.14　普通话与北方方言韵母对照表

例字	合$_{-p}$	腊$_{-p}$	夺$_{-t}$	骨$_{-t}$	菊$_{-k}$	席$_{-k}$
普通话	꜁xɤ	la꜄	꜁tuo	꜂ku	꜁tɕy	꜁ɕi
沈阳	꜁xɤ	la꜄	꜁tuɤ	꜂ku	꜁tɕy	꜁ɕi
济南	꜁xɤ	la꜄	꜁tuɤ	꜀ku	꜀tɕy	꜁ɕi
合肥	xɐʔ꜄	lɐʔ꜄	tuɐʔ꜄	kuəʔ꜄	tɕyəʔ꜄	ɕiəʔ꜄
西安	꜁xuo	꜀la	꜁tuo	꜀ku	꜀tɕy	꜁ɕi
兰州	꜁xɤ	꜀la	꜁tuɤ	꜁ku	꜀tɕy	꜁ɕi
成都	꜁xo	꜁na	꜁to	꜁ku	꜁tɕy	꜁ɕi
武汉	꜁xo	꜁na	꜁to	꜁ku	꜁tɕy	꜁ɕi

用自己的母语读下列词语，尝试把母语的韵母转读为普通话韵母，并总结自己母语与普通话的对应关系。

-p：答　吸　什　叠　磕　甲　合　业　睫　给　还　湿

-t：勃　滑　突　没　笔　佛　穴　撇　八　割　橘　粤

-k：刻　麦　值　踢　肉　毒　学　笛　鹤　卓　赐　旭

3. 普通话与北方方言声调对应规律

普通话只有四个声调，古入声归入阴平、阳平、上声、去声四个声调中。北方方言区声调数目较少，一般在 4 ~ 5 个声调之间，除江淮官话及西南官话部分地区保留入声外，北方方言区大部分地区都没有入声。普通话和北方方言大部分地区的调类分派比较一致，一般是古平声以声母的清浊为条件分为阴平和阳平，古上声清声母和次浊声母仍归入上声，全浊声母并入去声，古去声仍是去声。不同的是调值有差异。这主要表现在（见表 5.15 和表 5.16）：

（1）高平调读为半高平调、降调和曲折调。东北官话、西南官话阴平调值偏低，兰银官话、中原官话、江淮官话读为中降调，冀鲁官话读为曲折调。

（2）中升调读为降调或低升调。中原官话、江淮官话读为低升调，冀鲁官话、兰银官话读为高降调。

（3）曲折调读为平调、降调。冀鲁官话读为高平调，江淮官话读为低平调，兰银官话、中原官话、西南官话都读为降调。

（4）降调读为平调、低升调和低降调。中原官话和江淮官话多读为高平调，兰银官话和西南官话都读为低升调，东北官话和冀鲁官话虽读为降调，但调值都偏低。

（5）入声分派不同。西南官话入声多归阳平；兰银官话入声部分归去声，部分归入阳平。

表 5.15　普通话与北方方言声调对照表

声调	平声		上声			去声		入声				声调数
	天	平	古	老	近	放	大	急	各	六	杂	
普通话	阴平 55	阳平 35	上声 214		去声 51			入声 归阴阳上去				4
沈阳	阴平 44	阳平 35	上声 213		去声 41			入声 归阴阳上去				4
济南	阴平 213	阳平 42	上声 55		去声 21			入声 归阴阳上去				4
兰州	阴平 31	阳平 53	上声 442		去声 13			归去声			归阳平	4
西安	阴平 31	阳平 24	上声 42		去声 55			入声 归阴阳上去				4
成都	阴平 44	阳平 41	上声 52		去声 13			归阳平				4
南京	阴平 31	阳平 13	上声 22		去声 44			入声 5				5

表 5.16　普通话与北方方言声调差异对照表

例字	普通话声调	方言调值差异及分布	方言调型差异及分布
天	阴平[55] 高平调	[44]沈阳、成都、贵阳	降调：[31]兰州、西安、南京、烟台 降升调：[213]济南
平	阳平[35] 中升调	[24]西安	降调：[42]济南，[41]成都，[53]兰州、贵阳
古老	上声[214] 降升调	[213]沈阳	平调：[55]济南，[22]南京 降调：[442]兰州，[42]西安，成都
近放大	去声[51] 高降调	[41]沈阳 [21]济南	平调：[55]烟台、西安，[44]南京 升调：[13]兰州、成都、贵阳

用自己的母语读下列词语，尝试把母语的声调转读为普通话声调，并总结自己母语与普通话的对应关系。

多	沙	瓜	输	飞	圆	毛	楼	年	咸
火	写	打	买	网	近	半	炭	问	换
湿	说	急	直	尺	笔	铁	肉	六	热

三、汉语南部方言语音辨正

（一）汉语南部方言分布及主要语音特点

汉语南部方言与汉语北方方言是相对而言，指除北方方言外的吴方言、赣方言、湘方言、闽方言、粤方言和客家方言等六大方言，因其相对集中地分布在东南地区，故称之南部方言。晋语有入声调，但其语音特征与北方方言相近，徽语、平话分布范围小，在此不做专门论述。

南部方言与北方方言相比，较明显的特点是：声调数目多，一般都有 5~7 个调类，粤方言多达 9~10 个；大多有-p，-t，-k，-[ʔ]韵尾，部分有-m 韵尾；部分方言有清浊声母对立。

南部方言中吴方言、赣方言、客家方言、粤方言内部分歧较小，闽方言、湘方言内部分歧较大，语言现象比较复杂（见表 5.17）。

表 5.17 汉语南方方言分布表

方言区	分布地区	代表语点
吴语方言区	江苏省东南部，上海市、浙江省（除淳安县以外），江西省东部，安徽省南部部分地区（苏州、上海、杭州、天台、温州、金华、上饶、铜陵等 128 个县市）	苏州话
晋语方言区	山西省除西南部、西北角以外地区，河北省西部，河南省黄河以北地区，内蒙古中部黄河以东地区，陕西省北部地域（太原、汾阳、长治、五台、大同、包头、榆林、张家口、呼和浩特、邯郸、新乡、志丹等 176 个县市）	太原话
徽语方言区	新安江流域的安徽省歙县、休宁、祁门、绩溪、黟县，浙江省建德、淳安、桐庐，江西省德兴、景德镇等 16 个市县	歙县话
赣语方言区	江西省中部和北部，湖南省东部和西南部，湖北省东南部，以及安徽省南部、福建省西北部的部分地域（南昌、平江、浏阳、吉安、抚州、鹰潭、大冶、通城、监利、岳阳、耒阳、绥宁、岳西等 101 个县市）	南昌话

续表

方言区	分布地区	代表语点
湘语方言区	湖南省湘水、资水、沅水流域，广西声省全州、兴安、灌阳和资源地区（长沙、衡阳、娄底、吉首等 61 个县市）	长沙话
闽语方言区	福建、台湾、海南三省，广东省的潮汕地区和雷州半岛。浙江省、广西壮族自治区、江苏省南部、安徽省南部、江西省东北部地区（厦门、台北、莆田、福州、三明、海口、邵武等 11 个县市）	厦门话
粤语方言区	广东和广西两省区、香港、澳门、海南省的少数地区以及东南亚、北美洲、澳大利亚、新西兰等华侨所在地（广州、深圳、珠海、韶关、高州、玉林、化州、南宁、钦州、北海等 88 个县市）	广州话
平话方言区	集中分布在广西桂林、柳州、南宁之间交通要道附近地区（融水、百色、阳朔、贺县等地）	未明确
客家话方言区	广东、广西、福建省西部及江西省南部地区（梅县、新竹、高雄、惠阳、韶关、惠州、长汀、宁都、桂东、浏阳等 200 个县市）	梅县话

粤方言是与普通话差异最大的方言，有着比较复杂的语音系统，主要表现在韵母和声调比较多，超出普通话的 1/3 以上。粤方言内部分歧不大。

湘方言内部没有纯粹统一的方言。因历史、地理、邻近方言的影响侵蚀和自身的发展演变，古老湘语内部逐渐出现两类既有差别又并存并用的湘语——北片湘语和南片湘语。北片湘语称为新湘语，本节叙述以长沙话为代表。新湘语的典型特征是古全浊声母清化，是一种逐渐向官话靠拢而失去古湘语传统特色的语音系统，主要分布在湘北、湘中一带少数较大城镇，如长沙、株洲、益阳、湘潭等地。南片湘语称为老湘语，本节叙述以双峰话为代表。老湘语的典型特征是古全浊声母今读浊音，是保存典型湘语本色较多的湘方言，主要分布在湖南中部、沅水南部、湘水以西和资水流域中上游一带，包括新化、双峰、湘乡、邵阳、洞口、武冈、新宁、城步、东安、零陵、祁阳及广西的全州、灌阳、资源和兴安等地。

闽方言是汉语方言中内部分歧最大，语言现象最复杂的一个方言。闽方言南北语音差别较大，但多数地区保留了上古汉语声母的特点，都有一种能区别于其他各方言的共同特点，就是“轻唇归重唇，舌上归舌头”。根据语言特点，闽方言可分为闽南、闽东、闽北、闽中和莆仙等片区。本节以具有代表性的闽南代表点厦门话，闽东代表点福州话，闽北代表点建瓯话来说明闽方言与普通话的对应关系。

（二）普通话与汉语南部方言的语音对应规律

1. 普通话与汉语南部方言的声母对应规律

（1）平翘舌音混读

汉语南部方言大部分地区都只有平舌音声母，缺少翘舌音声母，只有老湘语还保留一套翘舌音声母。

① 平翘舌不区分，都读为平舌音z，c，s，主要分布在吴方言、新湘语、赣方言、闽方言、客家方言。如上海话“资知”都读为zi，“次翅”都读为ci，“私诗”都读为si。

② 平翘舌音区分清楚，主要分布在老湘语地区。老湘语清声母分为清平舌音z，c，s和清翘舌音zh，ch，sh两套，浊声母分为清平舌音z，c，s和浊翘舌音[dʐ]、[dʑ‘]、[ʐ]两套，浊声母入声字一律读为zh，ch，sh。如双峰话“直”读为chi、“十”读为shi。

③ z，c，s与合口韵u相拼时，转读为j，q，x，主要分布在湘方言。如“猪居”，长沙话都读为ju、双峰话读为[꜀ty]，“出驱”长沙话都读为qu、双峰话都读为[꜀t‘y]，“书虚”长沙话、双峰话都读为xu。

④ 平翘舌不区分，都读为舌叶塞擦音[tʃ]，[tʃ‘]，[ʃ]，主要分布在粤方言。粤语古精、知、照三组声母合流为两套声母[tʃ]，[tʃ‘]，[ʃ]和[ts]，[ts‘]，[s]。故普通话的三套舌尖前音声母z，c，s，舌尖后音声母zh，ch，sh和舌面音声母j，q，x，在粤语中读为[tʃ]，[tʃ‘]，[ʃ]，有的地方读为[ts]，[ts‘]，[s]。

⑤ 浊声母的s和少数浊声母sh读为送气声母ch，主要分在闽方言的日常用语中，如“饲次”同音，“鼠”读为cu、“树”读为[ts‘iu^{2}]、“市”读为[ts‘i^{2}]。

⑥ 翘舌音zh，ch多读为舌尖前音d，t，即“舌上归舌头”，如厦门话、潮州话、福州话都把“知、治、持”声母读为d，t。清声母的翘舌音读为平舌音c与普通话保持一致。

普通话与南部方言平翘舌声母对应关系（见图5.9和表5.18）：

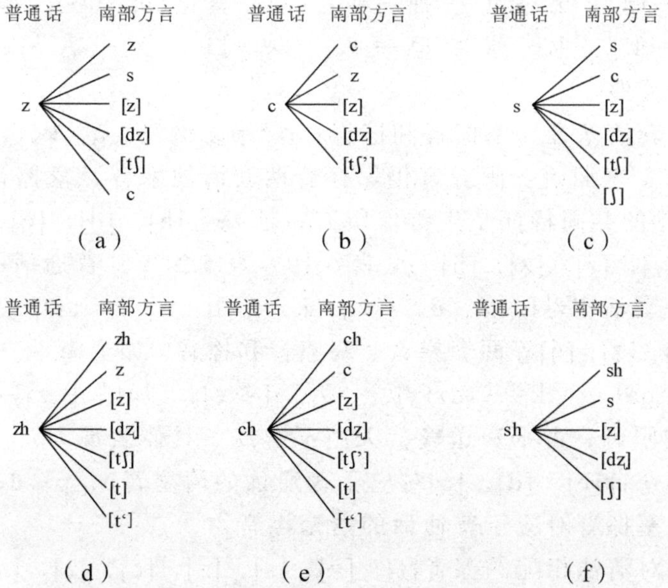

图 5.9　普通话与南部方言平翘舌声母对应关系

表 5.18　普通话与南部方言平翘舌音对照表

例词	资$_{清}$	字$_{浊}$	次$_{清}$	磁$_{浊}$	私$_{清}$	饲$_{浊}$	知$_{清}$	治$_{浊}$	痴$_{清}$	持$_{浊}$	诗$_{清}$	时$_{浊}$
普通话	ts		tsʻ		s		tʂ		tʂʻ		ʂ	
苏州	ts	z	tsʻ	z	s	z	ts	z	tsʻ	z	s	z
长沙	ts		tsʻ	ts	s		ts	ts	tsʻ	ts	s	
双峰	ts	dz	tsʻ	dz	s	dz	tʂ	dʐ	tʂʻ	dʐ	ʂ	dʐ
南昌	ts	tsʻ	tsʻ	tsʻ	s	s	ts	tsʻ	tsʻ	tsʻ	s	s
梅县	ts	s	tsʻ	tsʻ	s	tsʻ	t$_{白}$	tsʻ	tsʻ	tsʻ	s	s
广州	tʃ	tʃ	tʃʻ	tʃʻ	ʃ	tʃ	tʃ	tʃ	tʃʻ	tʃʻ	ʃ	ʃ
厦门	ts	ts	tsʻ	ts	s	tsʻ$_{白}$	t	tʻ$_{白}$	tsʻ	t$_{白}$	s	s
潮州	ts	z	tsʻ	tsʻ	s	tsʻ$_{白}$	ts$_{白}$	tʻ$_{白}$	tsʻ	tʻ	s	s
福州	ts	ts	tsʻ	ts	s	tsʻ$_{白}$	t	tʻ$_{白}$	tsʻ	tʻ	s	s
建瓯	ts	ts	tsʻ	ts	s	s	t	tʻ$_{白}$	tsʻ	tʻ	s	s

用自己的母语读下列词语，尝试把母语的声母转读为普通话声母，并总结自己母语与普通话的对应关系。

枝—子　滞—字　逐—族　舟—邹　招—遭　准—遵　宅—载　折—责
痴—磁　持—词　出—粗　抽—凑　潮—曹　沉—岑　柴—材　车—策
实—私　市—似　书—苏　兽—搜　少—扫　深—森　晒—赛　设—色

（2）清浊声母分混

普通话只有一套清塞音、塞擦音和擦音：b，p，d，t，g，k，j，q，f，r，x，但南部方言中吴方言、老湘语、闽方言仍保存着两套清浊塞音、塞擦音和擦音声母。

① 吴方言声母的共同特征是声母保留有古浊塞音[b]，[d]，[g]，古浊塞擦音和浊擦音[dz]，[dʑ]，[v]，[z]，[ʑ]，[ɦ]（见表 5.19 ~ 表 5.21）。普通话的清塞擦音和擦音在吴方言中分为一套清声母b，p，d，t，g，k，j，q，x，f，x和一套浊声母[b]，[d]，[g]，[dʑ]，[v]，[z]，[ʑ]，[ɦ]等两套塞音、塞擦音和擦音。如上海话“并”[꜀biŋ]，“定”[꜀diŋ]，“茄$_{白}$”[꜀ga]，“求”[꜀dʑiɤ]，“万”[꜀vɛ]，“时”[꜀zɿ]，“匣”[aʔ꜆]。一般浊声母只出现在阳调，古平声送气，仄声不送气。具体表现为：

第一，吴语浊塞音[b]，[d]，[g]对应于普通话的清塞音b，p，d，t，g，k。

第二，吴语浊塞擦音对应于普通话的清塞擦音。

第三，吴语四对清浊相配的擦音[f]，[v]，[s]，[z]，[ɕ]，[ʑ]，[h]，[ɦ]对应普通话的六个清擦音[f]，[s]，[ʂ]，[ʐ]，[ɕ]，[x]。

表 5.19　普通话与吴方言塞音声母对照表

例词	班$_{清}$	办$_{浊}$	普$_{清}$	蒲$_{浊}$	店$_{清}$	电$_{浊}$	通$_{清}$	同$_{浊}$	贵$_{清}$	柜$_{浊}$	亏$_{清}$	葵$_{浊}$
普通话	p		p‘		t		t‘		k		k‘	
苏州	p	b	p‘	b	t	d	t‘	d	k	g	k‘	g

表 5.20　普通话与吴方言塞擦音声母对照表

例词	轻举	匠件	丘去	墙求	糟早	字坐	醋仓	残才	朱招	助宅	处抄	成茶
普通话	tɕ		tɕ‘		ts		ts‘		tʂ		tʂ‘	
吴方言	tɕ	dʑ(z)	tɕ‘	dʑ(z)	ts	z(dʑ)	ts‘	z(dʑ)	ts	z(dʑ)	ts‘	z(dʑ)

表 5.21　普通话与吴方言擦音声母对照表

例词	夫费	附坟	三僧	墙求	少书	事食	柔软	残才	修心	邪徐	好虎	孩红
普通话	f		s		ʂ		ʐ		ɕ		x	
苏州	f	v	s		s	z	z		ɕ	ʑ	h	ɦ

② 湘语塞音和塞擦音，在新湘语中，不论平声仄声都读为不送气清声母，在老湘语中多数地区不管平声仄声，古全浊声母都读浊音（见表 5.22 和表 5.23）。

表 5.22　普通话与湘方言塞音声母对照表

例词	班$_{清}$	办$_{浊}$	普$_{清}$	蒲$_{浊}$	店$_{清}$	电$_{浊}$	通$_{清}$	同$_{浊}$	贵$_{清}$	柜$_{浊}$	亏$_{清}$	葵$_{浊}$
普通话	p		p‘		t		t‘		k		k‘	
长沙	p	p	p‘	p	t	t	t‘	t	k	k	k‘	k
双峰	p	b	p‘	b	t	d	t‘	d	k	g	k‘	g

表 5.23　普通话与湘方言塞擦音声母对照表

例词	资$_{清}$	字$_{浊}$	次$_{清}$	磁$_{浊}$	知$_{清}$	治$_{浊}$	痴$_{清}$	持$_{浊}$	记$_{清}$	忌$_{浊}$	欺$_{清}$	棋$_{浊}$
普通话	ts		ts‘		tʂ		tʂ‘		tɕ		tɕ‘	
长沙	ts		ts‘	ts	ts		ts‘	ts	tɕ		tɕ‘	tɕ
双峰	ts	dz	ts‘	dz	tʂ	dʐ	tʂ‘	dʐ	tɕ	dʑ	tɕ‘	dʑ

用自己的母语读下列词语，尝试把母语的声母转读为普通话声母，并总结自己母语与普通话的对应关系。

陪—倍　　平—并　　同—动　　图—独　　逵—跪　　狂—共

才—坐　　藏—赠　　茶—宅　　垂—直　　墙—匠　　求—就

（3）边鼻音混读

普通话只有两个鼻音声母n-和m-，并且鼻音声母n和边音声母l区分清楚。但在南部方言中，鼻音声母与普通话的对应关系比较复杂，主要有三种情况（见表5.24）：

① 边鼻音区分清楚。主要分布在粤语、闽语和客家话。

② 边鼻音混读。湘语、赣语、闽语中，一般鼻音n和边音l在细音前不混读，在洪音前都混读为边音l。如普通话读为鼻音的“脑闹挠怒奴”在赣语、湘语和闽语中读为边音。

表5.24　普通话与南部方言边鼻音对照表

<table>
<tr><td>例词</td><td>泥</td><td>年</td><td>脑</td><td>梨</td><td>连</td><td>老</td></tr>
<tr><td>普通话</td><td colspan="3">n</td><td colspan="3">l</td></tr>
<tr><td>长沙话</td><td colspan="2">ȵ</td><td colspan="4">l</td></tr>
<tr><td>双峰话</td><td colspan="2">ȵ</td><td colspan="4">l</td></tr>
<tr><td>南昌</td><td colspan="2">ȵ</td><td colspan="4">l</td></tr>
<tr><td>梅县</td><td>n</td><td>ȵ</td><td>n</td><td colspan="3">l</td></tr>
<tr><td>广州</td><td colspan="3">n</td><td colspan="3">l</td></tr>
<tr><td>厦门</td><td>n</td><td colspan="2">l（n）</td><td colspan="3">l</td></tr>
<tr><td>潮州</td><td colspan="3">n</td><td>l</td><td>l（n）</td><td>l</td></tr>
<tr><td>福州</td><td colspan="3">n</td><td colspan="3">l</td></tr>
<tr><td>建瓯</td><td colspan="3">n</td><td colspan="3">l</td></tr>
</table>

③ 鼻音声母m混读，主要分布在吴语和粤语地区。

第一，吴语有四个鼻音声母m，n，[ȵ]，[ŋ]，分别对应于普通话的两个声母[m]，[n]（见表5.25）。

表5.25　普通话与吴方言鼻音声母对照表

<table>
<tr><td>例词</td><td>门梅</td><td>问$_{白}$尾$_{白}$</td><td>难闹</td><td>年女</td><td>让$_{白}$</td><td>儿$_{白}$耳$_{白}$</td><td>误偶熬</td></tr>
<tr><td>普通话</td><td>m</td><td>ø</td><td colspan="2">n</td><td>ʐ</td><td>ɚ</td><td>ø</td></tr>
<tr><td>苏州</td><td colspan="2">m</td><td>n</td><td colspan="3">ȵ</td><td>ŋ</td></tr>
</table>

第二，粤语的古微母字和古明母字合流读为m声母。故普通话中以u开头的零声母和m声母在粤语中都读为m声母，见表5.26。

表5.26 粤方言与普通话鼻音声母对照表

例字	妈	眉	末	微	文	物
普通话	m			ø		
广州话	m					

用自己的母语读下列词语，尝试把母语的声母转读为普通话声母，并总结自己母语与普通话的对应关系。

尼—离　拟—里　逆—力　聂—列　念—恋　鸟—了　扭—柳　娘—粮

怒—陆　暖—卵　糯—烙　浓—龙　内—类　纳—腊　难—兰　囊—狼

（4）唇齿擦音与舌根擦音声母混读

南部方言的f声母和h声母普遍存在混读情况。具体表现为：

① f，h声母与合口韵拼合时混读为f，主要分布在新湘语和粤语地区。粤语的部分古溪母字也普遍读为f声母或h声母，部分古匣母合口字，读为w声母。如普通话读为k声母的“枯科宽”等字在粤语读为f声母，普通话读为k声母的“开康孔看客”等字在粤语读为h声母，普通话读为h声母的“湖华黄祸”等字在粤方言读为w声母。

② f，h声母与合口韵拼合时混读为h和[ɣ]。老湘语清声母都混读为h，浊声母都混读为[ɣ]。

③ f，h声母读为b，p。闽语没有唇齿声母f，古非敷奉声母字在口语中部分读为b、p，读书音则读为喉擦音[h]或舌根擦音h，即“清唇归重唇”，故普通话中 f 声母字在闽语中分读为b、p或[h]、h，而普通话中的h声母字，在闽语中读为[h]或h。

④ 部分古非组字在客家方言日常用语中读为“重唇音”b，p，如“符房肥”都读为p声母，“飞分粪”都读为b声母。

普通话与南部方言f，h声母对应关系如图5.10和表5.27所示：

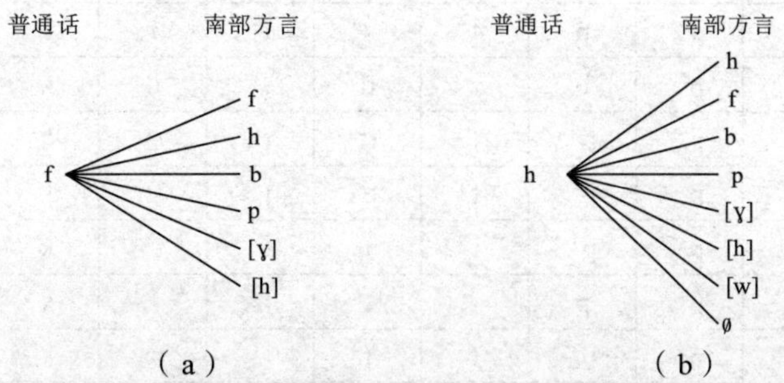

图5.10 普通话与南部方言f，h声母对应关系

表 5.27　普通话与南部方言 f 和 h 声母对照表

例字	夫$_{清}$	符$_{浊}$	呼$_{清}$	胡$_{浊}$	方$_{清}$	房$_{浊}$	飞$_{清}$	肥$_{浊}$	灰$_{清}$	回$_{浊}$
普通话	f		x		f				x	
长沙	f									
双峰	x	ɣ	x	ɣ	x	ɣ	x	ɣ	x	ɣ
南昌	f		k$_{白}$	f						
梅县	f	p'$_{白}$	f			p'$_{白}$	p	p'	f	
广州	f			w	f					w
厦门	p$_{白}$	h	k'$_{白}$	ɔ$_{白}$	p$_{白}$	p	p$_{白}$	p$_{白}$	h	
潮州	p$_{白}$	h	k'$_{白}$	ou$_{白}$	p$_{白}$	p	p$_{白}$	p	h	
福州	p$_{白}$	x	k'$_{白}$	x	p$_{白}$	p	p$_{白}$	p	x	
建瓯	x	u	x	u	p$_{白}$	p	y$_{白}$	p	x	

用自己的母语读下列词语，尝试把母语的声母转读为普通话声母，并总结自己母语与普通话的对应关系。

夫—呼　符—湖　辅—虎　负—护　非—灰　肥—回　诽—悔　废—绘

方—慌　防—皇　仿—谎　放—晃　风—烘　冯—洪　讽—哄　奉—宏

（5）送气与不送气声母混读

南部方言古清声母都分别读为今送气与不送气音声母，与普通话保持一致。送气音与不送气音的混读主要出现在古全浊声母今读塞音、塞擦音声母的发音中（见表 5.28 和表 5.29），主要有以下情况：

① 古全浊声母都读为送气清声母。

赣方言和客家方言的古全浊声母，不论平声仄声在今读塞音、塞擦音中，都读为送气清声母。普通话读为 b 的古全浊声母字，在赣语和客家话中都读为 p，故“办电柜”与“盼添亏”声母同音。

表 5.28　普通话与南部方言塞音对照表

例词	班$_{清}$	办$_{浊}$	普$_{清}$	蒲$_{浊}$	店$_{清}$	电$_{浊}$	通$_{清}$	同$_{浊}$	贵$_{清}$	柜$_{浊}$	亏$_{清}$	葵$_{浊}$
普通话	p		p'		t		t'		k		k'	
苏州	p	b	p'	b	t	d	t'	d	k	g	k'	g
长沙	p	p	p'	p	t	t	t'	t	k	k	k'	k
双峰	p	b	p'	b	t	d	t'	d	k	g	k'	g
南昌	p	p'	p'	p'	t	t'	t'	t'	k	k'	k'	k'
梅县	p	p'	p'	p'	t	t'	t'	t'	k	k'	k'	k'
广州	p	p	p'	p'	t	t	t'	t'	k	k	k'	k'
厦门	p	p	p'	p	t	t	t'	t	k	k	k'	k'
潮州	p	p'	p'	p'	t	t	t'	t'	k	k	k'	k'
福州	p	p	p'	p	t	t	t'	t	k	k	k'	k
建瓯	p	p	p'	p'	t	t	t'	t'	k	k	k'	k

表 5.29　普通话与南部方言塞擦音对照表

<table>
<tr><td>例词</td><td>资清</td><td>字浊</td><td>次清</td><td>磁浊</td><td>知清</td><td>治浊</td><td>痴清</td><td>持浊</td><td>记清</td><td>忌浊</td><td>欺清</td><td>棋浊</td></tr>
<tr><td>普通话</td><td colspan="2">ts</td><td colspan="2">tsʻ</td><td colspan="2">tʂ</td><td colspan="2">tʂʻ</td><td colspan="2">tɕ</td><td colspan="2">tɕʻ</td></tr>
<tr><td>苏州</td><td>ts</td><td>z</td><td>tsʻ</td><td>z</td><td>ts</td><td>z</td><td>tsʻ</td><td>z</td><td>tɕ</td><td>dʑ</td><td>tɕʻ</td><td>dʑ</td></tr>
<tr><td>长沙</td><td colspan="2">ts</td><td>tsʻ</td><td>ts</td><td colspan="2">ts</td><td>tsʻ</td><td>ts</td><td colspan="2">tɕ</td><td>tɕʻ</td><td>tɕ</td></tr>
<tr><td>双峰</td><td>ts</td><td>dz</td><td>tsʻ</td><td>dz</td><td>tʂ</td><td>dʐ</td><td>tʂ’</td><td>dʐ</td><td>tɕ</td><td>dʑ</td><td>tɕʻ</td><td>dʑ</td></tr>
<tr><td>南昌</td><td>ts</td><td colspan="3">tsʻ</td><td>ts</td><td colspan="3">tsʻ</td><td colspan="2">tɕ</td><td>tɕʻ</td><td>tɕʻ</td></tr>
<tr><td>梅县</td><td>ts</td><td>s</td><td colspan="2">tsʻ</td><td>t 白</td><td colspan="3">tsʻ</td><td colspan="2">k</td><td colspan="2">kʻ</td></tr>
<tr><td>广州</td><td colspan="2">tʃ</td><td colspan="2">tʃʻ</td><td colspan="2">tʃ</td><td>tʃʻ</td><td>tʃʻ</td><td colspan="2">k</td><td>h</td><td>kʻ</td></tr>
<tr><td>厦门</td><td colspan="2">ts</td><td>tsʻ</td><td>ts</td><td>t</td><td>tʻ 白</td><td>tsʻ</td><td>t 白</td><td>k</td><td>kʻ 白</td><td>kʻ</td><td>k</td></tr>
<tr><td>潮州</td><td>ts</td><td>z</td><td colspan="2">tsʻ</td><td>ts 白</td><td>tʻ 白</td><td>tsʻ</td><td>tʻ</td><td>k</td><td>kʻ 白</td><td>kʻ</td><td>k</td></tr>
<tr><td>福州</td><td colspan="2">ts</td><td>tsʻ</td><td>ts</td><td>t</td><td>tʻ 白</td><td>tsʻ</td><td>tʻ</td><td colspan="2">k</td><td>kʻ</td><td>kʻ</td></tr>
<tr><td>建瓯</td><td colspan="2">ts</td><td>tsʻ</td><td>ts</td><td>t</td><td>tʻ 白</td><td>tsʻ</td><td>tʻ</td><td colspan="2">k</td><td>kʻ</td><td>kʻ</td></tr>
</table>

② 古全浊声母都读为不送气声母，主要分布在吴方言、湘方言、闽方言地区。

闽方言、新湘语的古全浊声母不论平声仄声在今读塞音、塞擦音中，多读为不送气浊声母。故普通话读为p，t，k，c，ch，q的声母在闽方言和新湘语读为b，d，g，z，j，故“蒲同葵磁持棋”等字与“办电柜字治忌”声母同音。

吴方言、老湘语的古全浊声母不论平声仄声在今读塞音、塞擦音中，多读为不送气浊声母，故普通话读为p，t，k，c，ch，q的声母在闽方言和新湘语读为[b]，[g]，[z]，[dz]，[dʐ]，[dʑ]。

用自己的母语读下列词语，尝试把母语的声母转读为普通话声母，并总结自己母语与普通话的对应关系。

枝—子　滞—字　逐—族　舟—邹　招—遭　准—遵　宅—载　折—责
痴—磁　持—词　出—粗　抽—凑　潮—曹　沉—岑　柴—材　车—策
实—私　市—似　书—苏　兽—搜　少—扫　深—森　晒—赛　设—色

（6）舌面前声母与舌根声母分混

普通话古见组和精组细音已完成腭化，全部读为j，q，x。故普通话没有“尖音”，只有团音。但在南部部分方言，古见组和精组细音仍保持舌根音g，k及喉音[h]与舌尖前音z，c，s相拼合的发音，出现舌面前声母与舌根声母混读现象。

① 客家方言古见组和精组细音仍保持舌根音及喉音g，k，[h]和舌尖前音z，c，s的读音（见表 5.30）。

表 5.30　普通话与客家方言舌面音与舌根音对照表

例字	记见清	忌群浊	际精清	剂从浊	欺溪清	棋群浊	妻清清	齐从浊	希晓清	系匣浊	细心清	席邪浊
普通话	tɕ				tɕʻ				ɕ			
南昌	tɕ				tɕʻ				ɕ			tɕʻ白
梅县	k		ts		kʻ		tsʻ		h		s	tsʻ白

② 粤语古见组字不论洪细一律读为舌根塞音及喉擦音。故普通话中部分读为j，q，x的音，在粤语中都读为g，k，h；而粤语中发为j，q，x的音实际音值为[tʃ]，[tʃʻ]，[ʃ]（见表 5.31）。

表 5.31　普通话与粤方言舌面音与舌根音对照表

例字	记见清	忌群浊	际精清	剂从浊	欺溪清	棋群浊	妻清清	齐从浊	希晓清	系匣浊	细心清	席邪浊
普通话	tɕ				tɕʻ				ɕ			
广州	k		tʃ		h	kʻ	tʃʻ		h		ʃ	tʃ

③ 闽方言古精组字与古见组字未合流，故普通话的j，q，x声母在闽语中古精组字读为z，c，s，[ɬ]，古见组字读为g，k，h，[h]（见表 5.32）。

表 5.32　普通话与闽方言舌面音与舌根音对照表

例字	记见清	忌群浊	际精清	剂从浊	欺溪清	棋群浊	妻清清	齐从浊	希晓清	系匣浊	细心清	席邪浊
普通话	tɕ				tɕʻ				ɕ			
厦门	k	kʻ白	ts		kʻ	k	tsʻ	ts	h		ɬ	tsʻ白
潮州	k	kʻ白	ts		kʻ	k	tsʻ		h	x	s	
福州	k		ts		kʻ	k	tsʻ	ts	x	x	s	tsʻ白
建瓯	k		ts		kʻ	k	tsʻ	ts	x		s	

用自己的母语读下列汉字，尝试把母语的声母转读为普通话声母，并总结自己母语与普通话的对应关系。

阶—接　界—借　解—姐　届—竭　戒—睫　皆—揭　角—矫　交—娇

觉—较　扛—抗　敲—悄　巷—像　鞋—邪　鞋—协　蟹—泄　项—向

（7）零声母混读

南部方言零声母混读主要表现在以下方面（见表 5.33）：

① 赣语一般在开口呼零声母前加读鼻音[ŋ]，在齐齿呼和撮口呼零声母前加读鼻音[ȵ]。

② 粤语的零声母混读分三种情况：

第一，开口呼零声母与普通话发音保持一致，如“啊哀欧”都读为零声母。

第二，大多数地区零声母前加[ŋ]声母。普通话的“我牙瓦爱安”在粤语中都读为[ŋ]声母。

第三，有声母字大都读为[j]声母。如普通话中的有声母音节“日热人荣虐”和零声母音节“业有元”在粤语中都混读为半元音声母[j]。

第四，大多数地区有w声母。普通话的零声母音节“为云遗”和有声母音节“胡荣”在粤语中都混读为半元音声母w。

表 5.33　普通话与南部方言零声母对照表

例字	爱	业	有	元	未	五
普通话	ø					
长沙	ŋ	ȵ	ø	ø	ø	
双峰	ŋ$_{\text{白}}$	ȵ$_{\text{白}}$	ø	ø		ø
南昌	ŋ	ȵ	ø	ȵ$_{\text{白}}$	ø	ŋ$_{\text{白}}$
梅县	ø	ȵ	ø	ȵ	v	ŋ
广州	ø	j			m	ŋ
厦门	ø	g	ø	g	b	g$_{\text{白}}$
潮州	ø	ŋ	ø	ŋ	b	ŋ
福州	ø	ŋ	ø	ŋ	m	ŋ
建瓯	ø	ŋ	ø	ŋ	m	ŋ

用自己的母语读下列词语，尝试把母语的声母转读为普通话声母，并总结自己母语与普通话的对应关系。

哀　矮　暗　欧　恩　恶　扼　永
衣　夜　鸭　友　饮　运　雨　欲
员　育　蛙　乌　位　王　握　屋

2. 普通话与南部方言的韵母对应规律

南部方言的韵母与普通话的对应关系比较复杂，如闽方言存在双韵尾现象。粤方言大多数地区复合韵母、鼻音尾韵母、塞音尾韵母中元音[a]有长短之别，长元音音值为[aː]，短元音音值为[ɐ]；有圆唇元音[œ]、[ø]以及以[œ]，[ø]为主要元音的一系列韵母；没有舌尖元音；有自成音节的声化韵母[m̩]，[ŋ̍]。但总的来说，南部方言在复韵母的单元音化、韵母的鼻化、古阳声韵鼻音韵尾的分派、古入声塞音韵尾的存留等方面具有较明显的特点。

（1）复元音的单元音化

南部方言大部分地区普遍存在复韵母单元音化的倾向。

①吴方言复韵母单音化的现象最为突出。如普通话中的ei，uei，ie，er等韵在吴方言中读为i韵，普通话的ia，ua，ai等韵在吴方言读为o韵或[ɒ]韵，普通话的ou，iou，ao等韵在吴方言读为[Y]韵或[ɑ]韵（见表 5.34～表 5.37）。

表 5.34　普通话与吴方言复韵母对照表 1

例字	卑	追	抬	规	揣	报	敲	表	绕
普通话	꜀pei	꜀tsuɛi	꜁t'ai	꜀kuɛi	꜀ts'uai	pɑu꜄	꜀tɕ'iɑ u	꜂piɑu	ʐɑu꜄
苏州	꜀pE	꜀tsE	꜁dE	꜀kuE	꜂ts'E	pæE	꜀kæ 白	꜂piæ	ȵiæ꜅

表 5.35　普通话与吴方言复韵母对照表 2

例字	偷	酒	茂	浮	者	救	谋
普通话	꜀t'əu	꜂tɕiəu	mɑu꜄	꜁fu	꜂tʂY	tɕiəu꜄	꜁məu
苏州	꜀t'Y	꜂tsY	mY꜅	꜁vY	꜂tsY	tɕiY꜄	꜁mɤ

表 5.36　普通话与吴方言复韵母对照表 3

例字	晒	华	夏	被	些	火	白
普通话	sai꜄	꜁xuA	ɕiA꜄	pei꜄	꜀ɕie	꜂xuo	꜁pai
苏州	so꜄	꜀ho	ɦo꜅	bi꜅	꜀si	꜂həu	bɑʔ꜄

表 5.37　普通话与吴方言复韵母对照表 4

例字	傻	家	抓	街	太	扯	佳	写	娃	怪
普通话	꜂ʂA	꜀tɕiA	꜀tʂuA	꜀tɕiɛ	t'ai꜄	꜂ts'ɤ	꜀tɕiA	꜂ɕiɛ	꜀uɑ	kuai꜄
苏州	꜂sɒ	꜀kɒ	꜀tsɒ	꜀kɒ	t'ɒ꜄	꜂ts'ɒ	꜀tɕiɒ	꜂siɒ	꜀uɒ	kuɒ꜄

② 南部各方言都存在单元音化倾向。

南部方言几乎所有方言或多或少地存在单音化现象。

普通话与南部方言复韵母对应关系（见图 5.11 和表 5.38）：

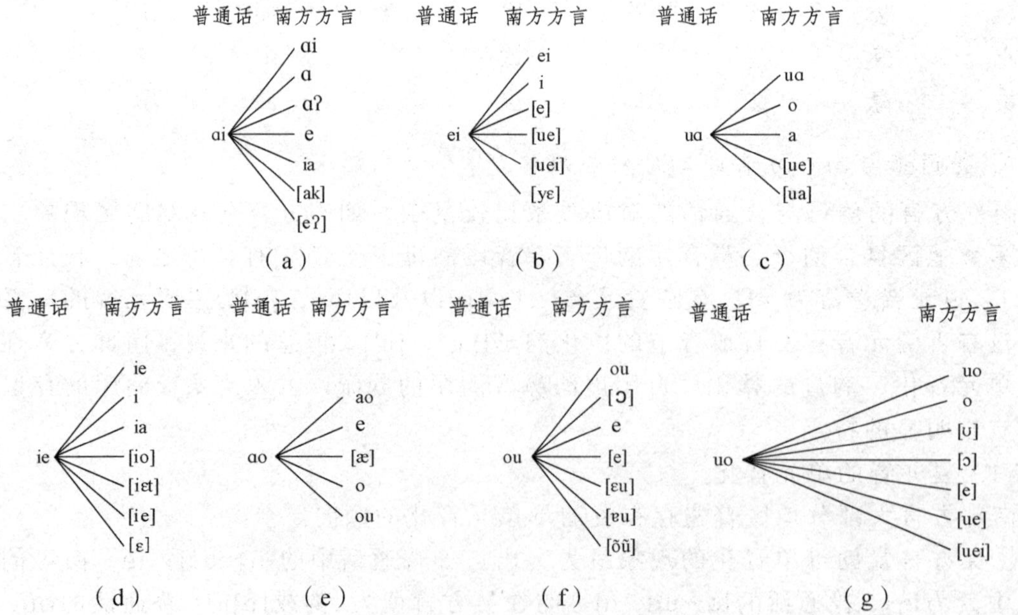

图 5.11　普通话与南部方言复韵母对应关系

表 5.38 普通话与南部方言复韵母对照表

例字	白	被	华	些	报	谋	火
普通话	꜁pai	pei꜄	꜁xuʌ	꜀ɕiɛ	pau꜄	꜁məu	꜂xuo
苏州	bɑʔ꜇	bi꜅	꜀ho	꜀si	pæ꜄	꜁mɤ	꜂həu
长沙	pɤ꜆	pei꜅	꜀fa	꜀ɕia	pau꜄	꜁məu	꜂xo
双峰	꜁pia白	bi꜅	꜀xo	꜀ɕio	pɤ꜄	꜁me	꜂xʊ
南昌	p‘ak꜇	p‘i꜅	꜀fa	ɕiɛt꜆	pau꜄	mɛu꜄	꜂fɔ
梅县	p‘ak꜇	꜀p‘i	꜀fa	꜀sia	pau꜄	꜁mɛu	꜂fɔ
广州	pak꜇	꜃p‘ei	꜀fa	꜀ʃɛ	pou꜄	꜁mɐu	꜂fɔ
厦门	peʔ꜇	p‘e꜅	꜀hue	꜀sia	po꜄	꜁bɔ	꜂he
潮州	peʔ꜇	꜀p‘ue	꜀hue	꜀se	po꜄	꜁mõũ	꜂hue
福州	paʔ꜇	p‘uei꜅	꜀xua	꜀sie	po꜄	꜁mɛu	꜂huei
建瓯	pa꜇	p‘yɛ꜅	꜀xua	꜀siɛ	pau꜄	꜁me	꜂xo

用自己的母语读下列词语，尝试把母语的韵母转读为普通话韵母，并总结自己母语与普通话的对应关系。

柏—白　豺—采　海—害　矮—癌　卑—背　配—佩　非—肥　税—睡

刮—挂　花—划　挖—瓦　刷—要　爹—跌　捏—孽　窃—茄　屑—械

枣—凿　扰—绕　奥—傲　斗—豆　帚—轴　吼—喉　锅—郭　货—活

（2）鼻音韵尾分混

以-m，-n，-[ŋ]为韵尾的古阳声韵在普通话中仅留存前鼻韵尾-n 和后鼻韵尾-[ŋ]，所以普通话前后鼻韵母区分清楚。但在南部各方言中，古阳声韵的分混却有不同（见表 5.39）。

① 古阳声韵全部归入-n 韵，主要分布在新湘语、赣方言区，如长沙话、南昌话没有-m 和-[ŋ]韵尾，前后鼻韵母都混读为前鼻韵。故“谈山”“心清”“真争”同韵。

② 古阳声韵全部归入-[ŋ]韵，主要分布在闽方言的闽东和闽北方言区。如在福州话、建瓯话中“谈山心清真争”都读为后鼻韵尾。

③ 部分保留古-m，-n 和-[ŋ]韵尾，部分鼻韵尾消失，韵腹鼻化，如老湘语、闽语都有丰富的鼻化韵。

④ 保存了古阳声韵的-m，-n 韵尾，-[ŋ]韵尾消失，主要分布在客家方言。

⑤ 完整保存了古阳声韵的-m，-n，-[ŋ]韵尾，主要分布在粤语。

表 5.39　普通话与南部方言阳声韵对照表

例字	谈$_{-m}$	心$_{-m}$	山$_{-n}$	真$_{-n}$	争$_{-ŋ}$	清$_{-ŋ}$
普通话	꜁t‘an	꜀ɕin	꜀ʂan	꜀tʂən	꜀tʂəŋ	꜀tɕ‘iŋ
苏州	꜁dᴇ	꜀sin	꜀sᴇ	꜀tsən	꜀tsən	꜀ts‘in
长沙	꜁tan	꜀ɕin	꜀san	꜀tsən	꜀tsən	꜀tɕ‘in
双峰	꜁dæ̃	꜀ɕiɛn	꜀ʂæ̃	꜀tiɛn	꜀tsæ̃	꜀tɕ‘iɑŋ
南昌	꜁t‘an	꜀ɕin	꜀san	꜀tsən	꜀tsɛn	꜀tɕ‘in
梅县	꜁t‘am	꜀sim	꜀sam	꜀tsən	꜀tsɛn	꜀ts‘in
广州	꜁t‘am	꜀ʃɐm	꜀ʃan	꜀tʃɐn	꜀tʃɐŋ	꜀tʃ‘ɪŋ
厦门	꜁tã	꜀sim	꜀sam	꜀tsin	꜀tʃaŋ	꜀ts‘ɪŋ
潮州	꜁t‘am	꜀sim	꜀sũã	꜀tsiŋ	꜀tsẽ	꜀ts‘eŋ
福州	꜁taŋ	꜀siŋ	꜀saŋ	꜀tsiŋ	꜀tseiŋ	꜀ts‘iŋ
建瓯	꜂t‘aŋ	꜀seiŋ	꜀suɪŋ	꜀tseiŋ	꜀tsaiŋ	꜀ts‘eiŋ

用自己的母语读下列词语，尝试把母语的韵母转读为普通话韵母，并总结自己母语与普通话的对应关系。

甘$_{-m}$—肝$_{-n}$　闪$_{-m}$—散$_{-n}$　南$_{-m}$—难$_{-n}$　帆$_{-m}$—藩$_{-n}$　咸$_{-m}$—闲$_{-n}$　严$_{-m}$—雁$_{-n}$
坛$_{-n}$—堂$_{-ŋ}$　然$_{-n}$—让$_{-ŋ}$　算$_{-n}$—爽$_{-ŋ}$　冠$_{-n}$—逛$_{-ŋ}$　捐$_{-n}$—将$_{-ŋ}$　恋$_{-n}$—梁$_{-ŋ}$
林$_{-m}$—玲$_{-ŋ}$　禁$_{-m}$—敬$_{-ŋ}$　宾$_{-n}$—炳$_{-ŋ}$　饮$_{-m}$—英$_{-ŋ}$　勤$_{n}$—庆$_{-ŋ}$　贫$_{n}$—瓶$_{-ŋ}$
沈$_{-m}$—生$_{-ŋ}$　任$_{-m}$—仍$_{-ŋ}$　痕$_{-n}$—恒$_{-ŋ}$　臻$_{-n}$—征$_{-ŋ}$　笨$_{-n}$—朋$_{-ŋ}$　芬$_{-n}$—风$_{-m}$

（3）撮口韵与齐齿韵混读

吴方言撮口韵与齐齿韵混读，一般把普通话的 ü 韵读为 i 韵，如“取岂”同音，“云银”同音（见表 5.40）。

表 5.40　普通话与南部方言 i 和 ü 韵母对照表

例字	臂	取	区	些	学	银	云
普通话	pi꜄	꜂tɕ‘y	꜀tɕ‘y	꜀ɕiɛ	꜁ɕyɛ	꜁in	꜁yn
苏州	pi꜄	꜂ts‘i	꜀tɕ‘y	꜀si	ɦoʔ꜇	꜁ȵin	꜁jyn
长沙	pei꜄	꜂tɕ‘i	꜀tɕ‘y	꜀ɕia	ɕio꜇	꜁ȵin	꜁yn
双峰	pi꜄	꜂tɕ‘y	꜀t‘y	꜀ɕio	xʊ꜄	꜁ȵiɛn	꜁yɛn
南昌	pit꜅	꜂tɕ‘y	꜀tɕ‘y	ɕiɛt꜅	hɔk꜇	ȵin꜄	yn꜄
梅县	꜂pi	꜂ts‘i	꜀k‘y	꜀sia	hɔk꜇	꜁ȵiun	꜁iun
广州	pei꜄	꜂tʃ‘øy	꜀k‘øy	꜀ʃɛ	hɔk꜇	꜁ŋɐn	꜁wɐn
厦门	pi꜄	꜂ts‘iu	꜀k‘u	꜀sia	oʔ꜇	꜁gun	꜁hun
潮州	pi꜄	꜂ts‘u	꜀k‘u	꜀se	oʔ꜇	꜁ŋɯŋ	꜁huŋ
福州	pie꜄	꜂tɕ‘y	꜀k‘y	꜀sie	oʔ꜇	꜁ŋyŋ	꜁xuŋ
建瓯	pi꜅	꜂ts‘iu	꜀k‘y	꜀siɛ	o꜇	ŋœyŋ꜄	꜂œyn

用自己的母语读下列词语，尝试把母语的韵母转读为普通话韵母，并总结自己母语与普通话的对应关系。

济—锯　寂—巨　七—趋　奇—渠　吸—需　习—徐　泥—女　力—绿

捏—虐　猎—略　接—掘　杰—绝　切—缺　茄—却　歇—靴　邪—穴

业—岳　筋—君　仅—俊　侵—群　勤—裙　信—训　阴—云　吟—韵

（4）入声韵存留

普通话入声韵已全部转为舒声韵，南部方言较一致的是都保留了入声调和部分塞音韵尾。南部各方言古入声韵的-p，-t，-k塞音尾的存留状况有不同（见表5.41）。

① 全部保留古入声韵的-p，-t，-k塞音尾，主要分布在粤方言、客家方言。

② 部分保留古入声韵的塞音尾，主要分布在赣方言和闽南方言。赣方言保留-t，-k塞音尾，部分并入舒声韵；闽南话保留-p，-k塞音尾，部分并入-[ʔ]喉塞音尾，部分并入舒声韵。

③ 古入声韵全部合并为喉塞音韵尾。以吴方言较为突出，全部并入喉塞音尾；闽东话大部分并入喉塞音韵尾。

④ 全部或部分转入舒声韵。湘方言塞音韵尾全部消失，都合并为开韵尾；闽北话塞音尾全部并入舒声韵，闽南话和闽东话部分并入舒声韵或喉塞音尾，部分并入舒声韵。

表5.41　普通话与南部方言入声韵对照表

例字	合 -p	腊 -p	夺 -t	骨 -t	菊 -k	席 -k
普通话	꜁xɤ	la꜆	꜁tuo	꜂ku	꜁tɕy	꜁ɕi
苏州	ɦɤʔ꜇	laʔ꜇	dɤʔ꜇	kuɤʔ꜆	tɕioʔ꜆	ziɪʔ꜇
长沙	xo꜆	la꜇	to꜆	ku꜆	tɕy꜆	ɕi꜇
双峰	xua꜄	꜀la	꜁tua	꜂kəu	꜀ty	tɕʻio꜄
南昌	hɔt꜇	꜀la	tʻɔi꜇	kut꜆	꜀tɕy	tɕʻiak꜇
梅县	hap꜇	꜀la	tʻɔi꜇	kut꜆	꜀ki	tɕʻiak꜇
广州	hɐp꜇	꜀lai	tyt꜇	kuɐt꜆	꜀køy	tʃɛk꜇
厦门	hɐp꜇	laʔ꜇	tuaʔ꜇	kut꜆	꜀ku	tsʻioʔ꜇
潮州	haʔ꜇	꜀la	toʔ꜇	kuk꜆	꜀kɯ	siaʔ꜇
福州	xaʔ꜇	laʔ꜇	touʔ꜇	kauʔ꜆	꜀ky	tsʻuɔʔ꜇
建瓯	xɔ꜆	la꜇	tɔ꜆	ko꜆	ky꜅	si꜅

用自己的母语读下列词语，尝试把母语的韵母转读为普通话韵母，并总结自己母语与普通话的对应关系。

-p：答　吸　什　叠　磕　甲　合　业　睫　给　还　湿

-t：勃　滑　突　没　笔　佛　穴　撇　八　割　橘　粤

-k：刻　麦　值　踢　肉　毒　学　笛　鹤　卓　赐　旭

3. 南部方言与普通话的声调对应规律

普通话有四个声调，入声调分别归入阴平、阳平、上声和去声调。南部方言声调复杂。阴平、阳平的分派与普通话保持一致，上声分派各有不同，去声分阴阳，最大的差异是各方言都保留了 1 ~ 3 个入声调，其中大部分方言有 2 个入声调（见表 5.42、5.43）：

表 5.42　普通话与南部汉语方言声调差异对照表

例字	普通话声调	方言调值差异及分布	方言调型差异及分布
天	阴平[55] 高平调	[44]苏州、梅县、福州 [33]长沙 [11]太原	降调：[31]绍兴　[41]南宁 [42]南昌　[53]广州、上海 [54]玉林
平	阳平[35] 中升调	[24]上海、南昌、厦门 [13]长沙 [15]绍兴	降调：[52]福州　[21]广州、南宁 [32]玉林 平调：[11]梅县
古 老	上声[214] 降升调	[213]南昌	平调：[33]上海、南宁阴上、玉林阴上 降调：[52]苏州　[53]太原 [51]厦门　[41]长沙 [31]梅县、福州 升调：[24]南宁阳上　[23]玉林阳上
近 放 大	去声[51] 高降调	[41]长沙 [21]玉林阳去 [31]苏州阳去、绍兴阳去、梅县、福州 [52]玉林阴去	平调：[55]南宁阴去　[11]厦门阴去 [33]上海、厦门阳去、广州阴去 [22]广州阳去、南宁阳去 升调：[45]太原 降升调：[412]苏州阴去　[242]福州阳去 [213]南昌、福州阴去

表 5.43　南部汉语方言声调分布表

<table>
<tr><th rowspan="2">方言区</th><th rowspan="2"></th><th colspan="2">平声</th><th colspan="3">上声</th><th colspan="2">去声</th><th colspan="4">入声</th><th rowspan="2">声调数</th></tr>
<tr><th>天</th><th>平</th><th>古</th><th>老</th><th>近</th><th>放</th><th>大</th><th>急</th><th>各</th><th>六</th><th>杂</th></tr>
<tr><td>晋方言区</td><td>太原</td><td colspan="2">平声 11</td><td colspan="2">上声 53</td><td colspan="3">去声 45</td><td colspan="3">阴入 2</td><td>阳入 54</td><td>5</td></tr>
<tr><td>吴方言区</td><td>苏州</td><td>阴平 44</td><td>阳平 13</td><td>上声 52</td><td>归阳去</td><td colspan="2">阴去 412</td><td>阳去 31</td><td colspan="2">阴入 5</td><td colspan="2">阳入 2</td><td>7</td></tr>
<tr><td>湘方言区</td><td>长沙</td><td>阴平 33</td><td>阳平 13</td><td colspan="2">上声 41</td><td colspan="2">阴去 45</td><td>阳去 21</td><td colspan="4">入声 24</td><td>6</td></tr>
<tr><td>赣方言区</td><td>南昌</td><td>阴平 42</td><td>阳平 24</td><td colspan="2">上声 213</td><td colspan="2">阴去 55</td><td>阳去 31</td><td colspan="4">入声 5</td><td>6</td></tr>
<tr><td>客家方言区</td><td>梅县</td><td>阴平 44</td><td>阳平 11</td><td colspan="2">上声 31</td><td colspan="3">去声 52</td><td colspan="2">阴入 21</td><td colspan="2">阳入 5</td><td>6</td></tr>
<tr><td rowspan="2">闽方言区</td><td>福州</td><td>阴平 44</td><td>阳平 52</td><td colspan="2">上声 31</td><td>阳去 242</td><td>阴去 213</td><td>阳去 242</td><td colspan="2">阴入 23</td><td colspan="2">阳入 4</td><td>7</td></tr>
<tr><td>厦门</td><td>阴平 55</td><td>阳平 24</td><td colspan="2">上声 51</td><td>阳去 33</td><td>阴去 11</td><td>阳去 33</td><td colspan="2">阴入 32</td><td colspan="2">阳入 5</td><td>7</td></tr>
<tr><td>粤方言区</td><td>广州</td><td>阴平 53</td><td>阳平 21</td><td>阴上 35</td><td colspan="2">阳上 13</td><td>阴去 33</td><td>阳去 22</td><td>上阴入 55</td><td>下阴入 33</td><td colspan="2">阳入 22</td><td>9</td></tr>
</table>

（1）调值差异

① 普通话阴平[55]调值，苏州话、梅县话和福州话为[44]，长沙话为[33]，调值偏低。

② 普通话阳平[35]调值，上海话、南昌话、厦门话调值为[24]，长沙话为[13]，属低升调。

③ 普通话上声[214]调值，南昌话为[213]，较为接近。

④ 普通话去声[51]调值，长沙话、玉林话、苏州话、绍兴话、梅县话、福州话多为低降调值。

（2）调型差异

① 普通话的平调，吴方言、赣方言、粤方言、闽方言多为降调。

② 普通话的升调，闽方言、粤方言、客家方言多为降调或平调。

③ 普通话的降升调，各方言分别读为平调、降调或声调。

④ 普通话的高降调，各方言普遍读为平调、升调或降升调。

（3）入声调差异

① 吴方言、客家方言、闽方言都保留两个入声调，阴入多为低降调，阳入多为短促调值。

② 湘方言、赣方言保留一个入声调，湘方言为低升调，赣方言为短促调值。

③ 粤方言保留三个入声调，都为平调。

用自己的母语读下列词语，尝试把母语的声调转读为普通话声调，并总结自己母语与普通话的对应关系。

多	沙	瓜	输	飞	圆	毛	楼	年	咸
火	写	打	买	网	近	半	炭	问	换
湿	说	急	直	尺	笔	铁	肉	六	热

四、贵州汉语方言语音辨正

（一）贵州汉语方言分布及主要语音特点

贵州汉语方言属北方方言西南官话贵州方言片区，内部可划分为川黔方言、黔东南方言、黔南三个方言片，在各方言片间有一个融汇各方言特点的过渡方言片区（见表5.44）。贵州方言语音总的特点是：

（1）声母不分平翘舌，z，c，s与zh，ch，sh不对立；

（2）非组f和晓组h部分地区出现混读，f，h声母与合口呼韵母拼合普遍存在混读；

（3）基本不分尖团，即古精组声母与见晓组声母在今细音前无分别，读音相同；

（4）曾梗摄舒声跟深臻摄舒声开口字韵母相混，读前鼻音n韵尾；曾梗两摄与通摄韵母在唇音声母的后面，多读[oŋ]；

（5）[o]韵母字较多，中古果摄见系一等字在普通话读[uo],一般读作[o],咸山摄开口一等、宕摄开口一等、江摄开口二等和宕摄开口三等的入声字，一般读作[o]，[io]。

（6）基本保持四声调的分布格局，古平声分为阴平、阳平。入声消失的地区，古入声都归入阳平；保留入声地区，古入声独立成调，无塞音尾。

表 5.44　贵州汉语方言分布表

次方言区	方言小片	分布区域	代表语点
川黔方言区	黔北片	铜仁地区（铜仁、松桃、万山、江口、印江、沿河、德江、思南、石阡等县市）。遵义地区（遵义、道真、务川、凤冈、绥阳、正安、湄潭、余庆、仁怀、习水、赤水、桐梓等县市） 毕节地区（毕节、金沙、黔西、织金、纳雍、赫章、威宁、大方等县市） 六盘水地区（水城特区） 贵阳地区（开阳、息烽、修文等县市） 黔南布依族苗族自治州（瓮安县）	毕节话
	黔中片	贵阳地区（贵阳、白云、清镇、乌当、花溪等县市） 安顺地区（安顺、普定、镇宁、关岭、紫云、平坝等县市） 黔西南布依族苗族自治州（兴义、普安、晴隆、兴仁、贞丰、安龙、册亨、望谟等县市） 六盘水地区（六枝特区、盘县特区）	贵阳话
黔东南方言区	榕锦片	榕江、从江、黎平、锦屏、天柱等县市	镇远话
	镇台片	镇远、玉屏、岑巩、三穗、剑河、台江等县市	
黔南方言区	都平片	都匀、丹寨、独山、平塘、三都等县市	都匀话
	凯麻片	凯里、麻江、雷山等县市	
	荔波片	荔波县	
过渡区		施秉、黄平、福泉、贵定、龙里、惠水、长顺、罗甸县	贵定话

（二）普通话与贵州汉语方言的语音对应规律

1. 普通话与贵州方言的声母对应规律

（1）平翘舌声母混读

① 贵州汉语方言只有平舌音没有翘舌音，翘舌音全部并入平舌音（见表 5.45）。

② 部分地区古通合摄一、三等精见组入声字声母读为舌面音j，q，x，主要分布在川黔方言区。故普通话“足族俗”等字，在贵阳话、毕节话中读为[tɕiu]，[tɕ’iu]，[ɕiu]。

表 5.45　普通话与贵州方言平翘舌声母对照表

例词	资$_{清}$	族$_{浊}$	次$_{清}$	粗$_{清}$	磁$_{浊}$	私$_{清}$	俗$_{浊}$	知$_{清}$	住$_{浊}$	痴$_{清}$	除$_{浊}$	诗$_{清}$	树$_{浊}$
普通话	tsɿ	tsu	ts‘ɿ	ts‘u	ts‘ɿ	sɿ	su	tʂʅ	tʂu	tʂ‘ʅ	tʂ‘u	ʂʅ	ʂu
贵阳	tsɿ	tɕ‘iu	ts‘ɿ	ts‘u	ts‘ɿ	sɿ	ɕu	tsɿ	tsu	ts‘ɿ	ts‘u	sɿ	su
毕节	tsɿ	tɕ‘u	ts‘ɿ	ts‘u	ts‘ɿ	sɿ	ɕiu	tsɿ	tsu	ts‘ɿ	ts‘u	sɿ	su
镇远	tsɿ	ts‘u	ts‘ɿ	ts‘u	ts‘ɿ	sɿ	su	tsɿ	tsu	ts‘ɿ	ts‘u	sɿ	su
都匀	tsɿ	ts‘əu	ts‘ɿ	ts‘əu	ts‘ɿ	sɿ	səu	tsɿ	tsu	ts‘ɿ	ts‘u	sɿ	su
贵定	tsɿ	ts‘u.	ts‘ɿ	ts‘u	ts‘ɿ	su	su	tsɿ	tsu	ts‘ɿ	ts’‘u	sɿ	su

用自己的母语读下列词语，尝试把母语的声母转读为普通话声母，并总结自己母语与普通话的对应关系。

枝—子　滞—字　逐—族　舟—邹　招—遭　准—遵　宅—载　折—责

痴—磁　持—词　出—粗　抽—凑　潮—曹　沉—岑　柴—材　车—策

实—私　市—似　书—苏　兽—搜　少—扫　深—森　晒—赛　设—色

（2）边鼻音声母混读

贵州方言边鼻音普遍存在混读，各地区混读情况如下（见表 5.46）：

① n，l声母混读为l声母，主要分布在川黔方言区和过渡方言区。如毕节话、贵定话n和l不分，全部读为l声母；贵阳话l声母与开口韵拼合时读为鼻音声母n。

② n，l声母混读为n声母，主要分布在黔东南方言区。

③ 黔南方言区n，l声母区分清楚。

表 5.46　普通话与贵州方言边鼻音声母对照表

例词	泥	年	脑	梨	连	老
普通话	n			l		
贵阳	li	lian	lao	li	lian	nao
毕节	li	liɛn	lau	li	liɛn	lau
镇远	ni	niɛn	nau	ni	niɛn	nau
都匀	ni	niɛ	nau	li	liɛ	lau
贵定	li	liɛn	lau	li	liɛn	lau

用自己的母语读下列词语，尝试把母语的声母转读为普通话声母，并总结自己母语与普通话的对应关系。

尼—离　拟—里　逆—力　聂—列　念—恋　鸟—了　扭—柳　娘—粮

怒—陆　暖—卵　糯—烙　浓—龙　内—类　纳—腊　难—兰　囊—狼

（3）唇齿擦音与舌根擦音声母混读

贵州方言大部分地区f，h声母基本区分清楚。当f和h声母与合口韵拼合时，普遍出现混读现象。具体表现（见表 5.47）：

① f，h声母全部混读为f。主要分布在黔东南方言区。

② f，h声母与合口韵拼合混读为f，与开口韵拼合区分清楚。贵州方言普遍存在这样的语言现象。

表 5.47　普通话与贵州方言 f，h 声母对照表

例字	夫清	符浊	呼清	胡浊	方清	房浊	飞清	肥浊	灰清	回浊
普通话	f		x		f				x	
贵阳	fu	fu	fu	fu	faŋ	faŋ	fei	fei	xuei	xuei
毕节	fu	fu	fu	fu	faŋ	faŋ	fei	fei	xui	xui
镇远	fu	fu	fu	fu	faŋ	faŋ	fei	fei	fei	fei
都匀	fu	fu	fu	fu	faŋ	faŋ	fei	fei	xui	xui
贵定	fu	fu	fu	fu	faŋ	faŋ	fei	fei	xui	xui

用自己的母语读下列词语，尝试把母语的声母转读为普通话声母，并总结自己母语与普通话的对应关系。

夫—呼　符—湖　辅—虎　负—护　非—灰　肥—回　诽—悔　废—绘
方—慌　防—皇　仿—谎　放—晃　风—烘　冯—洪　讽—哄　奉—宏

（4）零声母混读

普通话的零声母在贵州方言主要存在五种混读情况（见表 5.48）：

① 零声母前加后鼻辅音[ŋ]-，这种现象在贵州方言区普遍存在。

② 零声母前加前鼻辅音[n]-，主要分布在黔南方言区和黔东南方言区。

③ 零声母前加边音[l]，主要分布在川黔方言区和过渡方言区。

④ 零声母前加唇齿音[v]，主要分布在黔东南、黔南方言区。

表 5.48　贵州方言零声母对照表

例字	爱疑	业以	有	元	未微	五疑
普通话	ø					
贵阳	ŋai	lie	iəu	ian	uei	wu
毕节	ŋai	li	iəu	yɛn	uɛi	wu
镇远	ŋai	nie	iəu	yɛn	vei	vu
都匀	ŋai	nie	iəu	vie	uei	vu
贵定	ŋai	liɛ	iəu	yɛ	uɛi	wu

用自己的母语读下列词语，尝试把母语的声母转读为普通话声母，并总结自己母语与普通话的对应关系。

哀　矮　暗　欧　恩　恶　扼　永
衣　夜　鸭　友　饮　运　雨　欲
员　育　蛙　乌　位　王　握　屋

2. 贵州方言与普通话的韵母对应规律

（1）齐齿韵与撮口韵混读

普通话齐齿韵和撮口韵区分清楚。贵州方言有的方言区分清楚，有的方言两者混读。齐齿韵和撮口韵在贵州方言的分混情况表现如下：

① 川黔方言区的黔中方言i，ü 韵基本不分，全部混读为i。如贵阳话“白银”和“白云”同音，“小姨”和“小鱼”同音。

② 单韵母i，ü 混读，其中 ü 韵混读为i韵较为普遍。主要分布在黔东南方言、黔南方言。如镇远话、都匀话“取区”不同音。

③ ie韵单元音化，读为i或 ü。主要分布在川黔方言区的黔北方言。

④ 贵州各方言普遍存在改读现象。ü，ie韵改读为[iu]，[iəu]，u，ei，uei，[io]，[ye]。

普通话与贵州方言i，ü 韵母对应关系见图 5.12 和表 5.49。

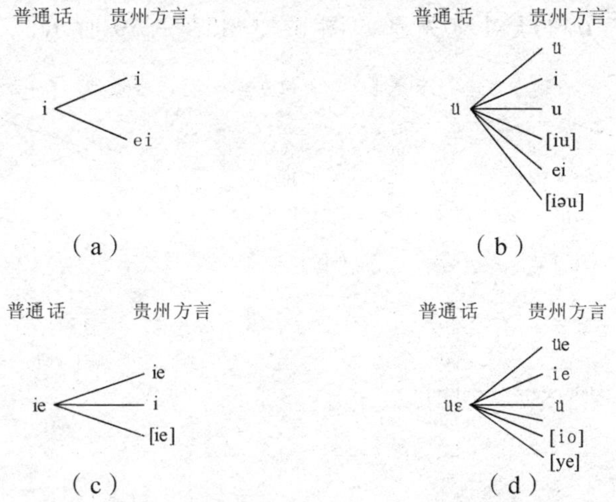

图 5.12　普通话与贵州方言 i，ü 韵母对应关系

表 5.49　普通话与贵州方言 i 和 ü 韵母对照表

例字	笔$_{\text{臻}}$	臂$_{\text{止}}$	区$_{\text{遇}}$	菊$_{\text{通}}$	绿$_{\text{通}}$	吕$_{\text{遇}}$	些$_{\text{假}}$	铁$_{\text{山}}$	雪$_{\text{山}}$	学$_{\text{江}}$	金$_{\text{深}}$	群$_{\text{臻}}$
普通话	i	i	y				iɛ		yɛ		in	yn
贵阳	pi	pei	tɕ‘i	tɕiu	lu	luei	ɕie	t‘ie	ɕie	ɕio	tɕin	tɕ‘in
毕节	pi	pei	tɕ‘y	tɕy	lu	luei	ɕi	t‘i	ɕy	ɕio	tɕin	tɕ‘yn
镇远	pi	pei	tɕ‘i	tɕy	nu	ni	ɕie	t‘ie	ɕye	ɕio	tɕin	tɕ‘yn
都匀	pi	pei	tɕ‘y	tɕiəu	ləu	lei	ɕie	t‘ie	ɕie	ɕio	tɕin	tɕ‘yn
贵定	pi	pei	tɕ‘y	tɕiu	lu	ly	ɕiɛ	ɕiɛ	ɕyɛ	ɕio	tɕin	tɕ‘yn

用自己的母语读下列词语，尝试把母语的韵母转读为普通话韵母，并总结自己母语与普通话的对应关系。

济—锯　寂—巨　七—趋　奇—渠　吸—需　习—徐　泥—女　力—绿
捏—虐　猎—略　接—掘　杰—绝　切—缺　茄—却　歇—靴　邪—穴
业—岳　筋—君　仅—俊　侵—群　勤—裙　信—训　阴—云　吟—韵

（2）合口韵分混

普通话与贵州方言的合口韵对应关系较为复杂。

① 单元音u韵读成复元音[iu]和[əu]韵。主要分布在川黔方言的黔北地区和黔南方言区。

② 复元音uo韵读成单元音 o 韵或[ø]。贵州方言普遍具有这样的特征。

③ u韵头丢失，主要分布在川黔方言、黔东南方言和黔南方言。

④ 鼻韵母 üan，uan韵鼻音韵尾脱落，读为开韵尾，主要分布在黔南方言区和过渡区。

普通话与贵州方言u韵母对应关系如图 5.13 和表 5.50 所示。

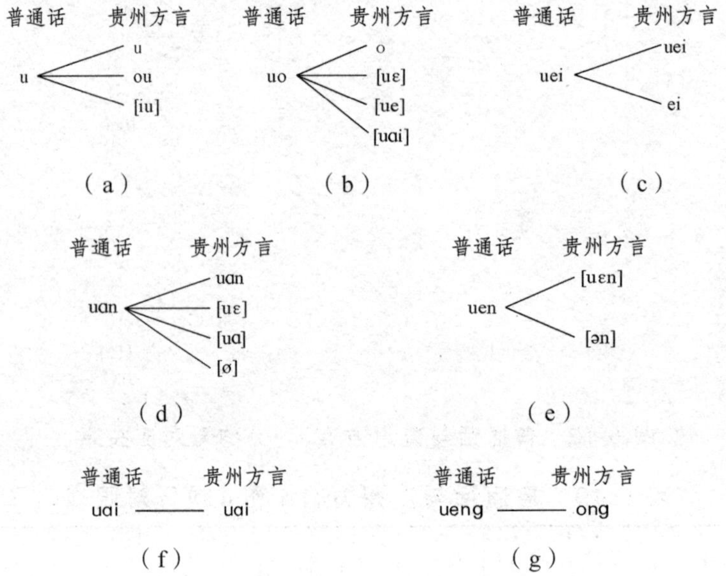

图 5.13　普通话与贵州方言 u 韵母对应关系

表 5.50　普通话与贵州方言 u 韵母对照表

例字	猪遇	读通	俗通	果果	握江	郭宕	国曾	怪蟹	对	关山	管山	遵	翁
普通话	u			uo				uai	uei	uan		uən	uəŋ
贵阳	tsu	tu	ɕu	ko	ŋo	ko	kue	kuai	tuei	kuan	kuan	tsən	oŋ
毕节	tsu	tu	ɕiu	ko	o	ko	kuai	kuai	tuei	kuan	kuan	tsən	oŋ
镇远	tsu	tu	su	ko	o	ko	kue	kuai	tei	kuan	kuan	tsən	oŋ
都匀	tsu	təu	səu	ko	ŋo	ko	kuɛ	kuai	tei	kuɛ	kø	tsən	oŋ
贵定	tsu	tu	su	ko	ŋo	ko	kuɛ	kuai	tuɛi	kua	kua	tsuɛn	oŋ

用自己的母语读下列词语，尝试把母语的韵母转读为普通话韵母，并总结自己母语与普通话的对应关系。

补—捕　督—独　鼠—属　墨—佛　脱—驮　阔—括　火—活　窝—我
戴—待　耐—赖　猜—才　窄—宅　推—颓　锐—瑞　桂—跪　伟—伪
短—段　唤—换　碗—晚　吞—屯　村—存　唇—纯　轰—翁　控—瓮

（3）o，e韵母分混

贵州方言中，o和e是混读程度较重的两个单韵母。

① 单韵母读为复韵母，其中o韵读为ɑi，iɑ，e韵读为ɑi，iɑ，[yø]。主要分布在川黔方言的黔北方言和黔南方言。

② o，e韵母改读，其中o韵改读为[e]，u，[ɛ]，e韵改读为o，[ɛ]，[e]。主要分布

在川黔方言的黔中方言、黔东南方言、过渡方言区。

普通话与贵州方言o，e韵母对应关系见图 5.14 和表 5.51。

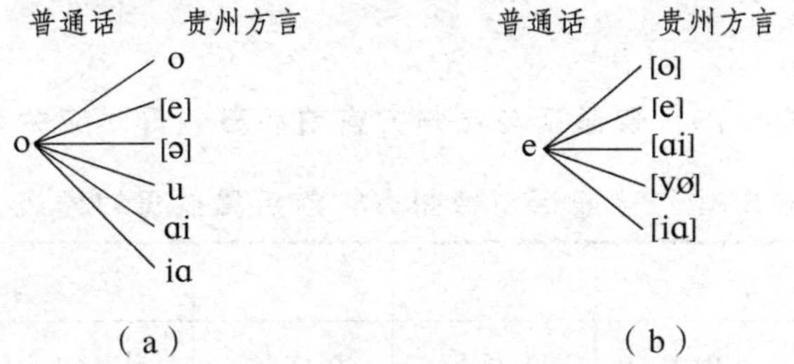

图 5.14　普通话与贵州方言 o，e 韵母对应关系

表 5.51　普通话与贵州方言 o，e 韵母对照表

例字	伯$_{\text{梗}}$	坡$_{\text{果}}$	佛$_{\text{臻}}$	摸$_{\text{宕}}$	模$_{\text{遇}}$	墨$_{\text{曾}}$	哥$_{\text{果}}$	壳$_{\text{江}}$	责$_{\text{梗}}$	热$_{\text{山}}$	合$_{\text{宕}}$	折$_{\text{咸}}$	车$_{\text{假}}$
普通话	o						ɤ						
贵阳	pe	P‘o	fu	mo	mu	me	ko	k‘o	tse	ze	xo	tse	ts‘e
毕节	pai	p‘o	fu	mo	mu	mai	ko	k‘o	tsai	zai	xo	tsai	ts‘ai
镇远	pe	p‘o	fu	mo	mu	me	ko	k‘o	tse	ze	xo	tse	ts‘e
都匀	pia	p‘o	fu	mo	mu	mia	ko	k‘o	tɕia	ia	xo	tɕia	tɕ‘yø
贵定	pɛ	p‘o	fu	mo	mu	mɛ	ko	k‘o	tsɛ	zɛ	xo	tsɛ	ts‘ɛ

用自己的母语读下列词语，尝试把母语的韵母转读为普通话韵母，并总结自己母语与普通话的对应关系。

波　泼　陌　抹　佛　坐　脱　挪　裸　错　索　扩　国　活

德　特　那　乐　责　册　塞　折　扯　社　惹　格　客　喝

（4）前后鼻韵母分混

普通话有两套对立的前后鼻韵母。贵州方言部分前后鼻韵母区分清楚，部分前后鼻韵母出现混读。

① 贵州各方言都完整保留了an\ang，ian\iang、uan\uang两套前后鼻韵母。

② 前鼻韵母an，ian，üan，uan丢失鼻音韵尾，读为开韵尾[a]，[ia]，[ie]，[yɛ]，主要分布在黔南方言区和过渡方言区。

③ 贵州各方言in组、ing组韵母都混读为前鼻韵母in，en组、eng组韵母混读为前鼻韵en。

④ 贵州各方言普遍存在uen韵丢失韵头读为en，ueng韵母改读ong的现象。

普通话与贵州方言前后鼻韵母对应关系如图 5.15 和表 5.52、表 5.53 所示。

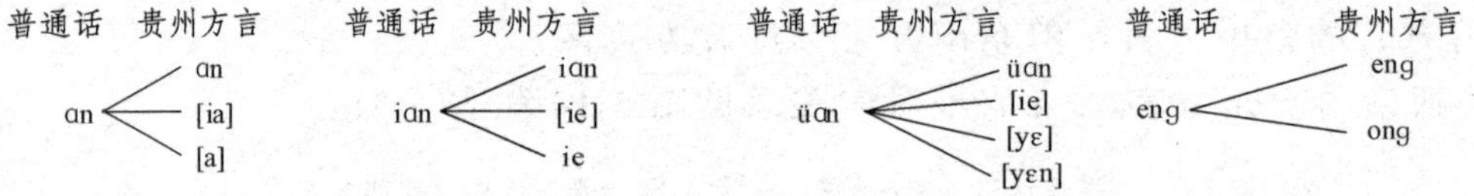

（a）　　（b）　　（c）　　（d）

图 5.15　普通话与贵州方言前后鼻韵母对应关系

表 5.52　普通话与贵州方言前后鼻韵母对照表 1

例字	慢$_{\text{山}}$	忙	天$_{\text{山}}$	全$_{\text{山}}$	江$_{\text{咸}}$	酸$_{\text{山}}$	双$_{\text{山}}$
普通话	man	mɑŋ	t‘iɛn	tɕ‘yan	tɕiaŋ	suan	ʂuaŋ
贵阳	man	maŋ	t‘ian	tɕ‘ian	tɕiaŋ	suan	suaŋ
毕节	man	maŋ	t‘iɛn	tɕ‘yɛn	tɕiaŋ	suan	suaŋ
镇远	man	maŋ	t‘iɛn	tɕ‘yɛn	tɕiaŋ	suan	suaŋ
都匀	mia	maŋ	t‘ie	tɕ‘ie	tɕiaŋ	ɕyø	suaŋ
贵定	ma	maŋ	t‘iɛ	tɕ‘yɛ	tɕiaŋ	sua	suaŋ

表 5.53　贵州方言前后鼻韵母对照表 2

例字	本$_{\text{臻}}$	森$_{\text{深}}$	朋$_{\text{曾}}$	生$_{\text{梗}}$	金$_{\text{深}}$	银$_{\text{臻}}$	冰$_{\text{曾}}$	硬$_{\text{梗}}$	孙$_{\text{臻}}$	春$_{\text{臻}}$	群$_{\text{臻}}$	翁
普通话	ən		əŋ		in		iŋ		uən		yn	ueŋ
贵阳	pən	sən	p‘oŋ	sən	tɕin	in	pin	ŋən	sən	ts‘uən	tɕ‘in	oŋ
毕节	pən	sən	p‘oŋ	sən	tɕin	in	pin	ŋən	sən	ts‘uən	tɕ‘yn	oŋ
镇远	pən	sən	p‘oŋ	sən	tɕin	in	pin	ŋən	sən	ts‘uən	tɕ‘yn	oŋ
都匀	pən	sən	p‘oŋ	sən	tɕin	in	pin	ŋən	sən	ts‘uən	tɕ‘yn	oŋ
贵定	pən	sən	p‘oŋ	sən	tɕin	in	pin	ŋən	sən	ts‘uən	tɕ‘yn	oŋ

用自己的母语读下列词语，尝试把母语的韵母转读为普通话韵母，并总结自己母语与普通话的对应关系。

甘$_{-m}$—肝$_{-n}$　闪$_{-m}$—散$_{-n}$　南$_{-m}$—难$_{-n}$　帆$_{-m}$—藩$_{-n}$　咸$_{-m}$—闲$_{-n}$　严$_{-m}$—雁$_{-n}$
坛$_{-n}$—堂$_{-ŋ}$　然$_{-n}$—让$_{-ŋ}$　算$_{-n}$—爽$_{-ŋ}$　冠$_{-n}$—逛$_{-ŋ}$　捐$_{-n}$—将$_{-ŋ}$　恋$_{-n}$—梁$_{-ŋ}$
林$_{-m}$—玲$_{-ŋ}$　禁$_{-m}$—敬$_{-ŋ}$　宾$_{-n}$—炳$_{-ŋ}$　饮$_{-m}$—英$_{-ŋ}$　勤$_{n}$—庆$_{-ŋ}$　贫$_{n}$—瓶$_{-ŋ}$
沈$_{-m}$—生$_{-ŋ}$　任$_{-m}$—仍$_{-ŋ}$　痕$_{-n}$—恒$_{-ŋ}$　臻$_{-n}$—征$_{-ŋ}$　笨$_{-n}$—朋$_{-ŋ}$　芬$_{-n}$—风$_{-m}$

3. 贵州方言与普通话的声调对应规律

贵州方言声调与普通话声调最大的差异是南部地区保留了独立的入声调，北部地区的入声调归入阳平（见表 5.54）。

表 5.54　贵州方言入声韵母对照表

例字	飞	郭入	年	合入	胆	铁入	树	热入
普通话	高平 55		中升 35		降升 214		高降 51	
贵阳	55	21	21	21	42	21	13	21
毕节	55	21	21	21	42	21	213	21
镇远	33	21	21	21	42	21	35	21
都匀	44	42	53	42	35	42	31/312	42
贵定	44	31	31	31	45	31	213	31

（1）贵州各方言阴平调值都比普通话阴平调值略低，一般是[44]调值或[33]调值，但保持了普通话平调的声调特征。

（2）贵州方言阳平调值多为低降调，只有黔南方言区为高降调。

（3）贵州方言上声调值多为降调，黔南地区方言为中升调。

（4）黔南方言区去声为中降调，川黔方言区黔北方言和过渡区为曲折调，黔中方言和黔东南方言为声调。

（5）黔南方言区保留入声调，调值为[42]，贵州大部分方言区入声调归阳平。

用自己的母语读下列词语，尝试把母语的声调转读为普通话声调，并总结自己母语与普通话的对应关系。

多	沙	瓜	输	飞	圆	毛	楼	年	咸
火	写	打	买	网	近	半	炭	问	换
湿	说	急	直	尺	笔	铁	肉	六	热

五、贵州地区少数民族语言语音辨正

（一）贵州少数民族语言分布及特点

贵州境内 97%为山地与丘陵，73%为岩溶地貌，特殊的地理位置及特有的地形地貌，使贵州成为古代民族交汇的大走廊和民族集结地。华夏族系、氐羌族系、苗瑶族系、百越族系的诸民族及蒙古、回、满等民族于不同时期、不同方向进入贵州，与原住民濮人相交汇，逐渐形成现今多民族大杂居小聚居的局面。

贵州省有 49 个民族成分，少数民族人口占全省总人口的 36.8%，少数民族人口比重居全国第 3 位。其中汉族、苗族、布依族、侗族、土家族、彝族、仡佬族、水族、回族、白族、瑶族、壮族、畲族、毛南族、蒙古族、仫佬族、羌族等为贵州的世居民族。汉族和苗族分布在全省各地，汉族主要分布在黔中、黔北、黔西北，苗族主要分布在黔东南、黔南、黔西南、黔西北和黔东北，布依族主要分布在黔南、黔西南、黔中，侗族主要分布在黔东南、黔东，土家族主要分布在黔东北和黔北，彝族主要分布在黔西北和黔西南，白族主要分布在黔西北，瑶族和壮族主要分布在黔东南、黔南，畲族主要分布在黔东南和黔南部分县市，毛南族主要分布在黔南部分县内，满族和蒙古族分布在黔西北部分县内，羌族分布在黔东北的石阡、江口两县。

贵州各民族长期杂居，汉语方言与各少数民族语言的长期接触影响，使汉语和少数民族语言都打上了深深的接触印记。生活在贵州少数民族地区的人说普通话，自然受到当地汉语方言和少数民族语言的双重影响，形成特有的夹杂有苗语、布依、水语等民族语言色彩的混杂语音，我们称之为“民普话”。本节主要介绍贵州地区分布范围最广的苗语、布依语与普通话的语音对应规律。

（二）贵州少数民族语言与普通话的语音对应规律

1. 普通话与苗语的语音对应规律

贵州是苗族最大的聚居区，境内 9 个市（区、自治州）皆有苗族分布。贵州苗族 90%的人都以自己的母语作为日常生活中的主要用语。苗语属汉藏语语系苗瑶语支。根据苗语方言内部的差异情况，苗语大致划分为三大方言：东部方言（湘西方言），以贵州松桃木树乡话为代表；中部方言（黔东方言），以凯里挂丁养蒿寨话为代表；西部方言（川黔滇方言），以毕节大南山话为代表。其中东部方言、中部方言可划分方言——土语两个语言层次，西部方言内部情况复杂，可划分出方言、次方言、土语三个语言层次。苗语不同方言、次方言及方言或方言土语之间语音差异较大，通话困难。苗语最主要的语音特点是：声母比较复杂，韵母比较简单，没有-p，-t，-k 韵尾，鼻音韵尾一般只有一个-n，-[ŋ]，调类大多数地区有八个。本节从声母、韵母和声调三个方面说明苗语、黔南汉语方言与普通话的语音对应关系。

（1）普通话与苗语的声母对应规律

苗语声母数量多，东部方言有 55 个声母，中部方言有 39 个声母，西部方言有 56 个声母。普通话、黔南汉语方言和苗语各方言的声母对应关系见表 5.55。

表 5.55　普通话与苗语声母对照表

普通话	黔南方言	东部方言	中部方言	西部方言	例字		
					东部方言	中部方言	西部方言
p	p	p	p	p	$pə^{53}$睡	pi^{33}山	pou^{43}知道
p‘	p‘	p‘	p‘	p‘	$p‘ua^{53}$劈	$p‘i^{35}$烧	$p‘ua^{44}$劈
m	m	m	m	m	me^{21}有	ma^{55}拍	mo^{11}去
f	f		f	f		fa^{33}瓜	fu^{43}瓢
ts	ts	ts	ts	ts	$tsɛ^{22}$凉	$tsen^{35}$果子	tsi^{55}果子
ts‘	ts‘	ts‘	ts‘		$ts‘ei‘^{44}$漆	$ts‘o^{33}$吹	
s	s	s	s	s	$soŋ^{44}$骨头	sa^{44}柴刀	so^{55}线

续表

普通话	黔南方言	东部方言	中部方言	西部方言	例字		
					东部方言	中部方言	西部方言
t	t		t	t		tu^{11}火	te^{11}手
t‘	t‘		t‘	t‘		t‘a^{44}箍	t‘o^{55}松树
n	n	n	n	n	nen^{214}蛇	naŋ^{31}老鼠	nau^{31}吃
l	l	l	l	l	lou^{53}铁	lɛ^{35}短	lou^{11}老
tɕ	tɕ	tɕ	tɕ	tɕ	tɕaŋ^{53}放	tɕa^{33}药	tɕua^{24}饭
tɕ‘	tɕ‘	tɕ‘	tɕ‘	tɕ‘	tɕ‘aŋ^{214}穿针	tɕ‘u^{33}肚子	tɕ‘e^{43}扫
ɕ	ɕ	ɕ	ɕ	ɕ	ɕɛ^{44}熟	ɕəu^{35}老虎	ɕoŋ^{44}年
tʂ	ts			tʂ			tʂau^{44}衣服
tʂ‘	ts‘			tʂ‘			tʂ‘e^{55}房子
ʂ	s	ʂ	ʂ	ʂ	ʂo^{214}声音		ʂou^{44}写
ʐ	z	ʐ		ʐ	ʐu^{53}好		ʐoŋ^{44}好
k	k	k	k	k	ku^{22}十	ka^{35}饭	ko^{55}我
k‘	k‘	k‘	k‘	k‘	k‘o^{44}穷	k‘i^{35}姜	k‘ou^{44}鞋
x	x						
	ŋ	ŋ	ŋ	ŋ	ŋaŋ^{32}勤快	ŋa^{55}肉	ŋo^{11}鹅

苗语方言独有，普通话和黔南汉语方言没有的声母共有 64 个：[f‘]，[pj]，[pj‘]，[pl]，[pl‘]，[mp]，[mp‘]，[mpj]，[mpj‘]，[mpl]，[mpl‘]，[m̥]，[m̥‘]，[mj]，[nts]，[nts‘]，[s‘]，[tj]，[tj‘]，[nt]，[nt‘]，[n̥]，[n̥‘]，[nj]，[n̥j]，[lj]，[l̥]，[l̥j]，[l̥j‘]，[ʈ]，[ʈ‘]，[ʈl‘]，[ʈl]，[l̥‘]，[ɳʈ]，[ɳʈ‘]，[ɳ]，[ȵtɕ]，[ȵtɕ‘]，[ȵ]，[ȵ̊]，[ʑ]，[ɕ‘]，[ɳts]，[ɳtʂ‘]，[kj]，[ŋk]，[ŋk‘]，[kw]，[kw‘]，[ŋkw]，[x‘]，[ɣ]，[ŋw]，[w]，[q]，[q‘]，[ɴq]，[ɴq‘]，[qw]，[ɴqw]，[h]，[ʔ]。根据普通话、黔南汉语方言和苗语各方言声母的对应关系分析可知，苗族说普通话声母最容易产生的语音偏误反映在以下几个方面：

① 鼻冠音声母与口辅音声母混读。

苗语声母有丰富的鼻冠音系统，主要有[m]，[n]，[ɳ]，[ȵ]，[ŋ]等 5 种类型，如“撒”[mp‘u^{53}]、“绿”[mpjo^{214}]、“早”[ntso^{55}]、“当中”[ɳʈoŋ^{214}]、“盐”[ȵtɕw^{44}]、“弯曲”[ŋk‘u^{44}]等。因母语存在大量鼻冠音，故苗族在说普通话时，往往会在口音声母的发音中带上较浓厚的鼻音色彩，发成鼻化音声母（见表 5.56、表 5.57）。如普通话的“衔”贵定谷撒苗语读为[ȵtɕiɔ^{31}]，“扎～手”读为[ntsɑ^{24}]，“早”读为[ntso^{55}]，“眨～眼”读为[^{n}tsiɛ^{31}]，很显然在汉借词口辅音音中加上了鼻冠音。

表 5.56　普通话与苗语塞音声母对照表

普通话	p	p‘	t	t‘	k	k‘
黔南方言	p	p‘	t	t‘	k	k‘
苗语	p	p‘	t	t‘	k	k‘
	mp	mp‘	nt	nt‘	ŋk	ŋk‘
苗语例词	pi^{33}山	p‘ua^{53}劈	tu^{11}火	t‘a^{44}箍	ku^{22}十	k‘o^{44}穷
	mpa^{53}猪	mp‘u^{44}撒	ntou^{33}打	nt‘aŋ^{43}楼	ŋkau^{31}船	ŋk‘ou^{33}弯曲

表 5.57　普通话与苗语塞擦音声母对照表

普通话	ts	ts‘	tʂ	tʂ‘	tɕ	tɕ‘
黔南方言	ts	ts‘	ts	ts‘	tɕ	tɕ‘
苗语	ts	ts‘	tʂ	tʂ‘	tɕ	tɕ‘
	nts	nts‘	ɳtʂ	ɳtʂ‘	ȵtɕ	ȵtɕ‘
苗语例词	tsɛ^{22}凉	ts‘ei^{44}漆	tʂau^{44}衣服	tʂ‘e^{55}房子	tɕaaŋ^{53}放	tɕ‘u^{33}肚子
	ntso^{55}早	nts‘o^{55}小米	ɳtʂe^{55}盐	ɳtʂaŋ^{55}血	ȵtɕua^{55}粑粑	ȵtɕ‘o^{44}烟子

② 平舌音声母与翘舌音声母混读。

苗语中部方言和东部方言都没有翘舌音声母zh，ch，sh，r，但有平舌音声母z，c，s，[z]，因而上述地区的苗族常把普通话中读翘舌音声母的词转读成平舌音。如台江苗语地区的苗族在说普通话时，也把“追”读成[tsuɛi]，“超”读成[ts‘ɑu]，“少”读成[sɑu]，“人”读成[zən]。苗语西部方言有翘舌音声母zh，ch，sh，r，而贵州汉语方言没有翘舌音，故操西部方言的苗族在说普通话时，就会出现平翘舌混读的现象。如普通话的“石灰”在贵定谷撒苗语中读为[sɿ^{24}hue^{3}]，“收”读为[su^{31}]，“让开”读为[zɑŋ^{31}]，“出~太阳”读为[ts‘u^{31}]，“锄头”读为[ts‘ɔ^{31}]，“锉子”读为[ts‘o^{24}tsɿ^{55}]，而“烧~柴”会读为[tʂu^{55}]，“多心”读为[tu^{24}ʂen^{31}]，“高兴”读为[kɔ^{55}ʂen^{31}]，“做~桌子”读为[^{n}tʂu^{31}]。

用自己的母语读下列词语，尝试把母语的声母转读为普通话声母，并总结自己母语与普通话的对应关系。

枝—子　滞—字　逐—族　舟—邹　招—遭　准—遵　宅—载　折—责

痴—磁　持—词　出—粗　抽—凑　潮—曹　沉—岑　柴—材　车—策

实—私　市—似　书—苏　兽—搜　少—扫　深—森　晒—赛　设—色

③ 零声母音节与有声母音节混读。

苗语在零声母音节前会加上舌面后鼻音[ŋ]或把有声母音节改读为零声母。如普通话的零声母音节“熬”在谷撒苗语中读为[ŋɔ^{31}]，“融化”读为[jiɔ^{55}]，在台江地区苗族说普通话时，把“饿”读成[ŋɣ]。

用自己的母语读下列词语，尝试把母语的声母转读为普通话声母，并总结自己母语与普通话的对应关系。

哀　矮　暗　欧　恩　恶　扼　永
衣　夜　鸭　友　饮　运　雨　欲
员　育　蛙　乌　位　王　握　屋

④ 唇齿音声母v泛用。

普通话没有唇齿声母v，而v在苗语中是一个构词能力极强的很有特色的声母，可以出现在多个音节的组合中，如“山ve^{55}”“魂vlɔ^{31}”“报vɑ^{24}”“还vu^{31}”。受到苗语v声母的影响，凯里、都匀、镇远等苗汉杂居区的汉语方言也出现v声母，如“晚van”“月vie”“元vian”“云vin”“永vin”。故受到苗语和当地汉语方言影响，苗汉语杂居区的人说普通话时，也常常会把v声母和w声母混读。

用自己的母语读下列词语，尝试把母语的声母转读为普通话声母，并总结自己母语与普通话的对应关系。

乌　蛙　文　晚　王　鱼　月　元
云　永　挖　望　瓦　五　外　威

⑤ f声母与h声母混读。

苗语没有h声母，东部方言没有f声母，中部方言和西部方言有f声母。因此，苗族各方言的人在发普通话的h声母字时，往往会出现两个方面的问题：

第一，有f声母地区的苗族，常会用f声母取代h声母。如把“花”读成[fɑ]、“会”读成[fɛi]；

第二，没有f，h声母地区的苗族，就会出现f，h声母混用不清。如把“飞”读成[xuɛi]。

发音例词：用自己的母语读下列词语，尝试把母语的声母转读为普通话声母，并总结自己母语与普通话的对应关系。

夫—呼　符—湖　辅—虎　负—护　非—灰　肥—回　诽—悔　废—绘
方—慌　防—皇　仿—谎　放—晃　风—烘　冯—洪　讽—哄　奉—宏

（2）普通话与苗语的韵母对应规律

苗语韵母结构比较简单，数目较少，东部方言有14个韵母，中部方言有10个韵母，西部方言有9个韵母。主要是单韵母、二合复韵母，鼻音尾有2个：-n，-[ŋ]（见表5.58）。

表5.58　普通话与苗语韵母对照表

普通话	黔南方言	东部方言	中部方言	西部方言	例字		
					东部方言	中部方言	西部方言
i	i	i	i		tɕi^{214}苦胆	tji^{33}打	
e		e			tɕe^{214}蒸		
a	a	a	a	a	ȵtɕ‘a^{53}怕	ta^{33}厚	ta^{43}裙子
ɑ		ɑ			ȵtɕ‘ɑ^{53}水獭		
o	o	o	o	o	tɕo^{21}九	to^{33}布	to^{13}咬

续表

普通话	黔南方言	东部方言	中部方言	西部方言	例字		
					东部方言	中部方言	西部方言
u	u	u	u	u	tɕu^{214}针	tu^{33}搁放	tu^{55}尾巴
ua	ua			ua			tua^{44}杀
		ɯ			tɕɯ^{44}酒		
		ə			tɕə^{53}嗅		
əu	əu	əu	əu	əu	tɕəu^{21}桥	təu^{44}树	təu^{43}瓜
ai	ai			ai			tai^{11}碗
ei	ei	ei	ei		pei^{21}花	tei^{53}姑妈	
en	en	en	en	en	men^{22}辣	ten^{33}杯子	nen^{11}马
	ε单韵母	ε单韵母	ε单韵母		tɕε^{214}过（年）	tε^{33}儿子	
aŋ	aŋ	aŋ	aŋ	aŋ	tɕaŋ^{32}栽	taŋ^{11}等候	taŋ^{11}完
oŋ	oŋ	oŋ	oŋ	oŋ	tɕoŋ^{53}坐	ɤoŋ^{44}龙	toŋ^{31}铜

普通话有而苗语没有的韵母有：ü，ai，ao，ia，uo，ie，üe，iao，iou，uai，uei，an，in，ian，uan，un，ün，eng，iŋ，iang，uang，ueng，iong，[ʅ]，[ɚ]等25个韵母。其中，普通话有而黔南方言和苗语各方言都没有的韵母只有an，ian，ing，eng，[ʅ]，[ɚ]等6个。普通话不单用，黔南方言和苗语可以单用的韵母只有ê。根据苗语与普通话韵母的对应关系，苗族说普通话最容易出现的韵母偏误主要表现在以下方面：

① 前鼻韵尾丢失。

苗语没有an，ian，uan等韵母，故不同地区的苗族在说普通话时，常把普通话的an韵发成a韵、ia韵、[ã]韵或ê韵。如凯里地区苗族把普通话的“班干”发成[pεkε]，“灿烂”发成[ts‘εlε]，都匀、丹寨等地区苗族把“白干”发成[pia^{53}kia^{31}]，“看山”发成[k’ia^{31}ɕia^{44}]，台江、施秉、长顺等地区把“男”发成[nã]、“看”发成[k’ãŋ]，独山、平塘、三都等地区把“贪”发成[t’a]，“山”发成[sa]。同样，黔南汉语方言区的人也把ian韵、uan韵、üan韵发成了[iε]，[uε]，[yε]，如“盐田”凯里话、麻江话、都匀话发成[iε]、[t’iε]，“端关”独山话发成[tuə]，[kuə]。

用自己的母语读下列词语，尝试把母语的韵母转读为普通话韵母，并总结自己母语与普通话的对应关系

甘$_{-m}$—肝$_{-n}$　闪$_{-m}$—散$_{-n}$　南$_{-m}$—难$_{-n}$　帆$_{-m}$—藩$_{-n}$　咸$_{-m}$—闲$_{-n}$　严$_{-m}$—雁$_{-n}$

坛$_{-n}$—堂$_{-ŋ}$　然$_{-n}$—让$_{-ŋ}$　算$_{-n}$—爽$_{-ŋ}$　冠$_{-n}$—逛$_{-ŋ}$　捐$_{-n}$—将$_{-ŋ}$　恋$_{-n}$—梁$_{-ŋ}$

② 撮口韵 ü 与齐齿韵i混读。

苗语没有 ü 韵，故苗族常把普通话的 ü 韵读成舌位相近的i韵。如把“鱼居虚”发

成[vi]，ji，xi，把“掠虐学”发成[lio]，[nio]，[ɕio]。

用自己的母语读下列词语，尝试把母语的韵母转读为普通话韵母，并总结自己母语与普通话的对应关系。

济—锯　寂—巨　七—趋　奇—渠　吸—需　习—徐　泥—女　力—绿

捏—虐　猎—略　接—掘　杰—绝　切—缺　茄—却　歇—靴　邪—穴

业—岳　筋—君　仅—俊　侵—群　勤—裙　信—训　阴—云　吟—韵

③ 前后鼻韵母变读。

苗语没有in，ing，eng韵。在发普通话的in，ing，eng韵字时，往往会用本民族语言中发音近似的en，ong韵母进行替代，把in读成en，把后鼻音ing读成前鼻音en或带鼻化元音的[ẽn]，把eng读成ong。如台江地区的苗族说普通话，会把“亲新”读成[tɕ’en]，[ɕen]，把“硬星平”读成[en]，[ɕen]，[p’iæn]，把“等风”读成[tẽn]、[foŋ]。

用自己的母语读下列词语，尝试把母语的韵母转读为普通话韵母，并总结自己母语与普通话的对应关系

林$_{\text{-m}}$—玲$_{\text{-ŋ}}$　禁$_{\text{-m}}$—敬$_{\text{-ŋ}}$　宾$_{\text{-n}}$—炳$_{\text{-ŋ}}$　饮$_{\text{-m}}$—英$_{\text{-ŋ}}$　勤$_{\text{n}}$—庆$_{\text{-ŋ}}$　贫$_{\text{n}}$—瓶$_{\text{-ŋ}}$

沈$_{\text{-m}}$—生$_{\text{-ŋ}}$　任$_{\text{-m}}$—仍$_{\text{-ŋ}}$　痕$_{\text{-n}}$—恒$_{\text{-ŋ}}$　臻$_{\text{-n}}$—征$_{\text{-ŋ}}$　笨$_{\text{-n}}$—朋$_{\text{-ŋ}}$　芬$_{\text{-n}}$—风$_{\text{-m}}$

④ 舌尖元音变读。

苗语没有舌尖元音[ɿ]，[ʅ]和卷舌元音[ɚ]。苗族对这三个韵母的发音较为陌生和困难，在发普通话的舌尖后元音和卷舌元音时，往往会降低发音难度，选用当地汉语方言音发成[ɿ]韵或本民族有的较容易发的舌面音。如台江地区苗族把“词”读成[tsə]或[tsɿ]，把“四”读成[ts’ə]或[ts’ɿ]，把“诗日”读成[sɿə]，[zɿə]，把“耳二”读成[ɛ]或[ɤ]，[ɛ]或[a]。

用自己的母语读下列词语，尝试把母语的声母转读为普通话声母，并总结自己母语与普通话的对应关系。

枝—子　滞—字　痴—磁　持—词　实—私　市—似

字—日　次—二　慈—日　此—耻　斯—耳　尔—师

（3）普通话与苗语的声调对应规律

苗语三大方言声调调类较一致，大都是四声八调格局，调值有差异。苗语与普通话声调基本保持了相同的阴平、阳平、上声、去声调类，最大差异表现在多了一个入声调，这点与黔南汉语方言较为一致。调值上都有声调和降调，少了一个曲折调，而且各种音高的平调较多。故苗族说普通话最大的障碍就是上声调和入声调的辨识和发音。一般上声容易读到平调的[55]，[44]，[11]或[22]调值或读成升调调值[35]与当地方言发音一致。苗族说普通话基本上不会发轻声和儿化音节（见表5.59）。

表5.59 普通话与苗语声调对照表

调类		普通话	黔南方言	东部方言	中部方言	西部方言	例字		
							东部方言	中部方言	西部方言
1阴平	阴平	55	44	214	33	43	tɯ^{214}答	tɕu^{33}针	nto^{43}湿
2阳平	阳平	35	53	21	55	31	tɯ^{21}锤子	tɕu^{55}荞麦	nto^{31}天
3阴上	上声	214	35	44	35	55	tɯ^{44}剥	ta^{33}tɕu^{35}酒	nto^{55}砍
4阳上				22	11	11	tɯ^{22}手	tɕu^{11}完	nto^{11}裙边

续表

调类		普通话	黔南方言	东部方言	中部方言	西部方言	例字		
							东部方言	中部方言	西部方言
5 阴去	去声	51	312	53	44	44	$tɯ^{53}$ 霜	$tɕu^{44}$ 锯	nto^{44} 吐
6 阳去				32	13	24	ta^{32} 死	$tɕu^{13}$ 膝盖	nto^{24} 粗大
7 阴入	入声	42		44	53	33	ta^{44} 外婆	$tɕu^{53}$ 啄	nto^{33} 纳布
8 阳入				22	31	13	ta^{22} 踩	$tɕu^{31}$ 十	nto^{13} 紧密

用自己的母语读下列词语，尝试把母语的声调转读为普通话声调，并总结自己母语与普通话的对应关系。

多	沙	瓜	输	飞	圆	毛	楼	年	咸
火	写	打	买	网	近	半	炭	问	换
湿	说	急	直	尺	笔	铁	肉	六	热

2. 普通话与布依语的语音对应规律

布依语属于汉藏语系壮侗语族壮傣语支，与同语族的壮语、傣语、侗语、水语、黎语、仫佬语、毛南语等有亲属关系。布依语内部语音有比较整齐的对应规律，词汇和语法结构具有很大的一致性，因此没有方言的差别。布依语划分为三个土语区：黔南土语区（第一土语区），以望谟者香话为代表；黔中土语区（第二土语区），以龙里羊场话为代表；黔西土语区（第三土语区），以镇宁下硐话为代表。

我国布依族主要分布在贵州省南部地区。该地区布依族人口有 122.6 万，占了全国布依族人数的 48%。贵州地区的布依族人中有 10%转用汉语，在青壮年布依族同胞中，有 68.6%是操民族语言和汉语方言的双语者。由于受本民族语言与汉语方言的双重影响，大部分布依族同胞形成了自身的语言模式，在说普通话时就会出现一些语音偏误。

（1）普通话与布依族声母对应规律（见表 5.60）

① 送气音与不送气音混读。

布依语的声母系统中没有送气音p，t，c，q，k。布依族人不送气的发声习惯，造成很难发好普通话中的送气声母的状况，如把“频胎卡秋”分别发成bin，dai，ga，jiu。

② 平舌音与翘舌音声母不分。

布依语及黔南各地方言中都没有舌尖后音zh，ch，sh，r，导致布依族人在说普通话时，平舌、翘舌声母相混，翘舌声母失误过多。把翘舌音zh，ch，sh发成z，c，s，把r发成[z]。

③ 塞擦音读为擦音。

布依语黔南土语区没有塞擦音声母z，c，只有相同发音部位的擦音声母s。由于这一组音发音部位相同，发音方法相似，所以第一土语区的布依族人在发普通话的z，c声母时，会转发成与之相近的s音，造成语音偏误，如把“枕”发成sen。

表 5.60　普通话与布依语声母对照表

声母	布依语	黔南方言	普通话	声母	布依语	黔南方言	普通话	声母	布依语	黔南方言	普通话	声母	布依语	黔南方言	普通话
p	p	p	p	n	√	x	√	tɕʻ	×	√	√	tʂʻ	×	×	√
pʻ	×	√	√	l	√	√	√	ɕ	√	√	√	ʂ	×	×	√
m	√	√	√	k	√	√	√	ts	√	√	√	ʐ	×	×	√
f	√	√	√	kʻ	×	√	√	tsʻ	×	√	√				
t	√	√	√	x	√	√	√	s	√	√	√				
tʻ	×	√	√	tɕ	√	√	√	tʂ	x	x	√				

说明：布依语固有词中没有送气音，送气声母只是用来拼写汉语借词。黔南境内布依语第一土语区（罗甸、独山、荔波）普遍无z声母，有的地区无f声母。

④ f，h声母混用或反用。

所谓反用，就是h，f完全反读，该发h的声母读为f，该发f的声母，读为h；所谓混用，是指在特定的情况下将h声母混用为f声母。布依语第一土语区没有f声母，所以，布依族在发普通话的f声母字时，就会用 h 声母替代f声母，形成h，f声母反用。同时，黔南汉语方言h声母与合口韵u相拼时，声母发成f。受到黔南汉语方言的影响，布依族人说普通话时，碰到h声母与u相拼的所有字，声母经常发成f，从而形成h，f声母混用，如把“胡户湖虎互壶”等字的声母发为f。

（2）普通话与布依语的韵母对应规律（见表 5.61）

① 撮口韵与齐齿韵相混。

布依语中韵母中没有撮口呼 ü 韵母。因此，布依族没有圆唇的发音习惯，在说普通话时经常把 ü 发成i。如，把“曲率聚”发为ji，li，ji。有时虽然能发撮口呼，但这种撮口呼是不准确、不稳定的。这表现在：

第一，ü 音的圆唇度不够，唇形常常介于i，ü 之间。

第二，不能辨别撮口韵字音，不能完全掌握撮口呼正确的发音方法，同一个字有时发成撮口韵，有时发成齐齿韵。

② 前鼻韵与后鼻韵相混，如把“庭灯”发为din，den。

③ 鼻音韵母时常出现尾音脱落，脱落后存在两种情况：

第一，韵腹产生变异。an韵鼻音韵尾脱落，同时韵腹变读发成[ɛ]，ian、üan韵变读为[iɛ]，uan韵变读为[uɛ]。如把“谈判”读为[tɛ]，[pɛ]，把“贯穿”读为[kuɛ]，[tsuɛ]，把“见”读为[tɕiɛ]。

第二，韵腹保持不变，an韵脱落韵尾变读为[a]。如把“山”读成[sa]、“办”读成[pa]。

④复韵母变读。包括：

第一，将iao发为[io]。如把“脚角”读为[io]。

第二，将 üe读为ie或[io]。如把“月”读为[iɛ]，把“学确”读为[io]。

第三，将e读为[ɛ]或o。如把“色蛇”读为[sɛ]，把“何科”读为[xo]。

第四，将uo读为o或[uɛ]。如把“罗落”读为o，把“国扩”读为[uɛ]。

第五，eng韵与b，p，m，f相拼时，读为ong。如把“风蜂蒙蓬”读为ong。

表 5.61　普通话与布依语韵母对照表

韵母	布依语	黔南方言	普通话	韵母	布依语	黔南方言	普通话	韵母	布依语	黔南方言	普通话	韵母	布依语	黔南方言	普通话
a	√	√	√	ao	×	√	√	ang	√	x	√	ueng	×	×	√
o	√	√	√	iang	×	√	√	an	√	√	√	uan	×	√	√
e	×	√	√	ing	√	×	√	ün	×	√	√	un	√	√	√
i	√	√	√	ia	×	√	√	üan	×	×	√	ê	√	√	x
u	√	√	√	ian	×	×	√	üe	×	√	√	ue	√	√	x
ü	×	√	√	in	√	√	√	ua	√	√	√	-i[ɿ]	√	√	√
ai	√	√	√	iao	×	√	√	uang	×	√	√	-i[ʅ]	×	×	√
an	√	×	√	iou	×	√	√	uai	×	√	√	ie	√	√	x
ang	√	√	√	iong	√	√	√	uo	×	×	√	er	×	×	√

（3）普通话声调与布依语声调对应规律

① 上声发音障碍。布依语及黔南各地方言声调系统中没有上声调。因此布依族人在发普通话上声时，容易出现调形、调值的错误与缺陷。具体表现在：发音时只发出上声中降的部分就停止发音，把降升调[214]读成中降调[31]，或者把上声调读成中升调[45]。

② 读不好古入声字声调，经常把入声字读为阳平调。如：把“刮吃剔出”（阴平）、“白罚贼侠穴”（阳平）、“窃物必色肉”（去声）、“骨”（上声）这些古入声字读为阳平。

第四节　普通话语音辨正的基本方法

汉民族历史悠久、地域辽阔、民族众多，各方言、各民族语言差异较大，尤其是在民族杂居区，语言表现得更为复杂。因而，需从多个层面辨析普通话与汉语方言、少数民族语言的对应关系。根据普通话语音辨正的基本规律，方言辨正的基本方法主要有掌握普通话语音的标准发音、利用方言与普通话的语音对应规律辨音记字、利用汉语汉字结构规律辨音记字等。

一、掌握普通话语音的标准发音

掌握普通话声母、韵母和声调的规范发音，培养和形成普通话良好语感和基本发音能力是进行普通话语音辨正的前提和基础。只有初步具备了普通话规范语音的听辨能力和发音能力才可能正确辨识普通话与本地本民族语言语音的异同，进而有规律地纠正方音。这部分内容已在第二、三、四章进行了专题讲解和训练，本章节不再详细论述。

二、利用方言与普通话的语音对应规律辨音记字

通过对比分析普通话与本地方言和少数民族语言在声母、韵母、声调上的异同表现，总结归纳出本地方言和少数民族语言与普通话语音差异的对应规律，有重点、有针对性地进行转换练习，有效解决方音遗存。如与普通话相比，黔南话有an，ian，uan，üan韵读作ia，ie，ue的对应特点，说普通话时，可将这部分语音进行对应转换。本章在前面第三节已分三大部分来论述方言、少数民族语言与普通话的对应规律：第一部分是汉语北方方言与普通话的语音对应规律；第二部分是汉语南部方言与普通话的语音对应规律；第三部分是贵州苗语、布依语与普通话的语音对应规律。在此基础上，可根据这些对应关系来进行汉语方言、少数民族语言与普通话语音对比转换训练。根据各方言与普通话在声母、韵母、声调方面表现出的主要对应关系，重点进行以下转化练习。

（一）平翘舌声母辨音

大部分方言区和少数民族地区都没有翘舌音，只有平舌音。辨音的关键就是把方言里的发成了平舌音的翘舌音声母转换为普通话的翘舌音。

1. 对比辨音方法

平舌音、翘舌音和卷舌音的舌尖上翘度是依次增强的，可将平舌音、翘舌音和卷舌音交叉组合进行训练，通过比较发音掌握三组声母的准确发音部位。发音示例：

z—er—zh　c—er—ch　s—er—sh　zh—er—z　ch—er—c　sh—er—s

er—zh—z　er—z—zh　er—ch—c　er—c—ch　er—sh—s　er—s—sh

2. 对照辨字方法

通过反复练读zh，ch，sh和z，c，s对照辨音字表来对比记忆普通话的平翘舌音字音（见表 5.62）。

表 5.62　zh，ch，sh 和 z，c，s 对照辨音字表

	zh	z
a	①把驻～渣②闸铡扎挣～札信～③眨④乍诈榨蚱栅	①扎包～匝②杂砸
e	①遮②折哲辙③者④蔗浙这	②泽择责则
u	①朱珠株蛛诸猪②竹烛逐③主煮嘱④伫驻注柱蛀贮祝铸筑著箸	①租②族足卒③组阴祖
-i[ɿ]		①兹滋孳姿咨资孜龇缁辎③子仔籽梓滓紫④字自恣渍
-i[ʅ]	①之芝支枝肢知蜘汁只脂②直值植殖侄执职③止址趾旨指纸只④至致窒志治质帜挚掷秩置滞制智稚痔	
ai	①摘斋②宅③窄④寨债	①灾哉③宰载④再在载～重
ei		②贼

续表

	zh	z
ao	①昭招朝②着③找爪沼④召照赵兆罩	①糟②凿③早枣澡④造皂灶躁燥
ou	①州洲舟周粥②轴③帚肘④宙昼咒骤皱	①邹③走④奏揍
ua	①抓	
uai	④拽	
uo	①桌捉拙②卓着酌灼浊镯啄琢	①作~坊②昨③左④坐座作柞祚做
ui	①追锥④缀赘坠	③嘴④最罪醉
an	①沾毡粘③盏展斩④占战站栈绽蘸	①簪②咱③攒④赞暂
en	①贞侦帖祯真③诊疹枕缜④振震阵镇	③怎
ang	①樟章彰张③掌④涨杖丈帐仗胀瘴障	①赃脏肮~④葬藏脏
eng	①正征争挣筝③拯④正证政症郑	①曾憎增缯④赠
ong	①中钟盅衷终③肿种~子④中打~仲种~植重众	①宗综棕踪③总④纵粽
uan	①专砖④传转~椅撰篆赚	①钻③纂④钻~石
un	③准	①尊遵
uang	①庄桩装妆④壮状撞	
	ch	c
a	①叉杈插差~别嚓②茶搽查察③衩④岔诧差~劲	①擦
e	①车③扯④彻撤掣	④册策厕侧测恻
u	①出初②除厨橱锄躇刍雏③楚础杵储处~分④畜触矗处	①粗④卒仓~猝促醋簇
-i[ʅ]	①吃痴嗤②池弛迟持匙③尺齿耻侈豉④斥炽翅赤叱	慈磁③此④次伺刺赐
-i[ɿ]		①疵差参~②雌辞词祠瓷
ai	①差拆钗②柴豺	①猜②才财材裁③采彩踩④菜蔡
ao	①抄钞超②朝潮嘲巢③吵炒	①操糙②曹漕嘈槽③草
ou	①抽②仇畴筹踌绸稠酬愁③瞅丑④臭	④凑
uo	①踔戳④绰~号惙啜辍	①搓蹉撮④措错挫锉
uai	③揣④踹	
ui	①吹炊②垂捶锤槌	①崔催摧④萃悴淬瘁翠
an	①搀掺②禅蝉谗馋潺缠蟾③产铲阐④忏颤	①餐参②蚕残惭③惨④灿
en	①琛嗔②辰宸晨沉忱陈臣④趁衬称相~	①参~差②岑
ang	①昌猖娼伥②常嫦尝偿场肠长③厂场敞氅④倡唱畅怅	①仓苍沧舱②藏
eng	①称撑②成诚城盛~水呈程承乘澄橙惩③逞骋④秤	②曾层④蹭

续表

	zh	z
ong	①充冲舂②重虫崇③宠	①匆葱囱聪②从丛淙
uan	①川穿②船传椽③喘④串钏	④蹿④窜篡
un	①春椿②唇纯淳醇③蠢	①村②存③忖④寸
uang	①窗疮创~伤②床③闯④创~造	
	sh	s
a	①沙纱砂痧杀杉③傻④煞厦大~	①撒③洒撒~种④卅萨飒
e	①奢赊②舌蛇③舍④社舍射麝设摄涉赦	③色瑟啬涩塞
u	①书梳疏蔬殊叔淑输抒纾舒枢②孰塾赎曙鼠数属黍③暑署薯④树竖术述束漱恕数	①苏酥②俗④素塑诉肃粟宿速
-i[ʅ]	①尸师狮失施诗湿虱②十什拾石时识实食蚀③史使驶始屎矢④世势誓逝市示事是视室适饰士仕氏恃式试拭轼弑	
-i[ɿ]		①司私思斯丝鸶③死④四肆似寺
ai	①筛④晒	①腮鳃塞④塞要~赛
ao	①捎稍艄烧②勺芍杓韶③少④少哨绍邵	① 臊骚搔③扫嫂④扫臊害~
ou	①收②熟③手首守④受授寿售兽瘦	①溲馊嗖搜飕艘③叟擞④嗽
ua	①刷③耍	
uo	①说④硕烁朔	①缩娑蓑梭唆③所锁琐索
uai	①衰③甩④帅率蟀	
ui	②谁③水④税睡	①虽睢②绥隋随③髓④岁碎穗遂
an	①山舢衫删姗珊栅跚③闪陕④扇善缮膳擅赡	①三叁③伞散~文④散
en	①申伸呻身深参人~②神③沈审婶④慎肾甚渗	①森
ang	①商墒伤③垧晌赏上~声④上尚	①桑丧~事③嗓④丧
eng	①生牲笙甥升声②绳③省④圣胜盛剩	①僧
ong		①松③耸悚④送宋颂诵
uan	①拴栓④涮	①酸④算蒜
un	④顺	①孙③笋损
uang	①双霜③爽	

说明：表中4个数字表示4个声调。

（二）边鼻音声母对比辨音

ŋ，l混读为n声母的地区，注意把边音字转读为鼻音；n，l混读为l声母的地区，l

声母发音困难，注意把鼻音字转读为边音；[ȵ]声母地区，注意将舌面中部降下，抬起舌尖，用舌尖接触上齿龈。

1. 延长共鸣辨音方法

边鼻音主要是共鸣方法不同，通过夸张和延长共鸣强度和时间来区分两者的发音差异。

发音示例：

n—你—呢　n—奶—呢　n—牛—呢　n—难—呢　n—您—呢　n—娘—呢

l—理—啦　l—来—啦　l—留—啦　l—烂—啦　l—拎—啦　l—量—啦

[ȵ]—你—[ȵ]　奶—[ȵ]—呢　[ȵ]—牛—呢　难—[ȵ]—呢　[ȵ]—娘—呢

2. 对照辨字法

通过反复练读n和l对照辨音字表（表 5.63）来对比记忆普通话的边鼻音字音。

表 5.63　n 和 l 对照辨音字表

n		l	
那	nā哪　nà那　nuó挪　nuó娜	剌	lǎ喇　là剌辣瘌
乃	nǎi乃奶	腊	là腊蜡　liè猎
奈	nài奈　nà捺	赖	lài赖癞籁　lǎn懒
南	nán南喃楠　nǎn蝻腩	兰	lán兰拦栏　làn烂
脑	nǎo恼瑙脑	蓝	lán蓝篮　làn滥
内	nèi内　nè讷　nà呐衲钠	览	lǎn览揽缆榄
尼	nī妮　ní尼泥呢	劳	lāo捞　láo劳痨　lào涝
倪	ní倪霓	乐	lè乐　lì砾
捏	niē捏　niè涅	雷	léi雷镭　lěi蕾　lèi擂
聂	niè聂蹑	垒	lěi垒
念	niǎn捻　ni□n念	累	lèi累　luó骡螺
宁	níng宁拧咛狞柠　nìng宁（～可）泞	里	lí厘狸　lǐ里理鲤　liàng量
纽	niū妞　niǔ扭纽钮	利	lí梨犁　lì利俐痢
农	nóng农浓脓	离	lì离篱　lì璃
奴	nú奴孥驽　nǔ努弩　nù怒	立	lì立粒笠　lā拉垃啦
诺	nuò诺　nì匿	厉	lì厉励
懦	nuò懦糯	力	lì力荔　liè劣　lèi肋　lè勒
虐	nüè虐疟	历	lí历沥

续表

l		连	lían连莲　liàn链
良	liáng良粮　láng郎廊狼琅榔螂　lǎng朗	廉	lian廉濂镰
	láng浪	脸	liǎn敛脸　liàn殓
粱	liáng粱粱	炼	liàn练炼
凉	liáng凉　liàng谅晾　lüè掠	恋	liàn恋　luán孪鸾栾滦峦孪
两	liǎng两俩（伎俩）　liàng辆　liǎ俩	鳞	lín嶙磷磷鳞麟粼遴辚
列	liě咧　liè列裂烈　lì例	令	líng伶玲铃羚聆蛉零龄
林	lín林淋琳霖　lán婪		lǐng岭领　lìng令
卢	lú卢泸颅轳　lú庐芦炉　lú驴		lěng冷　lín邻　lián怜
鲁	lǔ鲁橹	留	liū溜　liú留馏榴瘤
录	lù录禄碌　lǜ绿氯	流	liú流琉硫
鹿	lù鹿辘麓	柳	liǔ柳　liáo聊
路	lù路鹭露潞璐	龙	lóng龙咙聋笼　lǒng陇垄拢
戮	lù寥　liáo寥　liǎo蓼　liào廖	隆	lóng隆窿癃
仑	lūn抡　lún仑伦沦囵轮　lùn论	娄	lóu娄喽楼　lǒu搂篓　lǚ缕屡
罗	luó罗逻萝锣箩	吕	lǘ闾榈　lǚ吕侣铝
洛	luò洛落络骆　lüè略　lào烙酪		

（三）f和h声母对比辨音

大部分地区f和h混读发生在与合口韵拼合的时候，f和h主要是发音部位不同。注意将fu音节字转读为hu音节字。

1. 对比辨音方法

通过对比交叉练习fu音节字和hu音节来区分f和h声母的发音差异。发音示例：

复—胡—服　　护—辅—护　　福—府—虎

忽—呼—父　　互—附—符　　父—糊—壶

2. 对照辨字法

通过反复练读f和h对照辨音字表（见表 5.64）来对比记忆普通话的f和h声母字音。

表 5.64　f 和 h 对照辨音字表

f	h
fā发　fá伐阀筏乏罚　fǎ法砝　fà发（头～）	huā花哗　huá华铧滑划　huà化画话划桦
fó佛	huō豁　huó活　huǒ火伙　huò货或惑获祸霍
fū夫　fú扶芙幅福辐伏袱拂俘符 fǔ府俯腐斧釜甫辅 fù付附咐父复腹傅缚赴副富妇负赋	hū乎呼忽惚　hú胡湖葫瑚蝴糊狐弧壶斛 hǔ虎唬琥浒　hù户沪护互

续表

f	h
	huái怀淮槐徊 huǎi坏
fēi非菲绯啡扉蜚霏 féi肥淝 fěi匪菲诽悱斐 fèi吠沸费痱废肺	huī灰恢挥辉徽 huí回茴蛔 huǐ悔毁 huì会绘烩贿卉惠蕙彗慧秽汇讳
fān番翻帆 fán凡矾烦蕃繁樊 fǎn反返fàn 饭贩犯范泛	huān欢獾 huán还环寰 huǎn缓 huàn换唤涣患幻宦
fēn分吩芬纷 fén坟焚 fěn粉 fèn分份奋粪愤	hūn昏婚荤 hún浑魂 hùn混
fāng方坊芳 fáng防妨房肪 fǎng访仿纺 fàng放	huān荒慌 huán皇凰惶蝗黄潢璜簧 huǎn晃幌恍谎 huàn晃
fēng风讽枫疯丰峰锋蜂封 féng逢缝冯 fěng讽 fèng凤奉缝	hōng哄烘轰 hóng红虹弘泓宏洪 hǒng哄

（四）清浊声母对比辨音

古全浊声母在今各方言的读音分派，是方言与普通话、方言与方言之间的重要区别特征。普通话古全浊声母全部清化，现存全浊声母只有一个[ʐ]声母。在今塞音、塞擦音中，古全浊声母平声读为送气清音，仄声读为不送气清音。汉语各方言古清声母都分别读为今送气与不送气音声母，与普通话保持一致。送气音与不送气音的混读主要出现在古全浊声母今读塞音、塞擦音声母的发音中。因此，在保留古浊声母的地区，如吴方言、湘方言和闽方言部分地区，古全浊声母都读为不送气浊声母，必须注意把古浊声母分别转读为普通话送气声母和不送气声母；在没有保留古浊声母，声母清浊不对立的地区，如赣方言和客家方言，古全浊声母全部读为送气清声母，须注意把部分古浊声母转读为不送气清音。

1. 清浊对比去浊辨音法

有浊声母的方言，一般都有相配的一套清声母。可以用清声母字与浊声母字对比交叉练习，帮助去除浊声母发音习惯。

发音示例：浊—清—浊

爬—帕—耙	薄—博—勃	抬—胎—台
字—梓—自	杰—阶—竭	求—丘—球

2. 送气与不送气对比辨音法

古全浊声母在不同方言有的读为送气、有的读为不送气。可以通过对比交叉练习今读送气与不送气的古全浊声母来帮助辨别送气音与不送气音的发音差异。

发音示例：

浊$_{不送气}$—浊$_{送气}$—浊$_{不送气}$	拔—琶—跋	泊—婆—帛	纣—愁—宙
浊$_{送气}$—浊$_{不送气}$—浊$_{送气}$	慈—自—辞	泉—倦—权	屯—盾—豚

3. 清浊对照辨字法

通过反复练读古清浊声母对照辨音字表来对比记忆普通话的古浊声母字字音，根据本方言与普通话的清浊声母对应关系，进行正音（见表 5.65）。

表 5.65 常用清浊声母对照辨音字表

声母	韵母	清音	浊音
b	ba	芭捌扒叭吧笆疤巴靶八把坝霸爸	拔跋罢
	bai	柏百摆佰拜	白败稗
	ban	斑班搬扳般颁板版扮半绊	瓣办伴拌
	bang	邦帮梆榜绑磅镑谤	傍膀棒蚌
	bao	苞胞包褒剥薄保堡饱宝报豹爆	暴抱菢鲍雹
	bei	杯碑悲卑北辈贝钡狈惫	被倍焙背备
	ben	苯奔本	笨
	bi	逼比鄙笔彼碧蔽毕毖庇痹闭必壁臂	敝弊毙币鼻蓖陛避辟婢弼蚌
	bian	鞭边编贬扁变遍标	辨辩辫卞便汴
	biao	彪膘表	鳔
	bie	鳖瘪	憋别
	bin	彬斌濒滨宾摈	
	bing	兵冰柄丙秉饼炳	并病
	bo	菠玻播拨波博搏铂伯脖膊驳捕	勃渤泊帛箔舶钵饽薄
	bu	补不布怖	簿哺捕步埠部
p	pa	啪趴帕怕拍	耙琶爬
	pai	湃派	牌排徘
	pan	攀潘盼判	盘磐叛畔
	pang	乓耪胖	旁螃庞
	pao	抛炮泡	袍跑刨狍鲍
	pen	喷	盆
	peng	砰抨烹澎硼捧碰坯	朋鹏膨彭蓬篷棚
	pei	呸胚配沛	培陪赔裴佩
	pi	砒霹批披劈啤匹僻屁譬	皮疲毗琵枇脾痞辟
	pian	篇偏骗	便

续表

声母	韵母	清音	浊音
p	piao	飘漂票	瓢嫖
	pin	拼品聘	贫频
	ping	乒萍	凭屏瓶平坪评苹
	po	坡泼颇破魄迫粕剖	婆
	pu	铺埔朴圃普浦谱	蒲菩脯葡莆仆曝瀑
d	da	搭答瘩打	达大
	dai	呆歹傣戴带贷	待怠殆代大袋逮
	dan	耽担丹掸胆旦	淡惮但弹蛋单诞
	dang	当挡党档	荡宕
	dao	刀捣倒岛祷到	道导稻蹈盗悼
	deng	灯登等蹬凳	邓澄瞪
	di	堤低滴翟嫡抵底地蒂帝	笛迪敌狄涤弟第递缔
	dian	颠掂滇碘点典靛店惦	垫电奠殿甸佃淀
	diao	碉叼雕凋刁吊钓	掉调藿
	die	爹	跌迭叠碟谍蝶牒
	ding	丁盯叮钉顶鼎订	定锭
	dou	兜抖斗陡都	豆痘逗
	dong	东冬董懂栋侗冻	动洞恫
	du	督堵睹赌妒	度渡镀独读犊牍毒杜肚
	duan	端短锻	断段缎
	dui	堆对墩	队兑
	dun	吨蹲敦顿囤	钝盾蹲遁
	duo	剁掇哆多垛躲朵跺	夺舵堕惰铎踱
t	ta	塌他它她塔獭挞蹋踏胎	沓
	tai	泰酞太态汰	苔抬台
	tuo		驮陀驼
	tan	坍摊贪瘫滩坦毯袒碳探叹炭	谈痰潭谭檀坛弹
	tang	汤搪膛倘躺淌趟烫	唐糖塘堂棠螳

续表

声母	韵母	清 音	浊 音
t	tao	掏滔绦讨套	涛桃逃淘陶萄
	te		特
	ten		藤腾誊疼
	ti	梯剔踢锑体替嚏惕涕剃屉	啼蹄提题
	tian	天添舔腆	田甜簟恬填
	tiao	挑眺	迢调条跳
	ting	厅听烃汀	亭停廷庭蜓艇挺
	tong	通酮桶捅统痛	同铜桐筒童瞳彤
	tou	偷透	头投
	tu	秃土吐兔	徒屠途涂图突凸
	tuan	湍	团
	tui	推腿蜕褪退	颓
	tun	吞	屯豚饨臀囤
z	za	匝扎	杂砸
	zai	宰灾栽哉再	在载
	zan	咱赞攒	暂錾
	zang	赃脏葬	藏脏
	zao	遭凿噪燥糟早蚤枣澡藻躁	皂造
	ze	则责仄	择泽辙蛰
	zeng	增憎赠扎曾憎增	赠锃
	zei		贼
	zi	兹滋孜仔籽子咨资姿紫滓淄	渍自字牸
	zong	棕宗鬃综纵总	踪
	zu	卒足诅阻租祖组	族
	zuan	钻纂	赚
	zui	嘴醉最	罪
	zuo	左做作佐	昨柞坐座

续表

声母	韵母	清　音	浊　音
c	ca	擦	
	cai	猜睬踩采彩菜蔡	才财材裁
	can	餐参惨灿	惭蚕残
	cang	苍舱仓沧	藏
	cao	操糙草	曹槽
	cen	岑涔	岑涔
	ceng	蹭	曾层
	ci	茨雌此刺赐次	疵瓷餈词慈磁辞
	cong	聪葱囱匆	丛从
	cui	崔催脆粹淬	翠摧瘁
	cun	村寸	存
zh	zha	喳渣轧栅咋札扎诈榨眨	闸炸铡乍
	zhai	摘斋瞻债	寨窄宅
	zhan	毡詹粘沾辗崭展蘸斩盏占战	栈湛绽站
	zhang	樟章彰漳张掌涨帐胀瘴障	丈仗杖
	zhao	招昭找沼照罩爪	召赵肇兆
	zhe	遮哲蜇者锗蔗这浙	折辙
	zhen	珍斟真甄砧贞帧针侦臻枕疹诊震振镇	阵
	zheng	蒸挣睁征狰争怔整拯正政症证	郑
	zhi	芝枝支吱知肢脂汁之织职执侄址指止趾只旨纸志挚至致置帜峙制智质炙窒	掷蜘滞雉稚痔治秩直值殖植
	zhong	中盅忠钟衷终种肿众	重仲
	zhou	舟肘周州忖诌粥帚咒皱昼	纣骤宙轴
	zhu	株珠蛛朱猪诸诛竹烛煮拄瞩嘱主铸筑注祝驻	助著逐苎柱住
	zhuan	专砖转赚	撰篆传
	zhuang	桩庄装妆壮	状撞幢
	zhui	锥追赘缀	椎坠
	zhuo	拙桌琢茁酌卓啄灼捉	浊着镯

续表

声母	韵母	清音	浊音
ch	cha	叉插碴察岔差诧	茬茶搽查
	chai	拆	豺柴
	chan	掺铲产阐颤	缠馋谗单蝉禅蟾
	chang	昌猖厂敞畅唱倡	长肠场常尝偿
	chao	超抄钞嘲吵炒	朝潮巢
	che	车扯撤掣彻澈	
	chen	郴忱趁衬	沉陈尘晨辰臣
	cheng	称撑逞骋秤	橙澄惩呈程乘承丞成城诚盛
	chi	吃痴弛耻齿侈尺赤翅斥炽	池驰迟持匙豉
	chong	充宠	冲虫崇
	chou	抽仇瞅丑臭	愁绸稠筹畴踌仇酬
	chu	初出滁楚础矗搐触处	锄躇储除厨雏橱
	chuan	川穿喘串	椽传船篅
	chuang	疮窗幢闯创	床
	chuai	揣	
	chui	炊吹捶	槌锤垂
	chun	椿春蠢	唇纯莼淳醇
j	ji	即击圾基积机畸济挤绩脊祭际稽箕肌饥激讥鸡姬缉吉棘急汲嫉级几己蓟冀季寄计记继纪	集籍藉辑疾瘠寂剂技伎妓极既忌悸及展
	jian	监坚间兼肩艰奸尖歼笺溅剪煎箭缄茧检柬碱硷拣捡简减槛鉴见剑涧建	渐践贱饯荐俭件健键舰腱
	jiang	僵姜江疆讲将浆桨奖蒋酱	强匠降
	jiao	礁胶交郊浇骄娇搅铰焦蕉椒剿矫浇脚狡角饺缴绞教酵较叫窖	嚼轿
	jie	接睫揭皆秸节街阶疥姐劫桔借洁结戒藉芥界介诫届	捷截杰竭解
	jin	巾筋斤金今襟紧锦谨靳禁浸津进晋烬劲	近仅尽
	jing	荆兢茎京惊粳经晶精井警景颈境敬镜痉竟	竞径鲸静靖睛净鲸
	jiong	炯	窘迥

续表

声母	韵母	清音	浊音
j	jiu	揪究纠玖韭久灸九酒厩救疚	就臼舅旧咎柩
	ju	鞠拘狙疽居驹菊咀矩举沮据踞锯句惧炬	聚局巨拒距剧具俱屦
	juan	捐鹃娟眷绢	倦卷圈
	jue	撅攫抉爵觉决诀	绝掘橛倔嚼
	jun	均钧军俊骏君峻竣浚	郡菌
q	qi	欺栖戚妻七凄漆柒沏畦崎祁起岂乞企启契砌器气迄弃汽泣讫	齐脐荠骑奇歧祈鳍其棋期旗
	qia	掐恰牵	洽
	qian	扦钎铅千迁签仟谦遣浅谴堑嵌欠歉	钱前钳黔乾潜虔掮
	qiang	枪呛腔羌抢	强墙蔷
	qiao	橇锹敲悄巧鞘撬峭俏窍	乔桥侨荞翘樵瞧
	qie	切且怯窃	茄
	qin	侵亲寝沁	芹秦琴勤禽擒
q	qing	钦轻氢倾卿清氰顷请庆	擎情晴擎G
	qiong		穷琼
	qiu	秋丘邱囚泅	酋求球仇
	qu	趋区蛆曲躯屈取娶龋趣去	渠瞿驱
	que	缺炔却鹊榷确	瘸
	quan	圈醛痊犬券劝	泉全拳权颧
	qun		群裙
g	gong	工攻功恭龚供躬公宫弓巩拱贡钩	共汞
	gui	瑰规圭硅归龟闺轨鬼诡癸桂贵刽	跪柜
k	ke	苛柯棵磕颗科壳可渴克刻客课	咳
	kuang	匡筐框矿眶旷况	狂
	kui	亏盔岿窥奎魁傀馈愧坤	逵葵溃
s	si	斯撕嘶思私司丝死肆寺嗣四伺似饲巳	俟

续表

声母	韵母	清音	浊音
sh	shan	珊苫杉山删煽衫闪陕擅赡汕扇缮	善膳单
	shang	墒伤商赏晌梢	裳上尚
	shao	捎稍烧韶少哨邵绍奢	勺芍
	she	赊蛇舌舍赦摄射慑设	佘社涉
	shen	砷申呻伸身深娠绅神沈审婶渗	甚肾慎
	sheng	声生甥牲升绳省剩胜圣师	盛
	shi	失狮施湿诗尸虱食蚀实识史矢使屎驶始式示世拭势噬适释饰室试	誓逝是氏视嗜士仕柿事时鲥市恃侍十什拾石
	shou	收手首守瘦兽	受寿授售
	shu	蔬枢梳抒输叔舒疏书赎孰暑曙蜀黍鼠属述束戍墅庶数漱恕	署薯殊竖树熟淑术
	shui	水税吮	睡谁
r	rui	蕊锐	瑞
h	ha	哈骸	虾
	hai	海氦酣	孩亥害骇
	han	憨邯涵喊罕捍悍汉	含函撼憾酣寒韩旱汗焊翰
	hang	夯壕	行航杭
	hao	嚎郝好耗呵	豪壕毫号浩
	he	喝禾盒貉阂涸赫褐	河何荷贺和合鹤核
	hen	痕狠	痕很恨
	heng	哼亨	恒衡横
	hong	轰哄烘	弘宏红洪鸿虹
	huo		祸
	hou	吼	侯喉猴瘊厚候后
	hu	呼忽瑚蝴糊弧虎唬	胡湖狐壶乎瓠葫户沪互护核斛
	hua	花哗化	华铧划桦画话滑猾
	huai	徊	怀槐淮坏
	huan	欢恒唤痪豢焕涣	桓缓换幻还环患宦
	huang	荒慌磺蝗凰惶煌幌恍谎灰	黄簧皇晃
	hui	挥辉徽恢蛔毁悔卉晦贿秽烩讳诲绘	回茴汇会惠慧

续表

声母	韵母	清音	浊音
h	hun	荤昏婚	魂馄浑混
	huo	豁伙火霍货	活镬或惑获
x	xi	昔熙析西硒矽晰嘻吸锡牺稀息希悉膝夕惜熄烯溪汐犀檄袭席习媳喜铣洗隙戏细瞎	奚兮系係
	xia	虾侠吓	霞瑕遐下夏厦暇狭峡匣辖
	xian	掀锨先仙鲜纤舷涎显险献腺羡宪线	咸陷馅衔嫌闲限苋贤弦现县
	xiang	相厢镶香箱襄湘乡翔想响享向	详祥象像橡项巷
	xiao	萧硝霄削嚣销消宵淆晓小孝肖哮啸笑楔	效校
	xie	些歇蝎挟胁写卸懈泄泻屑薪	邪斜谢谐械鞋解姓蟹携协
	xing	星腥猩惺兴邢行醒性姓	行杏幸形型刑
	xuan	喧宣选癣绚靴	旋镟玄悬眩
	xue	薛雪血	穴学
	xun	勋熏询汛训讯逊迅驯	寻旬循巡殉
f	fa	发阀法珐	乏伐筏罚
	fan	番翻樊钒反返贩泛	凡帆范犯烦藩繁矾饭
	fang	坊芳方肪妨仿访纺放菲	房防
	fei	非啡飞匪诽肺废沸费	吠肥翡
	feng	丰封枫蜂峰锋风疯烽讽	冯凤逢缝奉俸
	fo		佛
	fu	夫敷肤孵拂辐幅氟俘涪福袱弗甫抚俯斧脯腑府赴副覆赋傅付腹富讣咐	缚符扶芙父釜腐辅附浮妇负阜复服伏栿
y	yao	邀腰妖瑶摇尧遥窑谣姚咬舀药要耀	肴
	ye	椰噎耶爷野冶也页掖叶曳腋夜液	业
	yi	一壹医揖铱依伊衣颐夷遗移仪胰疑沂宜姨彝椅蚁已乙矣以艺抑易邑屹亿役臆逸肄疫亦裔意毅忆义益溢诣议谊译异翼翌绎	倚
	ying	英樱婴鹰应缨莹营荧蝇迎赢盈影颖硬映	萤荥
w	wan	豌弯湾玩顽烷碗挽晚惋宛婉万腕汪	完丸皖

（五）零声母对比辨音

各方言零声母最容易出现的问题就是把普通话的零声母音节读成有声母音节，分别在各零声母音节前面加上[ŋ]，[n]，[l]，[v]等辅音。发音时，必须将这些辅音去除。

（六）单韵母与复韵母对比辨音

各方言都有把普通话单韵母读成复韵母，复韵母读成单韵母的方音现象。单韵母的复元音化，主要是发音时增加了动程；复韵母的单元音化是发音时动程弱化或完全消失，必须进行转换训练。

1. 单—复元音对比辨音法

通过把方言中容易混读的单韵母和复韵母进行对比交叉练习，来辨别单元音、复元音的发音差异。可以采取去除韵头的方式把复元音转读为单元音。

发音示例：普通话—方言

uúou：土—偷　肚—逗　读—抖　路—漏　叔—收　熟—手　俗—廋

üúiu：菊—酒　局—求　曲—球　屈—丘　蓄—秀　育—幼　域—友

eúuo：河—活　和—火　鹤—祸　科—括　可—阔　歌—过　哥—锅

2. 复—单元音对比辨音法

通过把方言中容易混读的复韵母和单韵母进行对比交叉练习，来辨别复元音、单元音的发音差异。可以采取增加韵头的方式把单元音转读为复元音。

发音示例：

uoúo：多—佛　朵—墨　获—坡　说—薄

aiúê：白—伯　买—麦　菜—拆　排—拍

eiúi：臂—鼻　眉—密　备—闭　披—皮

ieúi：别—逼　铁—剔　节—集　液—衣

（七）前后鼻音韵母对比辨音

除少数地区an组、ang组韵母混读外，绝大多数方言an组、ang组韵母都能清楚地区分，与普通话保持一致。但绝大多数地区的in，ing组和en，eng组韵母都是混淆的，一般规律是ing，eng组合并到in组eng组，也有eng组合并到ong组的情况。在这些地区需把部分in，en组韵母转读到ing，eng组韵母，还有部分地区前鼻韵尾丢失或鼻化的情况。

1. 前后鼻韵延长对比发音法

通过前后鼻音韵母对比交叉训练，来掌握前后鼻音发音的差异。两者发音的关键后鼻韵的主要元音变化和归音不同。

发音示例：声母→（韵头）→韵腹→n；声母→（韵头）→韵腹→ng

痕—恒　本—崩　陈—成　音—英　贫—平　亲—清

2. 前鼻韵韵尾补足对比辨音法

通过补足前鼻韵的韵尾，将前鼻韵与开韵尾对比交叉训练，来掌握前鼻韵的归音特点。

anúaún：班—把　攀—怕　谈—塔　产—插　站—炸　山—杀

ianúiúaún：天—他　田—塔　电—大　黔—掐　件—嫁　县—夏

uanúuúaún：晚—挖　换—花　端—搭　团—榻　管—挂　宽—垮

3. 前后鼻韵母对比辨字法

通过反复练读前后鼻韵母对照辨音字表（表 5.66）来对比记忆普通话的古浊声母字字音，根据本方言与普通话的清浊声母对应关系，进行正音。

表 5.66　前后鼻韵母对照辨音字表

	en	eng
ø	①恩④摁	
b	①奔贲③本苯④笨	①崩绷②甭③绷④迸蹦泵
p	①喷②盆④喷	①烹②朋棚硼鹏彭澎膨③捧④碰
m	①闷②门们扪④闷焖	①蒙②萌盟蒙溕檬朦曚艨③猛锰蜢艋
f	①分芬纷吩氛酚②坟焚汾③粉④分份忿奋粪愤	①风枫疯峰烽蜂锋丰封②逢缝冯③讽④奉腾誊滕藤
d		①登灯③等④邓凳磴镫瞪
t		②疼腾誊滕藤
n	④嫩	②能
l		②棱③冷④愣
g	①根跟②哏④艮	①耕庚赓羹更③耿埂哽绠梗鲠④更
k	③肯啃垦恳④裉	①坑
h	②痕③很狠④恨	①亨哼②横衡恒④横
zh	①真贞侦针珍胗斟③疹缜④振震镇阵	①争挣峥狰铮筝睁正怔征症蒸③整拯④正政证症郑诤
ch	①嗔抻②辰宸晨沉忱陈臣尘③碜④衬趁称	①称撑②成城诚盛承呈程惩澄橙乘丞③逞骋④秤

续表

	en	eng
sh	申伸呻身深娠②神③沈审婶④甚葚慎肾渗蜃	①生牲笙甥升声②绳③省④胜圣盛剩
r	人仁壬忍荏④任饪妊衽认刃纫韧	①扔②仍
z	③怎	①曾增憎缯④赠
c	①参②岑	②曾增层④蹭
s	①森	①僧
	in	ing
ø	①因洇茵姻氤殷音阴荫②垠银龈吟寅淫鄞③引蚓隐瘾饮尹④印荫	①英瑛媖应莺膺鹰婴缨撄嘤樱鹦罂②茨莹营萤蝇盈迎赢③影颖④映硬应
b	①宾傧滨缤槟镔彬④摈殡鬓	①兵冰③丙柄炳秉饼禀④病并
e	①拼②贫频嫔③品④聘	①乒②平评坪苹枰萍屏瓶凭
m	②民③敏皿闽悯泯	②名茗铭明鸣冥溟暝瞑螟③酩④命
d		①丁叮仃钉疔盯③顶鼎④定锭碇腚订
t		①听厅汀②亭停婷廷庭蜓霆③挺艇铤梃
n	②您	②宁咛狞柠凝③拧④宁泞佞
l	②林淋琳霖邻粼潾遴嶙辚磷鳞麟凛廪檩④吝赁蔺	②灵伶泠苓瓴聆翎玲铃蛉零龄凌陵菱绫棱③岭领④另令
j	①今衿斤巾金津襟筋③紧锦仅谨馑瑾槿④妗尽烬瀑劲觐近晋缙禁噤浸	①京惊鲸茎泾经菁晴精晶荆兢粳③景颈
q	①衾亲侵钦②芩琴芹秦禽擒噙勤③寝④沁	①氢轻青清蜻倾卿②情晴擎③顷请④庆亲
x	①忻昕欣新薪辛莘锌心馨④信衅	①星猩腥兴②形刑邢型行③省醒④幸姓
	uen	ong
d	①敦墩蹲吨③盹趸④炖钝顿囤盾遁	①冬东③董懂④洞恫侗冻栋动
t	①吞②屯臀④褪	①通②同桐铜童潼瞳③筒桶捅④痛
…	①抡②仑沦纶轮伦④论	②隆窿龙咙聋笼③拢垄陇④弄
g	③滚辊④棍	①工功攻公蚣躬供恭宫③拱巩汞④共贡供
k	①昆坤③捆④困	①空③孔恐④空控
h	①昏婚荤②魂浑④混	①烘哄轰②红虹宏洪鸿弘③哄④讧哄
zh	①谆③准	①中忠盅钟衷终③肿种④中仲种重众

续表

	uen	ong
ch	①春椿②唇纯淳醇③蠢	①冲忡充舂②虫重崇③宠④冲铳
sh	③吮④顺舜瞬	
r	④闰润	②容溶蓉榕熔绒荣融茸
z	①尊遵③撙	①宗综棕踪鬃③总④纵粽
c	①村皴②存③忖④寸	①囱匆葱聪②从丛淙
s	①孙③损笋榫	①松嵩③怂耸竦④宋送颂讼诵
ø	①温瘟②文纹蚊闻③稳吻紊④问	①翁嗡④瓮蕹
	ün	iong
ø	①晕②云匀③允陨④运酝晕孕韵熨蕴	①拥佣庸③永泳咏勇涌蛹踊④用
j	①均君军菌④菌俊骏浚峻竣	③窘迥
q	②群裙	②穷琼
x	①熏勋②旬询循巡寻④驯训讯汛殉逊	①兄凶汹胸②熊雄

（八）声调分合对比辨音

1．调类分合对比辨音

普通话和汉语各方言的调类系统都由古代汉语的调类系统发展演变而来。在发展演变过程中，现代汉语各方言和普通话不同程度地继承和改变了古汉语声调系统的某些成分，形成普通话和汉语方言在声调上异同。南朝齐梁间，古汉语就有“平、上、去、入”四个大调类，后按声母清浊各分出阴阳两调，形成“阴平、阳平、阴上、阳上、阴去、阳去、阴入、阳入”八个调类。

古调类中的平声、上声、去声在普通话和各方言中都有较为一致的演变方向：古清声母平调归为今阴平调，浊声母平调归为今阳平调，古清声母和次浊声母上声调归为今上声，古全浊声母上声和古去声调全部归入今去声调，只有个别方言区如吴方言、湘方言、闽方言和粤方言在上声调和去声调中还留存古阴上、阳上、阴去和阳去调类。

就调类而言，普通话是四个调类。汉语方言调类有的比普通话少，如山东烟台、河北滦县等只有 3 个调类；有的比普通话多，如上海、长沙、福州、绍兴、广州、南宁等地区分别是 5、6、7、8、9、10 个调类。比普通话调类少的地区，学习普通话要注意分开调类，如山西太原，阴平和阳平的调值都是 11 调，要分化调类，按阴平[55]、阳平[35]调值去读；比普通话调类少的地区，学习普通话要注意合并调类，如南昌去声有两个调类，阴去[55]、阳去[31]，学习时要注意将两个调类合并读为[51]调值。

2. 调值分化对比辨音

就调值而言，以“天”字调为例，普通话调值为[55]，长沙调值为[33]、烟台调值为[31]、济南调值为[213]，调值和调型都有很大的差异。但普通话与各方言声调存在着比较整齐的对应关系，可以进行规律性的辨正学习。

3. 古入声字改读

古入声在普通话中已归入阴平、阳平、上声、去声，但在各方言中都有1~4个入声调留存。方言古入声字的读音主要有三种情况：

第一，多数方言保留塞音尾，入声读音短促；

第二，有的地区保留入声调，但入声没有塞音尾，发音不短促；

第三，大部分北方方言地区，入声归入阴平、阳平、上声、去声的个别调类，虽然归入其他声调后调值与普通话发音不同，但发音都比较舒缓。

有独立入声调的方言区的人学习普通话，首先要识别入声字及其在普通话的归类方向，其次要将入声调的塞音尾的短促读音改读为普通话相应声调的舒缓读音。

（九）利用语音对比辨音记字法

少数民族语言和普通话虽然有不同的地方，但是也有许多相同或相似的。在苗族学习普通话应当充分利用这些优势，把少数民族语言和普通话对应起来练习加以正确引导，这样学起来会更容易一些。如苗语的p，ph，m，f，t，th等17个声母和i，ɑ，o，u，ɑi，ei，ɛ̃n，aŋ，oŋ等韵母与普通话是相同或相似的。在练习这些声母或韵母时，根据说苗语的发音体验来练习。例如，在学习声母[p]时，可以先发苗语音节[pi^{33}]（意思为“我们”）根据[pi^{33}]来读普通话的[p]，这样就很容易就记住这个声母的发音方法了。

1. 利用s，引导掌握z、c的发音要领

首先掌握z，c，s三个音的发音要领。z是一个舌尖前、不送气、清、塞擦音，c是一个舌尖前、送气、清、塞擦音，s是一个舌尖前、送气、擦音。z，c，s三个音都是舌尖前音，发音时，由舌尖抵住或接近齿背阻碍气流而形成。它们都是清音。不同的是，前两者是塞擦音，后者是擦音。然后利用学生会发的s音，指导学生改变舌尖接近上齿背，中间留有一条窄缝的状态，将舌尖轻轻顶住上齿背，这样就可以把握好发音要领了。

2. 利用“i”发“ü”

i、ü都是舌面元音中的前元音、高元音，舌位是相同的，只是发音时唇形有区别，ü是园唇音，i是不园唇音。可以采取以“i”带出“ü”的方法，先发i，然后舌头不要动，慢慢地把嘴唇拢圆，就发出“ü”音了。

三、利用汉语汉字结构规律记字辨音

有了基本的普通话辨音能力和发音能力，并不代表能说好普通话。要消除母语的旧有发音习惯，养成普通话新的发音习惯，还需要一个记字辨音的学习过程。当我们的记字辨音积累到一定的程度，普通话才可能做到运用自如、规范标准。语言是符号系统，文字是记录语言的符号系统，汉语汉字都有自身的结构规律和演变规律。利用这些规律，也可以帮助我们迅速有效地记忆辨析方言中与普通话差异较大的字音。

（一）声旁类推代表字记字法

汉语音节的特点基本上是一个汉字即一个音节。90%以上的汉字是形声字，形旁代表字的意义类别，声旁代表字的声音。虽然只有三分之一的声旁与本字读音完全相同，但几乎所有的声旁的读音与本字读音归属同一个声母或韵母。声旁类推代表字记字法就是利用形声字声旁读音相同或相近的结构规律和特点，只要记住一个声旁代表字，就可以基本记住一系列相同声旁字的普通话读音，取到以少驭多的记忆效果。如"那"的声母是鼻音，由此推知，"哪挪娜"的声母也发鼻音，"争"是后鼻音韵母，可以推知"挣铮筝睁峥净"的韵母是后鼻音韵母（见表 5.67）。

表 5.67　常用声旁类推代表字表

zh-z	查乍占展詹章长丈召折遮者贞真珍争正支知只直执止旨至志中州妯朱主苎爪专庄壮隹桌	匝哉澡责则兹子淄宗奏族资造尊曾左作坐
ch-c	茶搀蝉产昌常肠抄朝辰成橙呈蚩尺绸筹出刍厨垂春淳啜	才采参仓曹此猝崔寸搓错挫
sh-s	杀沙山删衫扇善商尚捎苕佘申生师尸诗士市式受叔梳抒孰暑术刷率拴霜舜	桑搔塞思斯司四松叟酥素速隋梭唢遂孙
n-l	那乃奈南囊脑挠内尼倪拈念聂宁妞农奴懦诺虐	刺赖腊兰劳老郎雷累离立厉利里连廉脸练良凉两撩了列林鳞菱令留流龙隆娄卢鲁录路仑罗洛吕虑
f-h	凡反番方夫父付弗伏甫福分愤乏发伐风非夆	火禾或户乎虎胡狐话灰回会挥悔惠红怀还奂昏混荒皇晃黄
r	然冉嚷饶人刃壬仍戎荣柔如儒辱闰若	
ü	居菊且具句巨余屡虑俞予鱼区取虚于禺浴臾	
en-eng	恩本喷门分艮肯寸真贞珍沈辰申壬刃参岑	朋彭蒙孟风夆奉登等腾棱更庚亨恒横争正成丞生仍曾
in-ing	因音引宾民林粼凛今斤禁堇菫尽劲晋侵禽新心辛	英婴萦鹰莹兵丙并禀平名命冥丁定亭廷宁灵令菱京茎青竟敬经竞顷星兴形省幸杏

（二）声韵拼合规律记字法

从理论上普通话的任何一个声母、韵母和声调都应该可以相拼，但实际上，不是任何声母、韵母和声调都能相拼。在方言中可以相拼的音节，在普通话中是不能拼合的。如在粤语中有“zi，ci，si”拼合的音节，普通话没有；普通话有的“deng，teng”音节，贵州话没有。所谓声韵拼合规律就是即根据普通话存在而方言不存在的声母与韵母拼合中的一些规律和特点来记住某些字的普通话读音，以此纠正方音。如普通话“d，t，n，l”一般不与“en”相拼，故“等邓登灯疼冷能棱”等字的韵母就应读后鼻音“eng”。

1. 平翘舌声母

（1）普通话z，c，s不拼ua，uai，uang。故“抓、拽、揣、踹、窗、疮、床、闯、创、造、刷、耍、摔、衰、甩、帅、率、蟀、双、爽、霜”庄、桩、装、妆、壮、状、撞等 28 个常用字读翘舌音。

（2）普通话sh不拼ong。故“送、松、宋、颂、诵”等字声母为平舌音。

（3）普通话没有[z]声母，方言中[z]声母字可改读r[ʐ]，故“日、人、热、润、如”都读为翘舌音。

（4）ca音节常用字只有一个“擦”字，其余“杈、茶、插、察、刹、叉、差、嚓、茬、查、搽、猹、楂、衩、岔、诧、姹、汊、喳、馇”等 20 个字读作cha。

（5）cou音节常用字只有一个“凑”字，其余“抽、丑、绸、臭、愁、仇、惆、畴、酬、稠、筹、踌、瞅、殠、紬、椆、俦、帱、雠、杻”等 20 个字读作chou。

（6）cen音节常用字只有“参~差岑涔”三个字，其余“陈、晨、琛、趁、沉、抻、郴、谌、瞋、臣、尘、辰、忱、宸、谌、碜、衬、称、谶、嗔”等 20 个字读chen。

（7）cang音节常用字只有“仓沧舱苍藏”，其余“长、场、常、昌、唱、伥、倡、娼、肠、尝、倘、偿、徜、裳、嫦、厂、惝、敞、鲞、怅、畅、昶、苌、菖、阊、鲳、玚”等 28 个字读chang。

（8）z，c，s，zh，ch，sh，r不与i、ü 韵母拼合，故“记、期、席、娇、敲、校”等字读j、q、x声母。

2. 边鼻音声母

（1）ou，ia，uen韵母只拼l不拼n，故“楼、娄、搂、漏、露、陋、俩、论、轮、伦、抡、仑、沦”等字读l声母。

（2）韵母en只拼n不拼l，故“嫩”读n声母。

（3）ne音节只有“呢、讷”两个字，其余“肋、勒、乐、叻、嘞”等字读l声母。

（4）nei音节只有“内、馁”两个字，其余“类、累、类、泪”等字读l声母。

（5）nü 音节只有“女”字，其余“绿、吕、率、旅、律、捋、氯”等字读l声母。

（6）nuan音节只有“暖”字，其余“卵、乱、栾、鸾、峦、孪、銮、滦”等字读l声母。

（7）以“良”为声旁的字只有“娘、酿、孃”转读n声母，其余“粮、踉、狼、浪、朗、廊”等字读l声母。

3. f和h声母

（1）f声母不能与以u作介音的韵母拼合，故“混、婚、荤、黄、慌、皇、谎”等字读作h声母。

（2）f声母不与ong韵母拼合，故“风、奉、冯、峰、缝、讽”等字的声母读作f声母。

（3）ɑi韵母不拼f声母只拼h声母，故“还、害、海、孩、亥”等字读作h声母。

4. u，o，ê和uo韵母

（1）g，k，h和零声母不与o拼合只与e拼合，故“歌、革、隔、刻、客、科、合、和、河、喝、贺、额、鹅”等字读作e韵母。

（2）d，t，n，l，zh，ch，sh，r，z，c，s声母不与o拼合只与uo拼合，故“多、脱、糯、懦、洛、落、捉、戳、说、坐、错、撮、所、缩”等字读作uo声母。

（3）b，p，m声母只与o拼合不与ê拼合，故“伯、波、柏、魄、迫、墨、陌、默”等字读作o韵母。

（4）d，t，l，g，k，h声母与只与e拼合不与ê拼合，故“得、德、特、勒、格、革、客、刻、核、赫”等字读作e韵母。

（5）zh，ch，sh，r，z，c，s只与e或ɑi拼合不与ê拼合，故“这、折、车、扯、舌、摄、热、惹、则、责、策、册、塞、色”等字读作e韵母。

5. ei和uei韵母

（1）普通话d，t和z，c，s拼uei不拼ei，故“对、碓、堆、最、醉、脆、岁、随”等字读uei韵。

（2）普通话n，l拼ei不拼uei，故“类、累、泪、内”等字读ei韵。

6. üe和iê韵母

（1）xüe音节只有“学穴雪血靴噱谑”7个字，其余“鞋、邪、蟹”等40多个字读作ie韵母；“须徐虚许”等字都读作ü声母。

（2）lüe音节只有“略、掠”两个字，其余“绿、旅”等字读作ü韵母。

（3）pie音节只有“撇、瞥、苤”三个字，其余“皮、劈、匹”等字都读作i韵母。

（4）mie音节只有“灭、蔑、咩、乜、篾”五个字，其余“密、觅、幂”等字都读作i韵母。

7. 前后鼻音

（1）普通话d，t不拼in，en。故“定、亭、停、听、等、邓、灯、凳、登”等字是后鼻韵ing和eng。

（2）普通话b，p，m，f不拼ong韵，故“崩、迸、抨、朋、蓬、彭、蒙、盟、孟”等字都为eng韵，不读ong韵。

（三）古今音变规律记字法

现代汉语和各方言语音差异，是古汉语在不同地域演变发展的结果。一些古音普通话已经消失，但在方言还留存，造成两者间的语音不同。古今音变规律记字法就是根据古汉语在不同方言中的演变状况和分化特点，来记住某些字音的普通话读音。

（1）根据“舌上归舌头”的古今声母音变规律，现在凡声旁是d，t声母的字，这个字的声母一般读作翘舌音。如“童”声旁的声母读t，故“撞、幢、憧”等字读作翘舌音声母zh，故可以通过这一方法记住一系列以d，t为声母的翘舌音字：单→禅蝉婵阐；东→陈；台→治笞始；土→社；它→蛇；冬→终等。

（2）古阳声韵收鼻音尾，入声韵收塞音尾，普通话阳声韵没有入声字，故各方言的阳声韵就不是入声字。

（3）普通话声母为“m，n，l，r”或零声母字古入声字一般在普通话中都归入去声，因此，各方言“m，n，l，r”或零声母字古入声字可以转读为去声等。

（四）分类记字法

普通话、汉语方言、少数民族语言音节都有一个共同的规律，就是发音相同的音节聚为一类字。分类记字法就是利用普通话发音相同的一类常用字与方言或少数民族发音相同的一类常用字的对应关系来记住某些方言字音的普通话读音。如都匀话韵母读作“ou”的常用字“都毒肚秃兔奴卢鲁禄路”在普通话都读成“u”，记住这些字就可以全部转读成普通话语音了。

1. 古入声字

常用古入声字有 700 多个。在普通话中归去声最多，有 300 多个，归阳平 200 多个，归阴平 100 多个，归上声最少，有 50 多个。入声字可以通过以下方法进行识别：

（1）声母是b，d，g，j，zh，z的阳平字，多为古入声字：例如“拔ba”“答da”“革ge”“吉ji”“哲zhe”“杂za”。

（2）声母是 zh，ch，sh，r 的 uo 韵母字都是古入声字。例如“捉zhuo”“戳chuo”“说shuo”“若ruo”。

（3）声母是p，t，m，n，l的ie韵母字，绝大多数是古入声字。例如“撇pie”“铁tie”“灭mie”“捏nie”“列lie”。

（4）üe韵母字除“瘸que”“靴xue”几个字外也都是古入声字。例如“虐nüe”“略lüe”“学xüe”等。

（5）普通话 16 个带鼻音韵母和-i，er，uei等 3 个韵母没有古入声字。

2. 记住常用古全浊声母字

记住古全浊声母可以帮助我们正确辨识方言中送气声母字和不送气声母字在普通话中的正确读音。

3. 记住易错的常用字

在说普通话时，每个方言和少数民族语言都有一些本语言特有的容易出错的方音，如布依语的不送气音，苗语的f声母和an韵，黔南方言的an韵、ian韵和入声调，贵阳方言的 y 韵，吴方言的浊声母、单音化韵母，粤方言的入声韵和等。总结和记住这些易错字，可以有效纠正方言。

第六章　普通话音变

我们无论是说话还是朗读时，总是连续发出一连串的声音，这一连串的声音像一股水流，称为语流。在语流中，连着发音的音节互相影响，有时会发生语音变化，这就是语流音变。普通话中的语流音变现象主要有变调、轻声、儿化和语气词“啊”的变读。

方言区的人要想使自己的普通话说得纯正地道，不仅要能按照普通话的声韵调的要求发好单个音节，更重要的是在语流中能熟练把握音素与音素、音节与音节、声调与声调间互相影响所产生的语音变化。因此，在学习汉语音节的声、韵、调的基础上，掌握和运用普通话的语流音变规律是非常重要的。

第一节　普通话变调发音

一、什么是变调

在语流中，由于音节和音节连续发音，声调之间相互影响使原来声调的调值发生变化，这种现象叫作变调。变调主要有上声变调、“一、不”变调、轻声变调、形容词重叠形式变调等四种。轻声不仅声调变化，在声母和韵母上也有变化，故轻声不专属变调。

二、普通话变调的发音要求

普通话变调一般遵循以下原则：

第一，单音节、处于词语末位和句末的音节不变调，发音仍保持其原声调。

第二，变调分显著变调和不显著变调。显著变调在听觉上能够很容易感知到声调明显的变化，是指一般意义上的变调现象，如上声变调、“一、不”变调、轻声变调、形容词重叠形式变调等；不显著变调声调变化不明显，只是发音时有细微的区别，如两个阳平相连，前面一个阳平调读[34]调值，两个去声相连，前面一个去声读[53]调值等。

第三，变调一般具有“前高后低、前低后高、前轻后重、前重后轻”的发音求省特点。普通话声调的语音格式为，阴平高轻、阳平中次轻、上声低次重、去声高重，所有变调一般按此高低轻重格式协调变化。

第四，除轻声外，所有变调都要求发音时读变调，用汉语拼音拼写音节时记原调。

三、上声变调方法及常见问题解析

上声因具有“曲、低、长”的调值特点，发音比较困难，实际发音调值为[214]。在快速连续发音时，受到前后音节声调的影响，上声调值常常会被挤短、扯直。因此，上声变调主要有变像阳平、变半上等两种基本形式。

（一）上声调值变像阳平[24]

当上声后面跟着上声时，前面的上声受到后面上声发音低长的影响，调值会变得比较高。发音时往往会保持升调特征，去除降调特征，变降升调为中升调，调值由[214]变为[24]或[35]，调值接近阳平。因这种变调后的上声调值近似阳平，故称为像阳平。

1. 上声与上声相连

当两个上声连续发音时，前面的上声变像阳平，调值为[24]或[35]，声调格式为：低 + 低变为高 + 低。发音例词：

好米hǎomǐ　马场mǎchǎng　很好hěnhǎo　小组xiǎozǔ
冷水lěngshuǐ　选举xuǎnjǔ　远景yuǎnjǐng　北海běihǎi
古典gǔdiǎn　铁锁tiěsuǒ　雨水yǔshuǐ　友好yǒuhǎo

2. 三个上声相连

当三个上声相连时，先将语流按音词划分，再根据音词与音词之间的句法结构、语义结构进行变调。三音节词的结构主要有“双单格”（A+B）+ C 和“单双格”A +（B+C）两种。因此，三个上声相连的变调也主要有两种变化形式：

（1）[214 + 214] + [214]调值变为[24 + 24] + [214]。声调格式：低 + 低 + 低变为高 + 高 + 低。发音例词：

百里场bǎilǐchǎng　展览馆zhǎnlǎnguǎn　蒙古语měnggǔyǔ

（2）[214] + [214 + 214]调值变为[21] + [24 + 214]。声调格式：低 + 低 + 低变为半低 + 中 + 低。发音例词：

很美好hěnměihǎo　小拇指xiǎomǔzhǐ　纸老虎zhǐlǎohǔ

3. 四个以上上声相连

当四个以上上声相连时，将语流按音词划分，先进行词内变调，再按从左到右的顺序依次变调。发音例词：

美好理想měihǎo lǐxiǎng

给你一份老李写好的演讲稿。gěi nǐ yīfèn lǎolǐ xiě hǎo de yǎnjiǎnggǎo.

3. 上声+轻声（原调为上声）

上声后面跟着轻声，如果轻声的原调是上声，则先按上声原调调值把前面的上声变为像阳平，再还原轻声调值。调值变化：上声 + 轻声（上声）变为[24] + 轻声。发音例词：

老虎lǎohu 打点dǎdian 把手bǎshou 洗洗xǐxi

（二）上声调值变为半上[21]

上声后面如果跟着阴平、阳平、去声等比较高的声调时，为求发音和谐，会只保持前面上声的前半部分降调特征，去除其后半部分升调特征，整个声调呈现只降不升的变化形式，调值由[214]变为[21]。

1. 上声+非上声

（1）[214] + [55]调值变为[21] + [55]。声调格式：低 + 高变为半低 + 高。发音例词：

解说jiěshuō 紧张jǐnzhāng 海风hǎifēng 买单mǎidān

（2）[214] + [35]调值变为[21] + [35]。声调格式：低 + 中变为半低 + 中。发音例词：

果然guǒrán 隐瞒yǐnmán 古文gǔwén 火柴huǒchái

（3）[214] + [51]调值变为[21] + [51]。声调格式：低 + 高变为半低 + 高。发音例词：

访问fǎngwèn 晚报wǎnbào 孔雀 kǒngquè 启动qǐdòng

2. 上声+轻声（原调为非上声）

上声后面跟着轻声，如果轻声的原调是非上声，先按非上声原调调值把前面的上声变为半上，再还原轻声调值。调值变化：上声+轻声（非上声）变为[21] + 轻声。

（1）[214] + [55]（轻声）变为[21] + 轻声。发音例词：

喜欢xǐhuan 耳朵 ěrduo 委屈wěiqu 眼睛yǎnjing

（2）[214] + [35]（轻声）变为[21] + 轻声。发音例词：

你们nǐmen 养活yǎnghuo 老爷lǎoye 老婆lǎopo

（3）[214] + [51]（轻声）变为[21] + 轻声。发音例词：

早上zǎoshang 扁担biǎndan 女婿nǚxu 首饰shǒushi

3. 上声重叠（表亲属称谓）

上声重叠表示称谓，前面上声一律变半上。调值由[214] + [214]（称谓）变为[21] + 轻声。发音例词：

奶奶nǎinai 姐姐jiějie 婶婶shěnshen 姥姥lǎolao

4. 上声 + “子”后缀

上声后面跟“子”后缀，前面上声一律变半上，“子”后缀读轻声。调值由[214] + [214]变为[21] + 轻声。发音例词：

板子bǎnzi 斧子fǔzi 椅子yǐzi 馆子guǎnzi

四、"一、不"变调方法及常见问题解析

"一、不"都是古清声母的入声字。普通话话"一"单字调读阴平[55]调值，"不"单字调读去声[51]调值。在单念或词句末尾时不变调，变调主要是在句中受后面一个音节声调的影响时发生。"一、不"虽然原声调调值不同，但变调的规律都很一致。

（一）"一、不"+去声

"一"的原调调值是[55]，"不"的原调调值是[51]，当"一、不"后面跟着去声时，"一、不"调值一律变为阳平[35]。变化后的声调格式：[35]+[51]。发音例词：

一块yīkuài　　一旦yīdàn　　一切yīqiè　　一定yīdìng

不定bùdìng　　不去bùqù　　不干bùgàn　　不对bùduì

（二）"一、不"+非去声

当"一、不"后面跟着非去声时，"一、不"调值变为去声[51]。

1. "一、不"+阴平变为[51]+[55]

发音例词：

一经yījīng　　一般yībān　　一班yībān　　一颗yīkē

不经bùjīng　　不甘bùgān　　不单bùdān　　不说bùshuō

2. "一、不"+阳平变为[51]+[35]

发音例词：

一直yīzhí　　一条yītiáo　　一瓶 yīpíng　　一行 yīxíng

不直bùzhí　　不学bùxué　　不匀bùyún　　不行bùxíng

3. "一、不"+上声：变为[51]+[214]

发音例词：

一起yīqǐ　　一种yīzhǒng　　一点yīdiǎn　　一把yībǎ

不比bùbǐ　　不许bùxǔ　　不理bùlǐ　　不取bùqǔ

4. "一、不"夹在词语中间变轻声

（1）夹在相同词语中间

发音例词：

想一想xiǎngyixiǎng　　试一试shìyishì　　等一等děngyiděng

想不想xiǎngbuxiǎng　　试不试shìbushì　　等不等děngbuděng

（2）夹在不同词语中间

发音例词：

小一点儿xiǎoyidiǎnr　　了不起liǎobuqǐ　　吃不了chībuliǎo

五、形容词重叠式变调方法及常见问题解析

形容词重叠式主要有 AA 式、ABB 式、AABB 式三种。在书面语里，说话语气较庄重、严肃，朗读政论性文章时，形容词重叠式不变调。在说话比较慢时，也可以不变调。变调一般只用于口语形式，形容词重叠式变调发音方法如下。

（一）AA 式变调

1. “A+A”

在“A+A”格式中，第二个音节不变调。发音例词：

红红的hónghóngde　　满满的mǎnmǎnde

饱饱的bǎobǎode　　大大的dàdàde

2. “A+A 儿”变为 A（原调）+A 儿（阴平）+的（轻声）

“A+A 儿”格式中的第二个音节必须变调。变调方法为第一个音节不变调，第二个音节不管原声调是什么声调都统一变为阴平调并儿化，加读第三个音节轻声“的”。发音例词：

暖暖儿的nuǎnnuǎnrde　　平平儿的píngpíngrde　　长长儿的chángchángrde

稳稳儿的wěnwěnrde　　快快儿的kuàikuàirde　　早早儿的zǎozǎorde

（二）ABB 式变调

第一个音节不变调，后面两个音节都统一变为阴平调。在快读时，第二个音节变为轻声。部分书面语 ABB 式不能变调。

1. 可变调的 ABB 式

发音例词：

绿油油lùyóuyóu　　懒洋洋lǎnyángyáng

乱蓬蓬luànpéngpéng　　笑吟吟xiàoyínyín

2. 不可变调的 ABB 式

白皑皑bái'ái'ái　　金闪闪jīnshǎnshǎn　　平板板píngbǎnbǎn

（三）AABB 式变调

第一个音节不变调，第二个音节变轻声，后面两个音节变阴平。当然也可不变调。部分书面语中的 AABB 式不能变调。

1. 可变调的 AABB 式

发音例词：

慢慢腾腾mànmànténgténg　　陆陆续续lùlùxùxù　　清清楚楚qīngqīngchǔchǔ

2. 不可变调的 AABB 式

发音例词：

轰轰烈烈hōnghōnglièliè　　堂堂正正tángtángzhèngzhèng

沸沸扬扬fèifèiyángyáng

第二节　普通话轻声发音

一、什么是轻声

“轻声”不是独立的声调，而是普通话四个声调的特殊音变，即在一定条件下读得既短又轻的调子。在语流中，后一个音节受到前一个音节的影响，失去原来的声调，变读轻声。例如，在“比方、骨头、马虎、知道”中的“方、头、虎、道”，它们单念时各有固定的声调：“方”读阴平，“头”读阳平，“虎”读上声，“道”读去声。可是在轻声词语里却都读得既短又轻，这些读为轻声的字通常叫作轻声字。

二、普通话轻声的语音特征

轻声作为一种音变现象一定体现在词语和句子中。因此，轻声音节的读音不能独立存在，即使是固定读轻声的单音节助词、语气词也不例外。轻声是音高、音长、音强、音色综合变化的形式，其中音高、音长的变化最显著，其次是音色变化，再其次是音强变化。因而，轻声具有轻短、模糊、音高不固定的语音特征。

1. 语音轻短

轻声在物理性质上主要表现为音长变短，音强变弱。语音实验证明，从音长看，轻声音节一般短于正常重读音节的长度，甚至缩短到重读音节的一半；从音强看，轻声音节的气流也比重读音节弱；听感上，轻声具有发音又轻又短的特色。

2. 音色模糊

轻声不仅表现出音高的变化，还表现出音节声母和韵母的音色变化。常见的有：不送气清塞音声母和清塞擦音声母浊音化，声母音色变得比较浑浊，如“哥哥”的“哥”，声母有时会变成浊塞音[g]，“鼻子”的“子”声母有时会变成浊塞擦音[dz]；韵母中高元音、低元音的央化，韵母音色变得比较含混；如“棉花”的“花”重读发为[xuA]，轻读发为[xuə]；有的轻声韵母甚至脱落，如“豆腐dòuf”“咱们俩zánmliǎ”。

3. 音高不固定

在语流中，轻声音节没有固定的调值，其调值会受到前面音节的影响而发生变化。当前面音节的声调是阴平、阳平、去声时，后面轻声音节的声调是短促的低降调；当前面音节的声调是上声时，后面轻声音节的声调是短促的半高平调。如“晚上”中“wǎn”的调值是[35]，那么“shang”的调值就是[4]；“天上”中“tīān”的调值是[55]，那么“shang”的调值就是[2]。

三、轻声的发音方法

普通话轻声音节的发音除缩短发音的时长、减弱发音的强度、注意声母浊化和韵母央化外，最主要的变化就是调值的变化。轻声音节的调值有四种：半高音调值[4]、中音调值[3]、半低音调值[2]、低音调值[1]。变调条件为：

（一）阴平＋轻声变为[55]＋[2]

发音例词：

他的tāde　桌子zhuōzi　休息xiūxi　先生xiānsheng
哥哥gēge　哆嗦duōsuo　家伙jiāhuo　包袱bāofu

（二）阳平＋轻声变为[35]＋[3]

发音例词：

红的hóngde　房子fángzi　活泼huópo　长处chángchu
婆婆pópo　萝卜 luóbo　头发 tóufa　成分chéngfen

（三）上声＋轻声变为[21]＋[4]

发音例词：

我的wǒde　喇叭lǎba　耳朵 ěrduo　打量dǎliang
姐姐jiějie　马虎mǎhu　老实lǎoshi　懂得dǒngde

（四）去声＋轻声变为[51]＋[1]

发音例词：

坏的huàide　扇子shànzi　丈夫 zhàngfu　报酬bàochou
弟弟dìdi　困难 kùnnan　骆驼 luòtuo　凑合còuhe

四、轻声的种类

在普通话中，只有口语中的常用词才读轻声，新词、科学术语一般不读轻声。普通话轻声词可分为两类：

（一）习惯轻声词

习惯轻声词是指没有规律而日常习惯必读轻声的词。发音例词：

包袱bāofu	聪明 cōngming	麻烦máfan	爽快shuǎngkuai
漂亮 piàoliang	云彩 yúncai	蘑菇mógu	芝麻zhīma

（二）固定轻声词

在普通话中有规律地读作轻声的词，通常是一些语法成分。固定轻声词主要有以下类别：

（1）助词“的、地、得、着、了、过”和语气词“啊、吗、吧、呢、嘛”等

发音例词：

废弃的fèiqìde	猛烈地měngliède	蕴蓄着 yùnxùzhe	增添了zēngtiānle
变得biànde	看过kànguo	他呢tāne	谁啊shuíya
去吗qùma	吃吧 chība	干啊gànna	好哇 hǎowa

（2）叠音词和动词的重叠形式后头的字

发音例词：

说说shuōshuo	看看 kànkan	坐坐zuòzuo	哥哥gēge
劝劝quànquan	等等děngdeng	尝尝 chángchang	奶奶nǎinai
商量商量shāngliangshāngliang		打听打听dǎtingdǎting	
了解了解 liǎojieliǎojie		表演表演biǎoyanbiǎoyan	

（3）名词的后缀“们、子、头、么”等

发音例词：

我们 wǒmen	你们nǐmen	桌子 zhuōzi	椅子 yǐzi
木头 mùtou	石头 shítou	这么zhème	那么 nàme

（4）名词、代词后面表示方位的词

发音例词：

脸上liǎnshang	山下shānxia	这边zhèbian	房上fángshang
左边zuǒbian	外面wàimian	后面hòumian	里头lǐtou
马路上mǎlùshang	地底下dìdǐxia	村子里cūnzili	泥土里nítúli

（5）动词、形容词后面表示趋向的词“来、去、起来、下去”等

发音例词：

送来sònglai	进来jìnlai	起来qǐlai	拿来nálai

过去 guòqu　出去 chūqu　上去 shàngqu　下去 xiàqu
热起来 rèqilai　说出来 shuōchulai　夺回来 duóhuilai
冷下去 lěngxiaqu　跑过去 pǎoguoqu　挑回去 tiāohuiqu

（6）量词“个”常读轻声

发音例词：

十个 shíge　这个 zhège　那个 nàge　哪个 nǎge

五、轻声的作用

有些轻声音节具有区别意义和区分词性的作用。

（一）轻声区别词义

发音例句：

（1）他的孙子在工厂当工人。

（2）古代的孙子是一位军事理论家。

这两句中的“孙子”都是名词，但词义不同。前句的“孙子”是指儿子的儿子，“子”没有实在意义，读轻声；后句的“孙子”是人名，这个“子”古代表示对人的敬称，有实在意义，读上声。发音例词：

包子——一种带馅儿的面食　孢子——一种低等动植物的细胞

瞎子——眼瞎的人　虾子——虾卵

本事——本领　本事——文学作品主题所根据的故事

（二）轻声区别词义和词性

发音例句：

（1）办事情不能大意。

（2）这篇文章的段落大意很清楚。

前句的“大意”是“疏忽”的意思，是形容词，“意”读轻声；后句的“大意”指的是“主要的意思”，是名词，“意”读去声。

发音例词：

利害——剧烈，凶猛，形容词

利害——利益和损害，名词

（三）轻声增强语言的节奏感

轻声可以使音节轻重有致，使话语婉转动听，富有节奏感和音乐感。

发音例句：

（1）她说着说着笑了。

（2）渐渐地我的眼睛模糊了。

六、普通话必读轻声词语

爱人 àiren	案子 ànzi	巴掌 bāzhang	把子 bàzi
把子 bǎzi	爸爸 bàba	白净 báijing	班子 bānzi
板子 bǎnzi	帮手 bāngshou	梆子 bāngzi	膀子 bǎngzi
棒槌 bàngchui	棒子 bàngzi	包袱 bāofu	包涵 bāohan
包子 bāozi	豹子 bàozi	杯子 bēizi	被子 bèizi
本事 běnshi	本子 běnzi	鼻子 bízi	比方 bǐfang
鞭子 biānzi	扁担 biǎndan	辫子 biànzi	别扭 bièniu
饼子 bǐngzi	拨弄 bōnong	脖子 bózi	簸箕 bòji
补丁 bǔding	不由得 bùyóude	不在乎 bùzàihu	步子 bùzi
部分 bùfen	裁缝 cáifeng	财主 cáizhu	苍蝇 cāngying
差事 chāishi	柴火 cháihuo	肠子 chángzi	厂子 chǎngzi
场子 chǎngzi	车子 chēzi	称呼 chēnghu	池子 chízi
尺子 chǐzi	虫子 chóngzi	绸子 chóuzi	除了 chúle
锄头 chútou	畜生 chùsheng	窗户 chuānghu	窗子 chuāngzi
锤子 chuízi	刺猬 cìwei	凑合 còuhe	村子 cūnzi
耷拉 dāla	答应 dāying	打扮 dǎban	打点 dǎdian
打发 dǎfa	打量 dǎliang	打算 dǎsuan	打听 dǎting
大方 dàfang	大爷 dàye	大夫 dàifu	带子 dàizi
袋子 dàizi	耽搁 dānge	耽误 dānwu	单子 dānzi
胆子 dǎnzi	担子 dànzi	刀子 dāozi	道士 dàoshi
稻子 dàozi	灯笼 dēnglong	提防 dīfang	笛子 dízi
底子 dǐzi	地道 dìdao	地方 dìfang	弟弟 dìdi
弟兄 dìxiong	点心 diǎnxin	调子 diàozi	钉子 dīngzi
东家 dōngjia	东西 dōngxi	动静 dòngjing	动弹 dòngtan
豆腐 dòufu	豆子 dòuzi	嘟囔 dūnang	肚子 dǔzi
肚子 dùzi	缎子 duànzi	对付 duìfu	对头 duìtou
队伍 duìwu	多么 duōme	蛾子 ézi	儿子 érzi
耳朵 ěrduo	贩子 fànzi	房子 fángzi	份子 fènzi
风筝 fēngzheng	疯子 fēngzi	福气 fúqi	斧子 fǔzi
盖子 gàizi	甘蔗 gānzhe	杆子 gānzi	杆子 gǎnzi

干事 gànshi	杠子 gàngzi	高粱 gāoliang	膏药 gāoyao
稿子 gǎozi	告诉 gàosu	疙瘩 gēda	哥哥 gēge
胳膊 gēbo	鸽子 gēzi	格子 gézi	鸽子 gèzi
根子 gēnzi	跟头 gēntou	工夫 gōngfu	弓子 gōngzi
公公 gōnggong	功夫 gōngfu	钩子 gōuzi	姑姑 gūgu
姑娘 gūniang	谷子 gǔzi	骨头 gǔtou	故事 gùshi
寡妇 guǎfu	褂子 guàzi	怪物 guàiwu	关系 guānxi
官司 guānsi	罐头 guàntou	罐子 guànzi	规矩 guīju
闺女 guīnü	鬼子 guǐzi	柜子 guìzi	棍子 gùnzi
锅子 guōzi	果子 guǒzi	蛤蟆 háma	孩子 háizi
含糊 hánhu	汉子 hànzi	行当 hángdang	合同 hétong
和尚 héshang	核桃 hétao	盒子 hézi	红火 hónghuo
猴子 hóuzi	后头 hòutou	厚道 hòudao	狐狸 húli
胡琴 húqin	糊涂 hútu	皇上 huángshang	幌子 huǎngzi
胡萝卜 húluóbo	活泼 huópo	火候 huǒhou	伙计 huǒji
护士 hùshi	机灵 jīling	脊梁 jǐliang	记号 jìhao
记性 jìxing	夹子 jiāzi	家伙 jiāhuo	架势 jiàshi
架子 jiàzi	嫁妆 jiàzhuang	尖子 jiānzi	茧子 jiǎnzi
剪子 jiǎnzi	见识 jiànshi	毽子 jiànzi	将就 jiāngjiu
交情 jiāoqing	饺子 jiǎozi	叫唤 jiàohuan	轿子 jiàozi
结实 jiēshi	街坊 jiēfang	姐夫 jiěfu	姐姐 jiějie
戒指 jièzhi	金子 jīnzi	精神 jīngshen	镜子 jìngzi
舅舅 jiùjiu	橘子 júzi	句子 jùzi	卷子 juànzi
咳嗽 késou	客气 kèqi	空子 kòngzi	口袋 kǒudai
口子 kǒuzi	扣子 kòuzi	窟窿 kūlong	裤子 kùzi
快活 kuàihuo	筷子 kuàizi	框子 kuàngzi	困难 kùnnan
阔气 kuòqi	喇叭 lǎba	喇嘛 lǎma	篮子 lánzi
懒得 lǎnde	浪头 làngtou	老婆 lǎopo	老实 lǎoshi
老太太 lǎotaitai	老头子 lǎotouzi	老爷 lǎoye	老子 lǎozi
姥姥 lǎolao	累赘 léizhui	篱笆 líba	里头 lǐtou
力气 lìqi	厉害 lìhai	利落 lìluo	利索 lìsuo
例子 lìzi	栗子 lìzi	痢疾 lìji	连累 liánlei
帘子 liánzi	凉快 liángkuai	粮食 liángshi	两口子 liǎngkǒuzi
料子 liàozi	林子 línzi	翎子 língzi	领子 lǐngzi
溜达 liūda	聋子 lóngzi	笼子 lóngzi	炉子 lúzi
路子 lùzi	轮子 lúnzi	萝卜 luóbo	骡子 luózi
骆驼 luòtuo	妈妈 māma	麻烦 máfan	麻利 máli

麻子 mázi	马虎 mǎhu	码头 mǎtou	买卖 mǎimai
麦子 màizi	馒头 mántou	忙活 mánghuo	冒失 màoshi
帽子 màozi	眉毛 méimao	媒人 méiren	妹妹 mèimei
门道 méndao	眯缝 mīfeng	迷糊 míhu	面子 miànzi
苗条 miáotiao	苗头 miáotou	名堂 míngtang	名字 míngzi
明白 míngbai	蘑菇 mógu	模糊 móhu	木匠 mùjiang
木头 mùtou	那么 nàme	奶奶 nǎinai	难为 nánwei
脑袋 nǎodai	脑子 nǎozi	能耐 néngnai	你们 nǐmen
念叨 niàndao	念头 niàntou	娘家 niángjia	镊子 nièzi
奴才 núcai	女婿 nǚxu	暖和 nuǎnhuo	疟疾 nüèji
拍子 pāizi	牌楼 páilou	牌子 páizi	盘算 pánsuan
盘子 pánzi	胖子 pàngzi	狍子 páozi	盆子 pénzi
朋友 péngyou	棚子 péngzi	脾气 píqi	皮子 pízi
痞子 pǐzi	屁股 pìgu	片子 piànzi	便宜 piányi
骗子 piànzi	票子 piàozi	漂亮 piàoliang	瓶子 píngzi
婆家 pójia	婆婆 pópo	铺盖 pùgai	欺负 qīfu
旗子 qízi	前头 qiántou	钳子 qiánzi	茄子 qiézi
亲戚 qīnqi	勤快 qínkuai	清楚 qīngchu	亲家 qìngjia
曲子 qǔzi	圈子 quānzi	拳头 quántou	裙子 qúnzi
热闹 rènao	人家 rénjia	人们 rénmen	认识 rènshi
日子 rìzi	褥子 rùzi	塞子 sāizi	嗓子 sǎngzi
嫂子 sǎozi	扫帚 sàozhou	沙子 shāzi	傻子 shǎzi
扇子 shànzi	商量 shāngliang	上司 shàngsi	上头 shàngtou
烧饼 shāobing	勺子 sháozi	少爷 shàoye	哨子 shàozi
舌头 shétou	身子 shēnzi	什么 shénme	婶子 shěnzi
生意 shēngyi	牲口 shēngkou	绳子 shéngzi	师父 shīfu
师傅 shīfu	虱子 shīzi	狮子 shīzi	石匠 shíjiang
石榴 shíliu	石头 shítou	时候 shíhou	实在 shízai
拾掇 shíduo	使唤 shǐhuan	世故 shìgu	似的 shìde
事情 shìqing	柿子 shìzi	收成 shōucheng	收拾 shōushi
首饰 shǒushi	叔叔 shūshu	梳子 shūzi	舒服 shūfu
舒坦 shūtan	疏忽 shūhu	爽快 shuǎngkuai	思量 sīliang
算计 suànji	岁数 suìshu	孙子 sūnzi	他们 tāmen
它们 tāmen	她们 tāmen	台子 táizi	太太 tàitai
摊子 tānzi	坛子 tánzi	毯子 tǎnzi	桃子 táozi
特务 tèwu	梯子 tīzi	蹄子 tízi	挑剔 tiāoti
挑子 tiāozi	条子 tiáozi	跳蚤 tiàozao	铁匠 tiějiang

亭子 tíngzi	头发 tóufa	头子 tóuzi	兔子 tùzi
妥当 tuǒdang	唾沫 tuòmo	挖苦 wāku	娃娃 wáwa
袜子 wàzi	晚上 wǎnshang	尾巴 wěiba	委屈 wěiqu
为了 wèile	位置 wèizhi	位子 wèizi	蚊子 wénzi
稳当 wěndang	我们 wǒmen	屋子 wūzi	稀罕 xīhan
席子 xízi	媳妇 xífu	喜欢 xǐhuan	瞎子 xiázi
匣子 xiázi	下巴 xiàba	吓唬 xiàhu	先生 xiānsheng
乡下 xiāngxia	箱子 xiāngzi	相声 xiàngsheng	消息 xiāoxi
小伙子 xiǎohuozi	小气 xiǎoqi	小子 xiǎozi	笑话 xiàohua
谢谢 xièxie	心思 xīnsi	星星 xīngxing	猩猩 xīngxing
行李 xíngli	性子 xìngzi	兄弟 xiōngdi	休息 xiūxi
秀才 xiùcai	秀气 xiùqi	袖子 xiùzi	靴子 xuēzi
学生 xuésheng	学问 xuéwen	丫头 yātou	鸭子 yāzi
衙门 yámen	哑巴 yǎba	胭脂 yānzhi	烟筒 yāntong
眼睛 yǎnjing	燕子 yànzi	秧歌 yāngge	养活 yǎnghuo
样子 yàngzi	吆喝 yāohe	妖精 yāojing	钥匙 yàoshi
椰子 yēzi	爷爷 yéye	叶子 yèzi	一辈子 yībèizi
衣服 yīfu	衣裳 yīshang	椅子 yǐzi	意思 yìsi
银子 yínzi	影子 yǐngzi	应酬 yìngchou	柚子 yòuzi
冤枉 yuānwang	院子 yuànzi	月饼 yuèbing	月亮 yuèliang
云彩 yúncai	运气 yùnqi	在乎 zàihu	咱们 zánmen
早上 zǎoshang	怎么 zěnme	扎实 zhāshi	眨巴 zhǎba
栅栏 zhàlan	宅子 zháizi	寨子 zhàizi	张罗 zhāngluo
丈夫 zhàngfu	帐篷 zhàngpeng	丈人 zhàngren	帐子 zhàngzi
招呼 zhāohu			

第三节　普通话儿化发音

一、什么是儿化

“儿”本是一个独立的音节，由于在口语中处于前一个音节后的轻读地位，长期与前面的音节连读使“儿”音节失去了原有的独立性，只保持一个卷舌动作，并与前一音节的韵母合音，使这个韵母带上卷舌音色，这种特殊的音变现象就叫“儿化”。这种卷舌化了的韵母就是“儿化韵”。用汉语拼音字母拼写儿化音节，只需在原来的音节之后加上“r”表示卷舌就可以了。

二、儿化的发音方法

由于儿化韵的“儿”和它前面音节的韵腹是融合在一起的，因此，在实际发儿化音节时，只要略放松口腔肌肉，在发出韵腹的同时，舌头顺势向上一卷，就可以自然发出儿化音节的特殊音色。在发儿化音时，必须注意两点：

（1）保持原韵母的音色。发儿化韵时，舌头在卷起的时候，应尽量保持原韵母的唇形和舌位，不要改变韵腹的音色。

（2）保持儿化音节为一个音节的特性。发儿化韵时，韵腹的发音和卷舌的动作要同时进行，使儿化韵形成一个音节。发音例词：

a—ar	o—or	u—ur	ê—êr	ia—iar
uo—uor	ou—our	iê—iêr	ua—uar	ao—aor
iou—iour	üê—üêr	e—er		

三、儿化发音的基本规则

儿化的基本性质是使一个音节的主要元音带上卷舌色彩。儿化韵的音变条件取决于前一音节的韵腹元音是否便于完成卷舌动作，因此儿化发音的基本规则如下。

（一）音节末尾是a，o，e，u，ê，直接加上卷舌动作-r

发音例词：

刀把儿dāobàr	一下儿yīxiàr	脑瓜儿nǎoguār	粉末儿 fěnmòr
耳膜儿 ěrmór	叫好儿jiàohǎor	粉条儿 fěntiáor	唱歌儿chànggēr
碎步儿suìbùr	小丑儿xiǎochǒur	锅贴儿guōtiēr	打球儿dǎqiúr

（二）韵母是ai，ei，an，en，失落韵尾，加卷舌动作-r

发音例词：

小孩儿xiǎoháir	名牌儿míngpáir	一块儿 yīkuàir	摸黑儿 mōhēir
刀背儿dāobèir	脸蛋儿liǎndànr	白干儿báigānr	大腕儿dàwànr
拉链儿lāliànr	手绢儿shǒujuànr	纳闷儿nàmènr	脸盆儿 liǎnpénr

（三）韵尾是ng，失落韵尾（ing还要加e），韵腹变成鼻化元音，同时加卷舌动作-r

发音例词：

人影儿rényǐngr	图钉儿 túdīngr	火星儿huǒxīngr	药方儿 yàofāngr
赶趟儿gǎntàngr	鼻梁儿bíliángr	天窗儿tiānchuāngr	小熊儿xiǎoxióngr
门洞儿méndòngr	抽空儿chōukòngr	钢镚儿 gāngbèngr	小瓮儿xiǎowèngr

（四）单韵母i，ü直接加er

发音例词：

针鼻儿zhēnbír　肚脐儿 dùqír　玩意儿wányìr　有趣儿yǒuqùr

毛驴儿 máolúr　小曲儿 xiǎoqǔr　金鱼儿 jīnyúr　鸭梨儿yālír

（五）舌尖特殊元音-i，韵母失落变成er

发音例词：

瓜子儿guāzǐr　挑刺儿 tiāocìr　铜子儿 tóngzǐr　没词儿méicír

墨汁儿mòzhīr　没事儿méishìr　锯齿儿jùchǐr　树枝儿shùzhīr

（六）韵母是ui，in，un，ün，失落韵尾加er

发音例词：

耳垂儿 ěrchuír　棒槌儿bàngchuir　墨水儿mòshuǐr

送信儿 sòngxìnr　有劲儿 yǒujìnr　脚印儿 jiǎoyìnr

没准儿méizhǔnr　合群儿 héqúnr　砂轮儿shālúnr

光棍儿guānggùnr　打盹儿dǎdǔnr　花裙儿huāqúnr

四、儿化的作用

儿化这种语音现象，跟词汇、语法有密切的关系，它具有区别词义、区分词性和表示感情色彩的作用。

（一）儿化区别词义

有的词儿化后，词义发生变化。发音例词：

头（头部）—头儿（领头的）　眼（眼睛）—眼儿（小孔）　信（信件）—信儿（消息）

（二）儿化区别词性

兼动、名两类的词或形容词，儿化后就固定为名词；有的名词、动词儿化后借用为量词。发音例词：

画（名词、动词）—画儿（名词）　尖（形容词）—尖儿（名词）

盖（动词）—盖儿（名词）　破烂（形容词）—破烂儿（名词）

手（名词）——手儿（量词）　堆（动词）——堆儿（量词）

（三）儿化表示特殊感情

儿化一般可以表示细小、亲切或喜爱、鄙弃的感情色彩。发音例词：

金鱼儿　小孩儿　头发丝儿　小王儿　小皮球儿　电影儿

小偷儿　小气儿　不做事儿　破烂儿　糟老头儿　小心眼儿

第四节　普通话“啊”的变读发音

“啊”是一个表达语气感情的词。当它作为叹词位于句前时，仍发“a”音，如：“啊（á）？你说什么？”“啊（à），伟大的祖国!”；如果作为语气助词，位于句尾，因受它前面音节收尾音素的影响会发生不同的音变。其变读规则如下：

（1）前一音节收尾音素是a，o（ao、iao除外），e，ê，i，ü时，“啊”变读为ya。发音例词：

他啊tāya　磨啊móya　鹅啊éya

鸡啊jīya　鱼啊 yúya　写啊xiěya

（2）前一音节收尾音素是u时（包括ao，iao），“啊”变读为wa。发音例词：

苦啊kǔwa　好啊hǎowa　跳啊tiàowa

笑啊xiàowa　哭啊kūwa　住啊zhùwa

（3）前一音节收尾音素是n时，“啊”读成na。发音例词：

看啊kànna　难啊nánna　新啊 xīnna

弯啊 wānna　办啊bànna　艳啊yànna

（4）前一音节收尾音素是ng时，“啊”变读为nga。发音例词：

听啊 tīngnga　娘啊niángnga　香啊xiāngnga

红啊 hóngnga　装啊zhuāngnga　唱啊chàngnga

（5）前一音节收尾音素是-i（舌尖后元音），er（包括儿化韵）时，“啊”变读为ra。发音例词：

是啊shìra　同志啊tóng zhìra

店小二啊diànxiǎoerra　女儿啊nǚérra

（6）前一音节收尾音素是-i（舌尖前元音）时，“啊”变读为[zɑ]。发音例词：

次啊[zɑ]　死啊[zɑ]　字啊[zɑ]

公司啊[zɑ]　周四啊[zɑ]　有刺啊[zɑ]

“啊”是语气词，本身读轻声，它在不同的音节后出现时，往往与它前面的一个音节有连带发音的现象产生，即顺着前面音节最后一个音素的口型和舌位拖出“啊”来。但要注意“啊”无论变读成哪一个音，都一定要读轻声。

附 录

附录一 中华人民共和国国家通用语言文字法

（2000 年 10 月 31 日第九届全国人民代表大会常务委员会第十八次会议通过）

目 录

第一章 总则

第一条 为推动国家通用语言文字的规范化、标准化及其健康发展，使国家通用语言文字在社会生活中更好地发挥作用，促进各民族、各地区经济文化交流，根据宪法，制定本法。

第二条 本法所称的国家通用语言文字是普通话和规范汉字。

第三条 国家推广普通话，推行规范汉字。

第四条 公民有学习和使用国家通用语言文字的权利。国家为公民学习和使用国家通用语言文字提供条件。地方各级人民政府及其有关部门应当采取措施，推广普通话和推行规范汉字。

第五条 国家通用语言文字的使用应当有利于维护国家主权和民族尊严，有利于国家统一和民族团结，有利于社会主义物质文明建设和精神文明建设。

第六条 国家颁布国家通用语言文字的规范和标准，管理国家通用语言文字的社会应用，支持国家通用语言文字的教学和科学研究，促进国家通用语言文字的规范、丰富和发展。

第七条 国家奖励为国家通用语言文字事业做出突出贡献的组织和个人。

第八条 各民族都有使用和发展自己的语言文字的自由。少数民族语言文字的使用依据宪法、民族区域自治法及其他法律的有关规定。

第二章 国家通用语言文字的使用

第九条 国家机关以普通话和规范汉字为公务用语用字。法律另有规定的除外。

第十条　学校及其他教育机构以普通话和规范汉字为基本的教育教学用语用字。法律另有规定的除外。学校及其他教育机构通过汉语文课程教授普通话和规范汉字。使用的汉语文教材，应当符合国家通用语言文字的规范和标准。

第十一条　汉语文出版物应当符合国家通用语言文字的规范和标准。汉语文出版物中需要使用外国语言文字的，应当用国家通用语言文字做必要的注释。

第十二条　广播电台、电视台以普通话为基本的播音用语。需要使用外国语言为播音用语的，须经国务院广播电视部门批准。

第十三条　公共服务行业以规范汉字为基本的服务用字。因公共服务需要，招牌、广告、告示、标志牌等使用外国文字并同时使用中文的，应当使用规范汉字。提倡公共服务行业以普通话为服务用语。

第十四条　下列情形，应当以国家通用语言文字为基本的用语用字：

（一）广播、电影、电视用语用字；

（二）公共场所的设施用字；

（三）招牌、广告用字；

（四）企业事业组织名称；

（五）在境内销售的商品的包装、说明。

第十五条　信息处理和信息技术产品中使用的国家通用语言文字应当符合国家的规范和标准。

第十六条　本章有关规定中，有下列情形的，可以使用方言：

（一）国家机关的工作人员执行公务时确需使用的；

（二）经国务院广播电视部门或省级广播电视部门批准的播音用语；

（三）戏曲、影视等艺术形式中需要使用的；

（四）出版、教学、研究中确需使用的。

第十七条　本章有关规定中，有下列情形的，可以保留或使用繁体字、异体字：

（一）文物古迹；

（二）姓氏中的异体字；

（三）书法、篆刻等艺术作品；

（四）题词和招牌的手书字；

（五）出版、教学、研究中需要使用的；

（六）经国务院有关部门批准的特殊情况。

第十八条　国家通用语言文字以《汉语拼音方案》作为拼写和注音工具。《汉语拼音方案》是中国人名、地名和中文文献罗马字母拼写法的统一规范，并用于汉字不便或不能使用的领域。初等教育应当进行汉语拼音教学。

第十九条　凡以普通话作为工作语言的岗位，其工作人员应当具备说普通话的能力。以普通话作为工作语言的播音员、节目主持人和影视话剧演员、教师、国家机关工作人员的普通话水平，应当分别达到国家规定的等级标准；对尚未达到国家规定的普通话等级标准的，分别情况进行培训。

第二十条　对外汉语教学应当教授普通话和规范汉字。

第三章 管理和监督

第二十一条 国家通用语言文字工作由国务院语言文字工作部门负责规划指导、管理监督。国务院有关部门管理本系统的国家通用语言文字的使用。

第二十二条 地方语言文字工作部门和其他有关部门，管理和监督本行政区域内的国家通用语言文字的使用。

第二十三条 县级以上各级人民政府工商行政管理部门依法对企业名称、商品名称以及广告的用语用字进行管理和监督。

第二十四条 国务院语言文字工作部门颁布普通话水平测试等级标准。

第二十五条 外国人名、地名等专有名词和科学技术术语译成国家通用语言文字，由国务院语言文字工作部门或者其他有关部门组织审定。

第二十六条 违反本法第二章有关规定，不按照国家通用语言文字的规范和标准使用语言文字的，公民可以提出批评和建议。本法第十九条第二款规定的人员用语违反本法第二章有关规定的，有关单位应当对直接责任人员进行批评教育；拒不改正的，由有关单位作出处理。城市公共场所的设施和招牌、广告用字违反本法第二章有关规定的，由有关行政管理部门责令改正；拒不改正的，予以警告，并督促其限期改正。

第二十七条 违反本法规定，干涉他人学习和使用国家通用语言文字的，由有关行政管理部门责令限期改正，并予以警告。

第四章 附 则

第二十八条 本法自 2001 年 1 月 1 日起施行。

附录二 普通话水平测试大纲

（2004 年 10 月 1 日实施）

根据教育部、国家语言文字工作委员会发布的《普通话水平测试管理规定》《普通话水平测试等级标准》，制定本大纲。

一、测试的名称、性质、方式

本测试定名为“普通话水平测试”(PUTONGHUA SHUIPING CESHI，缩写为 PSC)。

普通话水平测试测查应试人的普通话规范程度、熟练程度，认定其普通话水平等级，属于标准参照性考试。本大纲规定测试的内容、范围、题型及评分系统。

普通话水平测试以口试方式进行。

二、测试内容和范围

普通话水平测试的内容包括普通话语音、词汇和语法。

普通话水平测试的范围是国家测试机构编制的《普通话水平测试用普通话词语表》《普通话水平测试用普通话与方言词语对照表》《普通话水平测试用普通话与方言常见

语法差异对照表》《普通话水平测试用朗读作品》《普通话水平测试用话题》。

三、试卷构成和评分

试卷包括 5 个组成部分，满分为 100 分。

（一）读单音节字词（100 个音节，不含轻声、儿化音节），限时 3.5 分钟，共 10 分。

1. 目的：测查应试人声母、韵母、声调读音的标准程度。

2. 要求：

（1）100 个音节中，70%选自《普通话水平测试用普通话词语表》“表一”，30%选自“表二”。

（2）100 个音节中，每个声母出现次数一般不少于 3 次，每个韵母出现次数一般不少于 2 次，4 个声调出现次数大致均衡。

（3）音节的排列要避免同一测试要素连续出现。

3. 评分：

（1）语音错误，每个音节扣 0.1 分。

（2）语音缺陷，每个音节扣 0.05 分。

（3）超时 1 分钟以内，扣 0.5 分；超时 1 分钟以上（含 1 分钟），扣 1 分。

（二）读多音节词语（100 个音节），限时 2.5 分钟，共 20 分。

1. 目的：测查应试人声母、韵母、声调和变调、轻声、儿化读音的标准程度。

2. 要求：

（1）词语的 70%选自《普通话水平测试用普通话词语表》“表一”，30%选自“表二”。

（2）声母、韵母、声调出现的次数与读单音节字词的要求相同。

（3）上声与上声相连的词语不少于 3 个，上声与非上声相连的词语不少于 4 个，轻声不少于 3 个，儿化不少于 4 个（应为不同的儿化韵母）。

（4）词语的排列要避免同一测试要素连续出现。

3. 评分：

（1）语音错误，每个音节扣 0.2 分。

（2）语音缺陷，每个音节扣 0.1 分。

（3）超时 1 分钟以内，扣 0.5 分；超时 1 分钟以上（含 1 分钟），扣 1 分。

（三）选择判断（注），限时 3 分钟，共 10 分。

1. 词语判断（10 组）

（1）目的：测查应试人掌握普通话词语的规范程度。

（2）要求：根据《普通话水平测试用普通话与方言词语对照表》，列举 10 组普通话与方言意义相对应但说法不同的词语，由应试人判断并读出普通话的词语。

（3）评分：判断错误，每组扣 0.25 分。

2. 量词、名词搭配（10 组）

（1）目的：测查应试人掌握普通话量词和名词搭配的规范程度。

（2）要求：根据《普通话水平测试用普通话与方言常见语法差异对照表》，列举 10 个名词和若干量词，由应试人搭配并读出符合普通话规范的 10 组名量短语。

（3）评分：搭配错误，每组扣 0.5 分。

3. 语序或表达形式判断（5 组）

（1）目的：测查应试人掌握普通话语法的规范程度。

（2）要求：根据《普通话水平测试用普通话与方言常见语法差异对照表》，列举 5 组普通话和方言意义相对应，但语序或表达习惯不同的短语或短句，由应试人判断并读出符合普通话语法规范的表达形式。

（3）评分：判断错误，每组扣 0.5 分。

选择判断合计超时 1 分钟以内，扣 0.5 分；超时 1 分钟以上（含 1 分钟），扣 1 分。答题时语音错误，每个音节扣 0.1 分，如判断错误已经扣分，不重复扣分。

（四）朗读短文（1 篇，400 个音节），限时 4 分钟，共 30 分。

1. 目的：测查应试人使用普通话朗读书面作品的水平。在测查声母、韵母、声调读音标准程度的同时，重点测查连读音变、停连、语调以及流畅程度。

2. 要求：

（1）短文从《普通话水平测试用朗读作品》中选取。

（2）评分以朗读作品的前 400 个音节（不含标点符号和括注的音节）为限。

3. 评分：

（1）每错 1 个音节，扣 0.1 分；漏读或增读 1 个音节，扣 0.1 分。

（2）声母或韵母的系统性语音缺陷，视程度扣 0.5 分、1 分。

（3）语调偏误，视程度扣 0.5 分、1 分、2 分。

（4）停连不当，视程度扣 0.5 分、1 分、2 分。

（5）朗读不流畅（包括回读），视程度扣 0.5 分、1 分、2 分。

（6）超时扣 1 分。

（五）命题说话，限时 3 分钟，共 30 分。

1. 目的：测查应试人在无文字凭借的情况下说普通话的水平，重点测查语音标准程度、词汇语法规范程度和自然流畅程度。

2. 要求：

（1）说话话题从《普通话水平测试用话题》中选取，由应试人从给定的两个话题中选定 1 个话题，连续说一段话。

（2）应试人单向说话。如发现应试人有明显背稿、离题、说话难以继续等表现时，主试人应及时提示或引导。

3. 评分：

（1）语音标准程度，共 20 分。分六档：

一档：语音标准，或极少有失误。扣 0 分、0.5 分、1 分。

二档：语音错误在 10 次以下，有方音但不明显。扣 1.5 分、2 分。

三档：语音错误在 10 次以下，但方音比较明显；或语音错误在 10 次—15 次之间，有方音但不明显。扣 3 分、4 分。

四档：语音错误在 10 次—15 次之间，方音比较明显。扣 5 分、6 分。

五档：语音错误超过 15 次，方音明显。扣 7 分、8 分、9 分。

六档：语音错误多，方音重。扣 10 分、11 分、12 分。

（2）词汇语法规范程度，共 5 分。分三档：

一档：词汇、语法规范。扣 0 分。

二档：词汇、语法偶有不规范的情况。扣 0.5 分、1 分。

三档：词汇、语法屡有不规范的情况。扣 2 分、3 分。

（3）自然流畅程度，共 5 分。分三档：

一档：语言自然流畅。扣 0 分。

二档：语言基本流畅，口语化较差，有背稿子的表现。扣 0.5 分、1 分。

三档：语言不连贯，语调生硬。扣 2 分、3 分。

说话不足 3 分钟，酌情扣分：缺时 1 分钟以内（含 1 分钟），扣 1 分、2 分、3 分；缺时 1 分钟以上，扣 4 分、5 分、6 分；说话不满 30 秒（含 30 秒），本测试项成绩计为 0 分。

四、应试人普通话水平等级的确定

国家语言文字工作部门发布的《普通话水平测试等级标准》是确定应试人普通话水平等级的依据。测试机构根据应试人的测试成绩确定其普通话水平等级，由省、自治区、直辖市以上语言文字工作部门颁发相应的普通话水平测试等级证书。

普通话水平划分为三个级别，每个级别内划分两个等次。其中：

97 分及其以上，为一级甲等；

92 分及其以上但不足 97 分，为一级乙等；

87 分及其以上但不足 92 分，为二级甲等；

80 分及其以上但不足 87 分，为二级乙等；

70 分及其以上但不足 80 分，为三级甲等；

60 分及其以上但不足 70 分，为三级乙等。

注：各省、自治区、直辖市语言文字工作部门可以根据测试对象或本地区的实际情况，决定是否免测“选择判断”测试项。如免测此项，“命题说话”测试项的分值由 30 分调整为 40 分。评分档次不变，具体分值调整如下：

（1）语音标准程度的分值，由 20 分调整为 25 分。

一档：扣 0 分、1 分、2 分。

二档：扣 3 分、4 分。

三档：扣 5 分、6 分。

四档：扣 7 分、8 分。

五档：扣 9 分、10 分、11 分。

六档：扣 12 分、13 分、14 分。

（2）词汇语法规范程度的分值，由 5 分调整为 10 分。

一档：扣 0 分。

二档：扣 1 分、2 分。

三档：扣 3 分、4 分。

（3）自然流畅程度，仍为 5 分，各档分值不变。

参考文献

[1] 林焘，王理嘉. 语音学教程[M]. 北京：北京大学出版社，1992.

[2] 黄伯荣，廖序东. 现代汉语[M]. 增订4版. 北京：高等教育出版社，2007.

[3] 任崇芬. 普通话训练教程[M]. 重庆：西南师范大学出版社，2008.

[4] 贵州省地方志编纂委员会. 贵州省志·汉语方言志[M]. 北京：方志出版社，1998.

[5] 袁家骅. 汉语方言概要[M]. 2版. 北京：语文出版社，2001.

[6] 北京大学中国语言文学系语言学教研室. 汉语方音字汇[M]. 北京：语文出版社，2003.

[7] 明生荣. 毕节方言研究[M]. 北京：中国社会科学出版社，2007.

[8] 国家语言文字工作委员会. 普通话水平测试实施纲要[M]. 北京：商务印书馆，2004.

[9] 文静. 普通话学习的障碍及应对策略[J]. 贵州师范大学学报，2003，123.

[10] 文静. 民族地区高师院校普通话教学面临的问题及改革思路[J]. 三峡论坛（理论版），2011（5）.

[11] 刘婷婷. 浅谈普通话水平测试及其培训策略[J]. 黔南民族师范学院学报，2004（5）.

[12] 刘婷婷. 浅谈平、翘舌音和鼻、边音声母的教学[J]. 遵义师范学院学报，2008（3）.

[13] 李筠. 试论听力训练在普通话教学中的重要作用[J]. 黔南民族师专学报，1997（1）.

[14] 周艳. 民族地区普通话学习的声调问题及对策——以贵州省黔南布依族苗族自治州为例[J]. 铜仁师范学院学报，2009（4）.

[15] 周艳. 民族杂居地区布依族习得普通话的语音偏误研究[J]. 贵州民族研究，2010（8）.

[16] 郑江义. 贵州人学普通话部分难点音分析与练读方法[J]. 黔南民族师专学报，2000（2）.